중원문화재연구원 학술총서 1

유적(遺蹟) 출토 도자기(陶瓷器) 바로 보기

강경숙 | 김세진 지음

진인진

일러두기

- Ⅰ장과 Ⅱ장의 내용에는 약간의 견해 차이가 있다. 예컨대 14세기의 노국대장공주묘 출토 〈청자 상감 연당초문 '정릉'명 발〉의 경우, 내면 문양을 연당초문과 모란당초문으로 각각 달리 기술하고 있으므로 독자의 판단에 따라 선택하기 바란다.
- 도판은 저작권에 저촉되지 않게 조치하였으나 그 출처를 찾지 못한 몇몇 경우는 출판 이후에도 출처를 확인하거나 또는 이의가 제기되면 바로 수정·보완코자 한다. 이점 소장자나 소장처의 양해를 구하는 바이다.
- 필자는 시기 구분에 있어 전반과 후반으로 기술하였으며, 100년을 이등분한 약 50년에 해당하는 시간을 말한다.
- 왕의 경우, 재위 기간을 표기하는 것을 원칙으로 하고, 인물의 경우, 생몰연대를 제시하였다.
- 표에 삽입된 사진의 출전은 편집상의 편의를 위해 본문의 마지막 미주로 처리하였다.
- 편집의 편의를 위해 도면과 도판을 별도로 구별하지 않고 모두 사진으로 표기하였다.
- 괄호의 경우, 한글과 한자의 발음이 같을 경우는 ( )를, 한글과 한자의 발음이 다를 경우는 [ ]로 표기하였다.

중원문화재연구원 학술총서 1

유적 출토 도자기 바로 보기

초판 1쇄 발행 | 2015년 12월 28일
2판 1쇄 발행 | 2023년 11월 30일

지은이 | 강경숙·김세진
편 집 | 배원일, 김민경
발행인 | 김태진
발행처 | 진인진
등   록 | 제25100-2005-000003호
주   소 | 경기도 과천시 관문로 92(힐스테이트 과천중앙) 101동 1818호
전   화 | 02-507-3077~8
팩   스 | 02-504-3079
홈페이지 | http://www.zininzin.co.kr
이메일 | pub@zininzin.co.kr

ⓒ 진인진 2015
ISBN 978-89-6347-580-6 93900

서문

필자는 2010년부터 6년간 재단법인 중원문화재연구원의 원장직을 수행하였다. 본 연구원은 매장문화재 발굴 전문기관으로서 비영리 단체이다. 구성원은 고고학과, 고고미술사학과, 역사학과, 기타 유사학과를 졸업한 학사 혹은 석사학위를 취득했거나, 박사과정을 수료 및 취득한 연구자들이다. 중원문화재연구원뿐만 아니라 모든 재단법인의 매장문화재 전문 발굴기관은 문화재청의 허가를 받아 매장문화재를 발굴하고 발굴이 끝난 시점부터 만 2년 후에는 반드시 발굴보고서를 제출함으로써 발굴의 전 과정이 일단락된다.

발굴보고서는 자손만대 남을 기록물이며 구석기시대부터 근대에 이르기까지의 다양한 발굴 내용이 수록된다. 발굴터에서 출토되는 유물은 유적의 성격과 편년을 결정하는데 기준이 된다. 출토 유물은 석기, 철기, 청동기, 토기, 도자기 등으로 토기와 도자기류가 가장 많다. 보고서에는 출토 유물의 개별 관찰 내용이 기술된다. 도자기 역시 기종 및 기형, 장식기법과 문양, 태토와 유약 등 각각의 요소에 대한 설명이 기술된다. 그러나 각종 발굴조사 보고서에서 도자기에 대한 설명은 개념은 물론 기술 용어, 기술 방법 등 그 기준이 고르지 않고, 통일성이 없어 바람직한 지침서가 시급하다고 생각해 온 것이 이 책을 쓰게 된 동기이다. 또한, 여러 발굴 전문 기관에서 진행하는 발굴조사 보고서 작업 중 도자기에 관한 설명이 일관성 있게 서술되어 기초적인 자료가 축적되기를 바라는 마음에서 이 책을 출간하게 되었다.

책은 모두 Ⅱ장으로 이루어졌다. Ⅰ장은 고려시대부터 조선시대까지의 도자기 변천사를 다루었는데, 강경숙의 『한국 도자사』(예경, 2012)의 내용 일부를 요약·수정했으며 편년 설정에 도움을 주는 학술적인 내용에 중점을 두었다. Ⅱ장은 유적 출토 도자기의 구체적인 기술 방법을 사진과 함께 제시하면서 보고서 작업에서 실질적으로 활용할 수 있도록 실용적인 측면에서 서술하였다. Ⅰ장은 강경숙이, Ⅱ장은 충북대학교 대학원에서 도자사 박사를 졸업한 김세진이 각각 집필하였다. 이번 개정판이 발간되면서 Ⅰ장과 Ⅱ장의 내용 중에서 미진했던 부분은 물론 새롭게 소개된 논문의 주장을 정리하여 김세진이 기존의 내용을 수정 및 보완하고, 일부 새로운 내용을 추가하였다.

당초 이 책은 필자가 몸 담고 있는 연구원의 직원들을 위해 집필을 시작했지만, 고고학이나 미술사에 입문하는 연구자를 위한 책이기도 하다. 아무쪼록 이 책이 연구자뿐만 아니라 일반 교양인에게도 작은 도움이 되기를 바라며 많은 질정 부탁한다.

2023년 8월
부산 북항을 바라보며

목 차

서문 __3

Ⅰ. 한국 도자기의 개관 __8

도자기의 특징 __9

도자기의 정의 __11

도자기 용어의 사용 __12

자기의 태토와 유약 __20

자기의 제작 과정 __21

고려시대 청자의 변천 __23

성립기 __23

발전기 __28

전성기 __29

변화기 __38

조선시대 분청사기와 백자의 변천 __45

분청사기의 변천 __46

태동기 __46

성립기 __47

발전기 __49

변화·쇠퇴기 __55

백자의 변천 ___59
　전기 ___60
　중기 ___73
　후기 ___79
　말기 ___86

Ⅱ. 유적 출토 도자기의 기술 방법 ___88

도자기의 명칭 및 세부 사항 ___90
　도자기의 부위별 명칭 ___90
　도자기의 재질별 기종 ___93
　　청자 ___93
　　분청사기 ___105
　　백자 ___112
　도자기의 명칭 부여 방법
　　명칭 부여 순서 ___121
　　발(鉢)과 대접(大楪)의 용어 통일 ___128
　　화형 발과 화형 접시의 분류 ___132

유적 출토 도자기의 재질별 기술 ___134
　청자 ___134
　　잔존 상태 ___134
　　기형 ___134
　　장식기법 및 문양 ___140
　　태토 ___151
　　유약 ___152
　　굽 ___156

번조받침 __159
　　명문(銘文) __162

분청사기 __174
　　장식기법 및 문양 __174
　　유약 __181
　　굽 __182
　　번조받침 __184
　　명문(銘文) __187

백자 __201
　　장식기법 및 문양 __201
　　태토 __212
　　유약 __213
　　굽 __215
　　번조받침 __219
　　명문(銘文) __222

요도구 __233
　　성형도구 __233
　　재임도구 __233
　　번조용 도구 __236

참고문헌 __239

한국 도자기의 개관

韓國 陶瓷器 槪觀

I

도자기의 특징

지구상에는 여러 민족이 세운 다양한 나라가 있다. 이들 나라는 자연 환경에 따라 문명국가로 발전해 나간 양상이 서로 다르다. 문명국가들은 풍토양식에 의해 형성되어 온 각각의 예술의 역사를 가지고 있다.

한국의 문화는 아세아 문화권 안에서 성장해 왔으며, 지리적으로는 중국 대륙의 동쪽에 위치한다. 중국의 황하유역은 세계 4대 인류문명의 발상지로서 한국은 이러한 지리적인 친연성 때문에 중국의 영향을 끊임없이 받고 있다. 또 동서 문화 교류 상 동쪽의 마지막 지점이 한국이다. 이처럼 한국의 지리적 상황은 외부로부터의 문화 충격을 언제나 평화적으로 흡수·소화할 수 있는 능력을 길러주었다. 뿐만 아니라 한국은 사계절이 있는 아름다운 산천이 있어 한국인의 품성은 명랑하면서도 담백하며, 높은 문화를 창조할 수 있는 지혜가 절로 갖추어지게 되었다. 오늘날 한국의 문화가 전 세계로 뻗어 나가는 것도 창조의 지혜가 길러져 있었기 때문일 것이다.

한국의 풍토양식에서 빚어진 흙의 예술은 곧 한국미술의 첫 장을 연다. 자연에 순응하여 자연과 하나가 된 진정한 미술의 시작은 신석기시대의 빗살무늬토기를 만들면서부터이다. 그 후 북방으로부터 내려온 청동기인들과의 융합은 다채로운 문양보다는 무문의 실용성을 택하였다. 무문의 토기항아리는 추상의 공간이며 무문은 무한한 내용을 함축한다.

국가를 형성하여 영토와 백성을 거느린 삼국시대의 통치자는 영원한 안식처를 마련하여 사후세계에서도 그 꿈을 이어나가고자 했다. 산처럼 높은 봉분을 쌓아 만든 무덤에는 많은 양의 생활기명인 토기가 부장되었다. 이들 피장자들의 이상세계는 소박한 일상생활의 연장을 염원한 데서 비롯했다. 통일신라시대는 불교가 국가이념이었다. 당나라의 화려한 삼채도기를 선호하지 않았고 표면을 도장으로 장식한 뼈항아리를 석함에 넣어 땅에 묻은 승화된 불교의 정신을 보였다. 이는 불국사의 석가탑이 단아한 아름다움의 백미를 보여 주듯 생활의 지혜를 토기에 남겼다.

고려시대는 중국 청자기술의 직접적인 영향을 받아 자기가 생산되기 시작했다. 고급 유약을 개발하고 재벌구이를 고안해 낸 제작방법은 중국 송 청자와는 구별되는 투명하고 맑은 비색청자를 완성시켰다. 이는 부단한 노력의 결과이다. 맑은 비색은 문양이 선명하게 드러날 수 있으므로 여러 종류의 문양을 장식한 상감청자는 고려만의 독자적인 세계를 펼칠 수 있었다.

조선시대의 출발과 더불어 창조적인 개성이 발휘된 15세기의 분청사기에서는 구애됨이 없는 자유분방한 서민의 생활감정이 내포되어 있다. 한국의 산천 어디서나 쉽게 구할 수 있는 찰흙으로 그릇을 빚고 때로는 추상문양으로, 때로는 문양을 해체하는 꾸밈없는 표현으로 한국인의 원초적인 심성이 분청사기에 그대로 표출되었다. 분청사기는 조선 전기의 도자기로 생명이 짧았지만, 백자는 국가이념인 유교를 바탕으로 제도와 문화가 안정되면서 조선왕조 500년 동안 제작되었다. 유교적인 이상에 부합되는 백자는 국가가 직접 제작에 관여했다. 숭검지덕을 숭상한 선비문화는 단아하고 절제된 순백자를 지향했다. 또 번다하지 않은 세한삼우나 사군자와 같은 청화백자의 문양은 조선의 정신세계가 깃들어 있다.

이처럼 한국 도자기의 특색은 선사시대는 자연성과 추상성, 삼국시대는 소박한 균형미, 고려시대는 명징성, 조선시대는 자유분방한 대담성과 절제성으로 요약할 수 있을 것이다.

도자기의 정의

한국 도자기의 역사는 1만 2천 년 전으로 거슬러 올라간다. 도자기는 흙으로 빚은 토기나 유약을 씌워 구운 자기를 통틀어 말한다. 도자기는 정치, 경제, 과학기술, 국가 간의 교류, 그 당시 사람들의 미감 등 총체적인 내용을 간직하고 있다.

한국의 도자기는 토기(혹은 도기)·자기·옹기 등을 모두 지칭한다. 이들은 태토, 유약, 경도에 따라 구분할 수 있다. 토기는 점토로 빚은 후 노천에서 섭씨 600~800도에서 굽기 때문에 적갈색을 띤다. 한국의 신석기시대, 청동기시대, 초기철기시대의 토기가 해당된다. 기술이 차츰 발전하면서 밀폐된 공간에서 굽게 되는데, 이때 섭씨 800~1,100도까지 열을 올릴 수 있어 매우 단단한 회청색을 띠는 종류가 된다. 밀폐된 공간에서는 점토에 있는 장석이 녹아 태토 사이로 흘러 들어가 몸은 단단하게 되고 공기 중의 산소는 어느 정도 차단시킬 수 있어 회청색의 그릇이 된다. 한국의 원삼국시대부터 통일신라시대의 토기가 이에 해당한다.

고려시대 이후 조선시대까지 자기가 생산되었고 동시에 토기는 저장, 운반을 위한 항아리나 옹 그리고 자배기와 같은 대형 그릇의 용도로 제작되었다. 현재 한국 학계에서는 이들을 일반적으로 토기로 부르고 있지만, 일부 학자는 고려와 조선시대의 토기는 도기로 명명하여 구별하고 있다. 따라서 토기土器와 도기陶器는 혼용해도 무방하리라고 생각한다.

자기는 섭씨 800~900도에서 초벌구이를 한 후, 다시 유약을 입혀 섭씨 1,200도 이상에서 재벌구이한 고급의 그릇이다. 고려시대 청자와 조선시대 관요 백자와 같은 고급품이 이에 속한다. 자기는 대량 생산을 필요로 할 때와 서민들의 일상기명을 생산할 때는 초벌구이하지 않고 유약을 입혀 한 번에 바로 굽기도 했다.

도자기 용어의 사용

그렇다면 우리 조상들은 이러한 도자기를 어떠한 단어로 표현하고 있었을까. 도자기와 관련된 용어의 용례用例를 알아보기 위해 고려시대와 조선시대의 대표적인 사료인 『고려사高麗史』와 『조선왕조실록朝鮮王朝實錄』의 내용을 살펴보도록 하겠다.

고려시대의 역사를 담고 있는 『고려사』에는 『고려사』 지志와 열전列傳 등에서 도자기와 관련된 기록이 총 4건 확인된다. 그럼 『고려사』의 기록을 자세히 들여다보도록 하자.

『고려사』 제78권 지志 제32권 식화食貨1 전제田制 공부貢賦를 보면,

> 예종睿宗 3년(1108) 2월 판判하기를,
> "경기京畿의 주현州縣에는 상공常貢 이외에도 요역徭役이 번거롭고 무거워 백성百姓들이 이를 괴롭게 여겨 날로 점차 도망치고 유망하고 있다. 주관하는 관청에서는 계수관界首官에 그 공역貢役의 많고 적음을 물어 참작하여 정하여 시행하도록 하라. 동소銅所·철소鐵所·**자기소瓷器所**·지소紙所·묵소墨所 등의 여러 소所에서 별공別貢으로 바치는 물건들을 너무 과중하게 징수하여 장인匠人들이 괴로워하고 고통스러워하여 도피하고 있으니, 담당 관청으로 하여금 각 소에서 별공과 상공으로 바치는 공물의 많고 적음을 참작하여 다시 정하여 아뢰어 재가를 받도록 하라."라고 하였다.[1]

이라는 내용이 있다. 사료에는 예종 3년(1108) 2월 각 주현에 부과되었던 공물의 수량이 과중하니 각 주현의 공부액을 다시 정하는 기록이 있다. 그중 당시 청자를 제작하였던 자기소瓷器所라는 단어가 등장하며, '옹기 瓷'가 사용된 자기瓷器로 표현되어 있음을 알 수

---

[1] 『고려사』 제78권 지 제32권 식화1 전제 공부
睿宗三年二月 判, 京畿州縣, 常貢外, 徭役煩重, 百姓苦之, 日漸逃流. 主管所司, 下問界首官, 其貢役多少, 酌定施行. 銅·鐵·瓷器·紙墨雜所, 別貢物色, 徵求過極, 匠人艱苦, 而逃避, 仰所司, 以其各所別常貢物, 多少酌定, 奏裁.

있다.

『고려사』 제105권 열전列傳 제18권 조인규전(趙仁規傳, 1237~1308년)을 보면,

> 조인규가 화금자기畵金磁器를 황제께 바쳤을 때. 세조世祖가 묻기를 "금으로 그림을 그리면 그릇이 견고해지는 것이냐?"라고 하자, 조인규가 "다만 채색하기 위해 붙이려는 것입니다"라고 대답하였다. 그러자 "그 금을 다시 쓸 수가 있느냐?"라고 세조가 묻자, "자기磁器란 것은 쉽게 깨어지는 것이므로 금도 역시 그에 따라 파괴되고 마니, 어찌 다시 쓸 수가 있겠습니까?"라고 대답하였다.[2]

라는 내용이 있다. 사료에는 고려의 대원對元 통역관이었던 조인규가 원나라 세조(世祖, 재위 1271~1294년)에게 화금자기畵金磁器를 바쳤던 일화가 기록되어 있다. 사료의 내용을 보면, 화금자기畵金磁器 또는 자기磁器라는 단어가 확인되며, '자석 磁'가 사용된 자기라는 용어가 사용되고 있음을 알 수 있다.

앞의 두 기록을 살펴본 결과, 고려시대에는 자기瓷器·磁器라는 용어로 청자를 표현하였던 것으로 추측되며, 시기에 따라 사용하였던 한자를 달리하였음을 알 수 있다. 고려사에는 자기 외에도 사기라는 단어로도 도자기를 표현하고 있음이 확인된다.

『고려사』 제89권 열전 제2권 후비后妃 충혜왕 후비 은천옹주銀川翁主 임씨林氏의 내용을 보면,

> 은천옹주銀川翁主 임씨林氏는 상인商人 임신林信의 딸로 단양대군丹陽大君의 계집종이었다. 사기沙器를 파는 것을 생업으로 삼다가 왕이 보고 총애하였다. 〈충혜왕 후〉 3년(1342), 왕이 장차 화비和妃를 맞이하려고 하였다. 임씨가 이를 시샘하니 이에 책봉하여 은천옹주로

[2] 『고려사』 제105권 열전 제18권 조인규전
仁規嘗獻畵金磁器世祖問曰 畵金欲其固耶 對曰 但施彩耳 曰 其金可復用耶 對曰 磁器易破金亦隨毁寧可復用 世祖善其對命自今磁器毋畵金勿進獻.

삼아 그 마음을 달래자 사람들이 **사기옹주**沙器翁主라 불렀다. 왕이 삼현三峴에 신궁新宮을 세웠는데 그 제도가 왕이 사는 곳과 같지 않았다. 고옥庫屋 100칸에 곡식과 비단을 채워두고 낭무廊廡에는 비단 짜는 여자[綵女]를 두었다. 어떤 두 여자가 뽑혀 들어가게 되자 눈물을 흘리며 우니, 왕이 성내어 쇠몽둥이로 때려 죽였다. 또 방아와 맷돌을 많이 두었는데, 모두 옹주의 뜻이었다. 왕이 열을 돋우는 약[熱藥]을 좋아하여 여러 비빈妃嬪들이 모두 능히 임금[御]을 감당하지 못하였으나, 오직 옹주만이 총애를 얻었다. 석기釋器를 낳자 복연福宴을 열고는 저자의 상인들이 파는 비단을 빼앗아 폐백幣帛으로 삼았다. 왕이 원으로 잡혀가게 될 때 고용보高龍普 등이 왕의 내탕고內帑庫에 봉인封印을 붙이자 옹주가 울며 말하기를, "왕께서 다만 예복禮服만 입고 두터운 가죽 겉옷을 입지 않으셨는데, 지금 추위가 심하니 바라건대 왕에게 겉옷을 바치게 하여 주시오."라고 하니, 고용보가 허락하였다. 고용보는 또 옹주 등 궁인宮人 126인을 쫓아내 버렸다.[3]

이라는 내용이 있다. 또한, 『고려사』 제109권 열전 제22권 이조년전李兆年傳을 보면,

상인商人 임신林信의 딸은 단양대군丹陽大君의 종인데 **사기**沙器 장사를 하고 있었다. 왕이 그를 통하고 총애하였으며 임신을 대호군大護軍으로 삼았다. 어느 날 임신이 기륜奇輪을 구타한 일로 인하여 왕이 임신의 편을 들어 직접 가서 기륜의 집을 파괴한 일이 있었다.[4]

이라는 내용이 있다. 두 기록은 충혜왕의 후비인 은천옹주 임씨에 관한 기록으로 그녀의 아버지인 상인商人 임신林信이 당시 사기 장사를 하고 있었다고 적혀 있다. 이 두 기록을 통해, 고려 말 도자기를

---

3 『고려사』 제89권 열전 제2권 후비 충혜왕 후비 은천옹주 임씨
銀川翁主林氏, 商人信之女, 丹陽大君之婢也. 賣沙器爲業, 王見而幸之, 有寵. 三年, 王將納和妃, 林氏妬之, 乃封爲銀川翁主, 以慰其意, 時稱沙器翁主. 王起三峴新宮, 其制度不類王居. 庫屋百閒實穀帛, 廊廡置綵女. 有二女被選, 當入泣下, 王怒, 以鐵椎擊殺之. 又多置碓磑, 皆翁主意也. 王好熱藥, 諸妃嬪皆不能當御, 唯翁主得幸. 生釋器, 開福宴, 奪市人帛爲幣. 王被執如元, 高龍普等封內帑, 翁主泣曰, "王只著禮服, 不服重裘. 今寒甚, 願獻王裘." 龍普許之. 龍普又放翁主等宮人百二十六人.

4 『고려사』 제105권 열전 제22권 이조년전
初商人林信女丹陽大君之婢也賣沙器爲業 王見而幸之有寵授信大護軍 一日信敺奇輪王右信親往毁輪家

'모래 沙'가 쓰여진 사기沙器로 표현하고 있음을 확인할 수 있다.

즉, 고려시대에는 도자기라는 단어는 사용되지 않고, '옹기 瓮'가 사용된 자기瓮器나 '자석 磁'가 사용된 자기磁器, '모래 沙'가 쓰인 사기沙器라는 용어로 도자기를 기록하였음을 알 수 있다.

그렇다면 조선시대에는 도자기와 관련된 단어를 어떻게 사용하고 있었을까. 조선시대를 대표하는 『조선왕조실록朝鮮王朝實錄』에서는 도자기와 관련된 내용은 『고려사』보다 다양하며 많은 양의 도자기 관련 기록이 확인된다. 그럼 『조선왕조실록』의 기록을 자세히 들여다보도록 하자.

『세종실록世宗實錄』 권卷25, 세종 6년(1424) 8월 18일 조에는

> 공조에서 평안도 감사의 관문에 의하여 계하기를, "도내에 원래 **자기**磁器 굽는 공장工匠이 없어서, 중국 사신이 오고 갈 때 지응할 기명器皿이 매우 불결하게 되었으니, 충청도 각 고을 중에서 재주가 숙련된 자기 공장 2명을 본도로 보내어서 구워 만드는 것을 가르치게 하소서." 하니, 그대로 따랐다.[5]

라는 기록이 있으며, 『태종실록太宗實錄』 권26, 태종 13년(1413) 7월 16일 조에는

> 전라도 도관찰사에게 명하여 해마다 **자기**瓷器를 바치게 하였다.[6]

라는 내용이 있다. 『조선왕조실록』의 두 기록을 살펴보면, 『세종실록』 권25에서는 공조에서 평안도에 자기를 굽는 공장이 없으니 충청도에서 숙련된 장인을 보낼 것을 권고하는 내용에서 '자석 磁'가 사용된 자기磁器를 사용하였고, 『태종실록』 권26에서는 전라도 관찰사에게 해마다 자기를 바치게 하였다는 명에서 '옹기 瓮'가 사용된

---

[5] 『세종실록』 권25, 세종 6년(1424) 8월 18일 조
工曹據平安道監司關啓: "道內本無磁器匠, 中國使臣來往, 支應器皿, 甚爲不潔. 乞以忠淸道各官才熟磁器匠二名, 送于本道, 傳習燔造." 從之.

[6] 『태종실록』 권26, 태종 13년(1413) 7월 16일 조
命全羅道都觀察使, 歲進瓷器.

자기瓷器로 표현되어 있다. 앞서 살펴본 『고려사』의 기록처럼 '자석磁'나 '옹기 瓮'가 사용된 자기磁器·瓮器라는 단어로 도자기를 표현하고 있음을 알 수 있다. 또한, 2건에 불과했던 『고려사』의 기록보다 훨씬 많은 193건이나 확인됨에 따라 일반적인 도자기는 자기라는 용어를 활용하였음을 추측할 수 있다.

『세조실록世祖實錄』 권34, 세조 10년(1434) 8월 7일 조에는

> 전라도 경차관 구치동이 순천부에서 회회청回回靑과 비슷한 돌을 캐냈는데, 사기沙器에 그림을 그려 구워내는데 쓰인다. 아울러 강진현에서 청철靑鐵을 캐내어서 바치었다.[7]

라는 내용이 있다. 『태종실록太宗實錄』 권23, 태종 12년(1412) 3월 7일 조에는

> 또 전사 부령 노인구가 지예원군사가 되었을 때 먹[墨]·빗[梳]·사기砂器 등의 물건을 만들어서 백성에게 억지로 배분하고 그 값을 중하게 거둔 죄를 청하니 파직하라고 명하였다.[8]

라는 기록이 있다. 『조선왕조실록』에는 『고려사』에서처럼 사기라는 용어로 도자기를 표현하고 있다. 『세조실록』 권34에는 전라도 경차관 구치동이 회회청, 즉 청화 안료를 구하여 바쳤다는 내용에서 '모래 沙'가 사용된 사기沙器라는 표현을 사용하였고, 『태종실록』 권23에서는 노인구가 지예원군사 당시 백성에게 먹, 빗, 사기를 만들라고 명했던 내용에서 '모래 砂'가 쓰인 사기砂器로 표현하고 있다. 『조선왕조실록』에서는 『고려사』에서 보이지 않았던 '모래 砂'가 쓰인 사기砂器까지 활용되며, 두 가지 표현의 사기沙器·砂器가 확인되었다. 다만, '모래 沙'로 쓰인 사기沙器라는 기록이 83건, '모래 砂'가 쓰인

---

7 『세조실록』 권34, 세조 10년 (1434) 8월 7일 조
全羅道敬差官丘致峒採順天府回回靑相似石, 畫沙器燔造, 竝採康津縣靑鐵以進.

8 『태종실록』 권23, 태종 12년 (1412) 3월 7일 조
又請典祀副令盧仁矩知預原郡時, 令郡人做墨梳砂器等物, 抑配於民, 重斂其價之罪, 命罷職.

사기砂器의 내용이 9건이 확인됨에 따라 '모래 沙'가 사용된 사기沙器가 일반적인 표현이었음을 짐작할 수 있다.

『조선왕조실록』에는 청자라는 기록이 없었던 『고려사』와 달리 백자白磁·白瓷, 백소사기白素沙器, 청화사青畫沙, 백사白沙 등 도자기의 자세한 재질에 대한 용어도 사용되었음이 확인된다. 예를 들어, 『문종실록文宗實錄』 권3, 문종 즉위년(1450) 8월 25일 조에는

> 환자宦者 김연金衍에게 명하여 백자종白磁鍾 각 20개를 두 사신使臣에게 주게 하였더니, 정선鄭善이 금박金箔 5만 장張, 중패도中佩刀 1개, 대홍단자 자금낭大紅段子刺金囊 1개를 임금에게 바치고, 또 김연金衍에게 중도中刀 1개, 아청단자 자금낭雅青段子刺金囊 1개를 선사하였다.[9]

라는 내용이 있고, 『성종실록』 권11, 성종 2년(1471) 8월 21일 조에는

> 백자준白瓷尊 2개를 성균관成均館에 하사하였다.[10]

라는 기록이 있다. 앞의 『문종실록』 권3에서는 사신에게 백자종白磁鍾 20개를 바치고 임금과 환자 김연에 다른 물품을 받은 내용이 있다. 그중 사신에게 바친 백자종白磁鍾이 당시 조선에서 만들어진 백자로 짐작되며, '자석 磁'가 쓰인 백자白磁라는 단어가 사용되었음을 확인할 수 있다. 『성종실록』 권11에서는 성균관에 백자준白瓷尊을 하사한 내용으로 이 백자준이 조선의 것인지 중국의 것인지 정확하게 알 수는 없지만, 백자를 '옹기 瓷'가 사용된 백자白瓷로 표기하고 있음을 알 수 있다.

이 밖에도 지금은 쓰이지 않지만, 조선시대에 백자를 지칭하였던 새로운 단어도 『조선왕조실록』에서 확인된다. 『세종실록』 권41,

[9] 『문종실록』 권3, 문종 즉위년 (1450) 8월 25일 조
命宦者金衍, 贈白磁鍾各二十于兩使臣. 鄭善, 以金箔五萬張, 中佩刀一, 大紅段子刺金囊一, 授衍以進, 又贈衍中刀一, 鴉青段子刺金囊一.

[10] 『성종실록』 권11, 성종 2년 (1471) 8월 21일 조
賜白瓷尊二于成均館.

세종 10년(1428) 7월 19일 조에는

임금이 왕세자와 백관을 거느리고 모화루에 나아가 칙서를 맞아 경복궁에 이르러 의식과 같이 예를 거행했다. 칙서에 이르기를, "이제 왕에게 백소자기白素磁器 10탁卓, 백자청화대반白磁靑花大盤 5개, 소반小盤 5개를 내리니, 물건이 이르거든 받으라.[11]

라는 기록이 있으며, 『세종실록』 권117, 세종 29년(1447) 9월 1일 조에는

청화사대종靑畫沙大鍾 2벌[事], 백사대종白沙大鍾 2벌, 백사 대준 4벌과 술 1백 50병 및 생선과 고기를 성균관에 하사하고, 또 술과 고기를 사부 학당 유생들에게 하사하였다.[12]

라는 내용이 수록되어 있다. 두 기록을 살펴보면, 앞의 『세종실록』 권41에는 임금과 세자가 모화루에 나가 칙서를 맞이하는 과정에서 백소자기白素磁器, 청화백자를 받았다는 내용이 있고, 당시 문양이 없는 백자를 백소자기白素磁器라고 표현하였으며, 청화백자라는 단어도 사용하였음을 알 수 있다. 『세종실록』 권117의 기록에는 성균관에 청화백자를 하사하는 내용이 있고, 청화백자를 청화사靑畫沙, 문양이 없는 백자를 백사白沙라고 표기하였음을 짐작할 수 있다. 이러한 기록은 세종 연간(1418~1450년)에 한정되어 확인되며, 그 기록 역시 매우 소략하여 당시 활발히 사용되었던 단어는 아닌 것으로 추측된다.

『고려사』와『조선왕조실록』의 도자기와 관련된 표현을 소상히 살펴보았다. 두 사료에서는 두 가지 표기의 자기磁器·瓷器와 사기沙器·砂器와 백소자기白素沙器, 청화사靑畫沙, 백사白沙 등으로 당시 만

[11] 『세종실록』 권41, 세종 10년 (1428) 7월 19일 조
上率王世子及百官 迎勅于慕華樓 至景福宮 行禮如儀 勅曰 今賜王白素磁器十卓 白磁靑花大盤五箇 小盤五箇 至可領也.

[12] 『세종실록』 권117, 세종 29년 (1447) 9월 1일 조
賜靑畫沙大鍾二事, 白沙大鍾二事, 白沙大尊四事, 酒一百五十瓶及魚肉于成均館, 又賜酒肉于四部學堂諸生.

들어진 도자기를 표현하고 있고, 현재 우리가 일반적으로 사용하는 도자기라는 용어는 기록되어 있지 않았다. 즉, 조선시대에도 우리가 사용하는 도자기라는 단어가 존재하지 않았음을 알 수 있다.

그렇다면 지금 우리가 인식하고 있는 도자기라는 단어는 언제부터 사용된 것일까? 도자기陶磁器라는 단어가 처음으로 사용된 것은 1903년 5월 2일이다. 이날 발간된 황성신문皇城新聞의 3페이지 상단 기사에서 도자기라는 단어를 찾을 수 있다(사진 1). 도자기라는 용어가 공식적으로 사용되었던 최초의 기록이 1903년 5월 2일이지만, 1900년대에는 도기陶器와 자기磁器라는 단어가 혼용되고 있었다. 이러한 사례는 1907년에 창설된 공업전습소(工業專習所, 국내 최초의 근대식 교육기관, 일제 식민정책의 일환으로 개소)에서 도자기를 제작하는 분과를 도기과陶器科로 표현하고 있었던 것에서 그 당시 상황을 파악할 수 있다. 이후 1920년대가 되면서 도자기라는 단어는 신문 등에서 익숙하게 찾아볼 수 있으며, 1930년대에 들어 완전히 일상에서 자리 잡게 되어 현재까지 사용되고 있는 것이다. 따라서 우리가 사용하고 있는 도자기陶瓷器·陶磁器라는 용어는 20세기 초에 새롭게 사용되기 시작하여 현재까지 이어 온 단어로 고려시대나 조선시대의 사료에는 나타나지 않는 신조어라 할 수 있다.

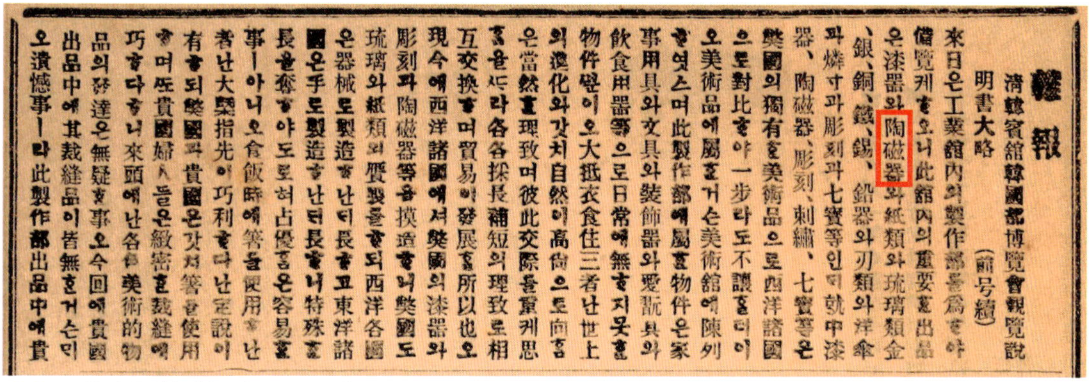
雜報
淸韓賓舘韓國部博覽會觀覽說
明書大略 (前号續)
來日은工業舘內의製作部를爲ᄒᆞ야
備覽케ᄒᆞ오니此舘內의重要ᄒᆞᆫ出品
은漆器와陶磁器와紙類와琉璃類金
、銀、銅、鐵、錫、鉛器와刃類와洋傘
과煉寸과彫刻과七寶等인ᄃᆡ就中漆
器、陶磁器、彫刻、刺繡、七寶等은
弊國의獨有ᄒᆞᆫ美術品으로西洋諸國
으로對比ᄒᆞ야一步라도不讓ᄒᆞᆯᄃᆡ이
오美術品에屬ᄒᆞᆫ거ᄉᆞᆫ美術舘에陳列
ᄒᆞ엿ᄉᆞ며此製作部에屬ᄒᆞᆫ物件은家
事用具와文具와裝飾器와愛翫具와
飮食用器等으로日常에無ᄒᆞ지못ᄒᆞᆯ
物件뿐이오大抵衣食住三者난世上
의進化와갓치自然이高尙으로向ᄒᆞᆷ
은當然ᄒᆞᆫ理致며彼此交際를圖케思
ᄒᆞᆷ을ᄯᆞ라各各採長補短의理致로相
互交換ᄒᆞ며貿易이發展ᄒᆞᆫ所以也오
現今에西洋諸國에셔弊國의漆器와
彫刻과陶磁器等을摸造ᄒᆞ며弊國도
琉璃와紙類와麗製를ᄒᆞ되西洋各國
은器械로製造ᄒᆞ난ᄃᆡ長ᄒᆞ고東洋諸
國은手로製造ᄒᆞ난ᄃᆡ長ᄒᆞ니特殊ᄒᆞᆫ
長을奪ᄒᆞ야도로혀占優ᄒᆞᆷ은容易ᄒᆞᆫ
事ㅣ아니오食飯時에箸를便用ᄒᆞ난
者난大槩指先이巧利ᄒᆞ다난定說이
有ᄒᆞ되弊國과貴國은갓치箸를使用
ᄒᆞ며ᄯᅩ貴國婦人들은緻密ᄒᆞᆫ裁縫에
巧ᄒᆞ다ᄒᆞ니來頭에난各種美術的物
品의發達은無疑ᄒᆞᆫ事오今回에貴國
出品中에其裁縫品이皆無ᄒᆞᆫ거슨미
오遺憾事ㅣ라此製作部出品中에貴

사진 1 황성신문(皇城新聞) 1903년 5월 2일 기사

자기의 태토와 유약

청자의 태토는 산골짜기, 논바닥, 해안, 강안의 낮은 둔덕에 유기물질과 함께 침전되어 있는 찰흙층인 이차 점토이다. 백자의 태토는 산에 백색의 광맥띠를 이루고 있는 고령광高嶺鑛으로서 일차 점토이다. 고령토라는 용어는 중국 강서성 부량현 동향 고령산高嶺山에서 고급의 자토가 산출된 데서 유래했으며 고령이라는 단어는 청 건륭연간淸 乾隆年間(1736~1795년) 초기에 처음 발견된다. 중국의 경덕진에서는 북송北宋(960~1127년) 시기에 고령토를 사용했고, 고령토라는 용어는 자기의 주원료로서 국제적으로 통용되며 고령토 즉, Gaoling으로 발음된다.[13]

유약에는 섭씨 600~800도의 저화도에서 유리질화하는 연유 계통과 섭씨 1100도 이상에서 녹는 고화도의 석회유 계통이 있다. 연유鉛釉는 고구려 토기에서 일찍이 사용되었으며, 7세기 경 백제와 신라토기에서도 보인다. 이는 오리엔트 지역의 시유기술이 중국을 통해 한국에 전해진 것이다. 회유灰釉는 잿물이라고도 하는데 소나무, 싸리나무, 볏짚과 같은 화본과 식물의 재를 물에 타면 곧 초보적인 유약이 된다. 화본과 식물의 잿물은 높은 온도를 받으면 그릇 표면에 유리막이 골고루 입혀지지 않고 흘러내리거나 뭉치는 단점이 있다. 여기에 장석과 순수 규산인 석영을 갈아 넣으면 유약이 골고루 씌워지는데 이것이 석회유石灰釉이다. 석회유는 중국 동한東漢(25~220년)시대에 등장하여 북송 이후 본격적으로 사용되었고 한국은 고려시대 이후 사용했다.

---

[13] 『중국미술사전』, 상해사서출판사, 1987.

자기의 제작 과정

자기를 굽기 위해서는 여러 공정을 거친다. 태토 안의 불순물을 제거하기 위해 웅덩이나 수비통에서 물을 휘휘 저어 체로 거르는 수비 과정이 있다. 이때 태토의 굵은 입자는 아래에, 고운 입자는 위에 남게 된다. 수비를 거친 태토는 발로 밟아 반죽을 함으로써 기포를 없애 치밀하게 만든다. 수제비를 할 때 밀가루 반죽을 잘하면 치밀하고 쫄깃쫄깃해지는 것과 같다. 이렇게 확보된 태토는 마르지 않게 보관하여 원하는 모양의 그릇을 빚게 된다.

원시시대에는 그릇을 손으로 빚었으나 지혜가 발달함에 따라 발물레가 고안되었다. 최근에는 기계로 찍어 대량생산을 하는 공장제품이 일반적이다. 그러나 예술작품을 만든다거나 조각과 같은 효과를 내고자 할 때는 손으로 제작한다. 그릇을 좀 더 아름답게 하기 위해서는 각종의 문양을 새긴다. 문양을 표현하는 방법은 음각, 양각, 상감, 백화, 첩화, 회화, 투각, 상형 등 다양하다. 문양을 넣는 일까지 끝나면 가마에 넣어 초벌구이를 한 뒤, 유약을 입혀 재벌구이를 함으로써 그릇이 완성된다.

제작 마지막 단계인 가마 불때기는 모든 공정에서 공들였던 수고를 한 번에 수포로 만들기도 한다. 따라서 가마의 축조는 장인의 오랜 경험이 바탕이 된다. 가마를 지하에 앉히기도 하고 반지하에 축조하기도 하고 지상에 축조하기도 한다. 가마의 재료는 벽돌, 진흙, 토석 혼축 등 다양하다. 한국의 가마는 대체로 진흙가마가 많다. 더욱 중요한 것은 가마 안에서 불의 흐름을 원활히 해야 한다. 가마 안에 시설이 없는 통가마, 일정한 간격마다 흙기둥을 세워 불의 흐름을 조절할 수 있는 불기둥 가마, 격벽을 세워 불창을 냄으로써 분실의 구조를 보이는 불창기둥가마 등은 한국의 도자기 가마의 변천사를 말해 준다.[14]

[14] 강경숙, 『한국 도자기 가마터 연구』, 시공아트, 2005.

이 책은 저자 서문에서 밝힌 바와 같이 각종 유적 출토 도자기에 대한 올바른 기술 방법의 제시를 목적으로 한다. 도자기는 고려시대부터 조선시대까지로 한정하며 토기(도기)는 제외한다. 따라서 I장의 도자사 개관은 주류를 이루었던 고려시대 청자, 조선시대 분청사기와 백자를 중심으로 그 변천사를 다루고자 한다.

고려시대 청자의 변천

고려(918~1391년)는 후삼국으로 분열된 정세 속에서 발해의 유민까지 흡수하여 한반도를 다시 통일한 나라이다. 수도는 송도松都(현 개성)에 정하고 북방으로 진출하는 활기찬 정책을 수립했다. 고려의 초기 정치 형태는 호족연합정권이었다. 고려는 성종 연간(981~997년)에 이르러 비로소 중앙집권적인 정치 체제를 갖추었다. 이에 따라 지방호족은 새로운 지배계층으로 등장하면서 귀족사회를 형성하기에 이르렀다.

고려는 송宋과의 문화교류를 지속하는 한편, 요遼나라를 세운 거란과도 우호관계를 유지하였다. 그러므로 발전기에 접어든 11세기의 고려도자는 송과 요 도자의 영향이 모두 반영되어 있다. 이처럼 고려는 통일신라의 전통적인 기술 위에서 중국 도자의 기술과 양식을 적절히 소화 흡수하여 12세기 이후 비색청자와 상감청자에서 독보적인 발전을 이루었다.

의종 24년(1170)에 일어난 무신정변은 고려 문신 귀족의 문화를 변질시켰고 청자 제작에서는 깊고 맑은 무문의 비색청자보다는 오히려 상감청자의 생산이 본격화되었다. 무신집권기에 일어난 몽골의 침입은 1232년부터 30년간 계속되었으며 결국 몽골이 세운 원元(1260~1367년)과는 평화조약을 체결하고 부마국이 되었다. 이로부터 고려 후기는 원의 풍습이 만연하게 되었고 도자공예는 새로운 기형과 문양이 등장하여 변형되어 갔다.

성립기

성립기는 청자 제작이 시작되어 자리 잡는 10세기가 중심이다. 청자 제작의 의욕은 통일신라시대 말기인 9세기에 이미 형성되고 있었다. 형성 배경으로는 장보고(?~846년)의 해상활동에서 중요한 무역품의 하나가 당唐의 도자기였다는 사실이다. 실제로 장보고의 근거지인 완도 청해진 유적에서 뿐만 아니라 구산선문九山禪門의 하나인 보령 성주사지, 남원 실상사 그리고 경주의 왕경 유적지와 안압지 등에서 월주요의 청자 해무리굽 완, 형요 백자 완, 정요 백자 발과 같은 중국 청자와 백자가 상당수 출토되고 있다. 이들 중 다완茶碗이 많다는 것은 9세기 이후 불교 선종禪宗의 유행과 무관하지 않을 것이다.

청자 제작의 시작은 9세기로 보는 학자도 있으나, 10세기 고려왕조의 건국과 궤를 같이 한다. 태조 왕건은 중국 절강성에 자리한 오월吳越(907~978년)과도 일정한 관계를 맺고 있었다. 절강성은 3세기 동한시대부터 12세기까지 중국 청자 제작의 중심지였다. 『고려사高麗史』 태조 2년(919)과 6년(923)의 기록에 오월의 문사文士들이 고려에 왔다는 내용은 오월의 청자 기술이 고려에 유입되었을 가능성을 시사한다.

이 시기에 청자를 제작했던 가마는 주로 중서부지역에 분포되어 있는 벽돌가마[塼築窯]이다. 이 가운데 경기도 시흥 방산동, 황해남도 배천 원산리 등에서 벽돌가마터가 발굴되었다. 벽돌가마는 한국의 전통가마로서 자리 잡지 못하고 고려 초기에만 일정 기간 존재했던 가마 형태이다. 벽돌가마는 절강성의 월주요 청자가마의 기본 구조로서 당, 오대, 북송시대의 가마가 상우현上虞縣의 상림호上林湖 일대에 집중적으로 분포되어 있다. 여기서 생산된 청자는 당시 중요한 항구였던 명주[明州, 현 영파(寧波)]를 통해 여러 나라로 수출되었다. 특히, 한국의 중서부지역에 벽돌가마가 축조되었다는 것은 월주요 청자 제작기술이 직접 이전되었음을 말해준다. 실제로 경기도 시흥 방산동과 황해남도 배천 원산리의 벽돌가마로부터 출토되는 청자의 색상과 형태는 월주요 출토 도편과 매우 유사하다. 이러한 벽돌가마의 지역적인 분포는 당시의 해상 루트와도 밀접한 관련이 있다(지도 1).

시흥 방산동의 벽돌가마는 처음 길이 39.0m, 너비 2.22~2.25m로 축조되었고 두 번에 걸친 보수로 너비는 0.9m로 줄었다. 특히, 보수과정에서 벽돌은 안으로 쌓았기 때문에 길이는 크게 변동하지 않으나 너비는 대폭 줄 수 밖에 없었다. 아궁이 역시 벽돌로 쌓았으며, 'ㄷ'자 형태의 굴뚝부는 보수할 때마다 좁아지고 짧아진 모습이 그대로 남아 있다. 가마의 측면출입구는 좌우에서 모두 7곳이 확인되었으며 각 출입구 사이의 간격은 4.4m이다(사진 2). 가마 주변에는 폐기물 퇴적층이 남아 있다. 특히, 청자 생산 이전

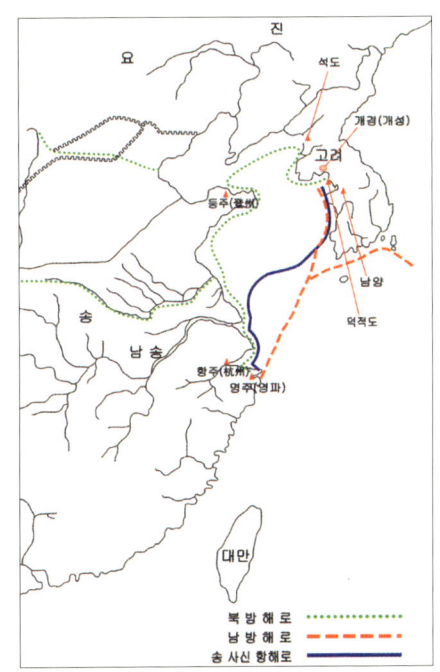

지도 1   고려의 항해노선

사진 2   ① 시흥 방산동 청자가마터 전경(아궁이에서 봄), ② 굴뚝 내 측면(아궁이에서 봄), ③ 측면 출입구

고려, 10세기, 경기도 시흥시 방산동

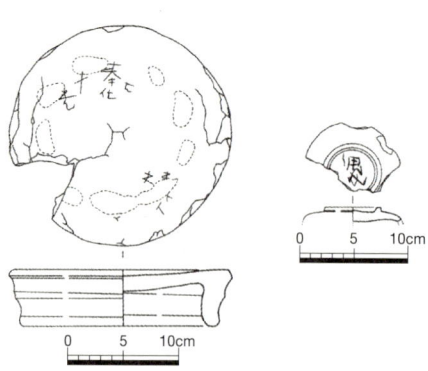

사진 3   시흥 방산동 청자가마터 출토 봉화(奉化), 갑술(甲戌) 명문 편
고려, 10세기, 경기도 시흥시 방산동

사진 4   배천 원산리 청자가마터 전경
(아궁이에서 봄)
고려, 10세기 후반, 황해남도 배천군 원산리

15   이종민, 「시흥 방산동 초기청자 요지 출토품을 통해 본 중부지역 전축요의 운영시기」, 『미술사학연구』 제228·229호, 한국미술사학회, 2001.3, pp. 90~95.

에 활동한 도기가마가 인접해 있어 도기를 생산하던 토착 장인집단과 벽돌가마를 사용한 새로운 청자 생산 집단과의 관계는 서로 평화롭게 융화되었을 것이다. 이와 같은 도기가마와 벽돌가마와의 선후관계는 배천 원산리도 같은 상황이다.

시흥 방산동 가마터의 출토 도편은 발, 완, 화형접시, 병, 장고, 주자, 명문 편 등 다양하다. 특히 여러 명문 편 가운데 '봉화奉化'와 '갑술甲戌'은 지명과 간지를 나타낸 것으로 추정된다(사진 3). 봉화는 절강성에 현재 봉화라는 지명이 있고 여기서도 청자를 제작했기 때문에 양국 간의 관련성을 시사하고 있다는 의견이 있다. 또한, 갑술은 고려의 건국을 염두에 둘 때, 914년(또는 974년)으로 추정할 수 있어 방산동 가마의 조업 중심 시기는 10세기로 상정할 수 있다.15

배천 원산리 가마터에서는 1기의 도기 가마와 3기의 청자 벽돌가마가 확인되었다. 2호 가마의 규모는 시흥 방산동 가마와 비슷하다(사진 4). 2호 가마에서는 〈청자 '순화3년淳化三年'명 두형 제기〉가 출토되어 조업 시기를 확인시켜 주었다.16 명문은 굽 안바닥에 있으며 그 내용은 "순화3년 임진 태묘 제4실 향기 장 왕공탁조"이다.[17] 즉, "순화3년(992)에 왕건의 사당인 태묘 제4실에서 쓰기 위한 향기 享器로서 장인 왕공탁이 만들었다."라는 내용은 제조 연일, 제조 목적, 제작자 등을 파악하게 해준다(사진 5). 이에 따라 1년 후에 제작한 이화여자대학교박물관 소장의 〈청자 '순화4년(淳化四年)'명 항아리〉의 생산지가 원산리임이 밝혀졌다. 항아리의 명문은 굽 안바닥에 있고 "순화4년 계사 태묘 제1실에서 쓰기 위한 향기(제기)로서 장인 최길회가 만들었다."는 내용이다.[18] 형태는 입이 넓고 몸통은 완만한 곡선을 보이고 표면은 엷은 황·갈·녹색을 띠고 있으며 유약이 흘러내려 뭉친 상태로 보아 기술이 정착하지 못했음을 보여준다(사진 6). 이처럼 고려왕조는 6대 성종(981~997년)에 이르러 중앙집권적 왕권이 강화되어 처음으로 중앙에서 지방관을 파견할 수 있었다. 그러므로 태조 왕건의 사당에서 쓸 제기를 제작했다는 것은 정치적인

16 　김영진, 「황해남도 봉천군 원산리 청자기가마터 발굴 간략보고」, 『조선고고연구』 2, 루계 제79호, 사회과학원 사회학연구소, 1991.

17 　명문 내용 : "淳化三年壬辰太廟第四室享器匠王公托造"

18 　명문 내용 : "淳化四年癸巳太廟第一室享器匠崔吉會造"

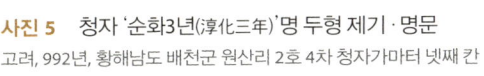

사진 5 　청자 '순화3년(淳化三年)'명 두형 제기·명문
고려, 992년, 황해남도 배천군 원산리 2호 4차 청자가마터 넷째 칸

사진 6 　청자 '순화4년(淳化四年)'명 항아리·명문
고려, 993년, 높이 35.3cm, 이화여자대학교박물관, 국보

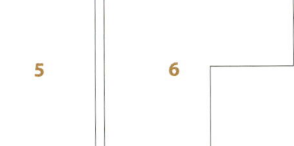

의미가 있을 뿐만 아니라 절대 기년명이 있다는 점에서 도자사적 의의는 매우 크다.

발전기

발전기는 11세기이다. 이 시기에 고려는 중서문하성中書門下省과 중추원中樞院을 중심으로 안정적인 중앙집권적 귀족 사회로 발전했다. 또한, 최충崔沖과 같은 학자를 중심으로 사학私學이 번성하여 고려는 유교적 정치 이념을 근간으로 한 문치주의文治主義 사회가 되었다. 아울러 송과의 문화적·경제적 교류는 청자 제작에도 영향을 미쳤다. 요업은 중서부 일대에 분포되어 있던 초기의 벽돌가마가 사라지면서 전남 강진으로 집중되었고, 강진은 관요官窯로 볼 수 있는 자기소의 성격이 뚜렷해졌다. 이에 따라 벽돌가마는 진흙가마[土築窯]로 바뀌고 비색청자가 완성되며 상감기법이 발전할 수 있는 토대가 마련되었다.

1983년 전북 고창 용계리에서 발굴된 청자가마터는 1022년 전후에 활동한 가마이다. 가마는 3기가 겹쳐 있었고 상층 가마의 길이는 14m, 너비는 1.1m의 지상 토축요이다(사진 7). 가마와 관련된 건물지에서 〈'태평임술太平壬戌'명 기와 편〉(1022)이 발견되었다(사진 8). 출토유물은 발, 접시, 화형 접시, 뚜껑, 병, 잔과 잔탁, 갑발 등 다양하다. 특히, 내저 원각이 있는 한국식 〈청자 해무리굽 완〉은 중국 월주요 청자의 영향이 감지되나 이미 고려적인 특징을 보인다(사진 9). 해무리굽[日暈底]이란 중국에서는 옥벽저玉璧底, 일본에서는 사목고대蛇目高臺라고 하는 굽의 접지면接地面이 넓은 굽을 말한다. 중국에서는 8~9세기 당대에 유행했으며 10세기에는 사라지

사진 7 고창 용계리 청자가마터 전경(아궁이에서 봄)
고려, 10세기 후반~11세기, 전북 고창군 아산면 용계리

사진 8 고창 용계리 출토 '태평임술(太平壬戌)'명 기와 편
고려, 1022년, 길이 12cm, 전북 고창군 아산면 용계리 청자가마터 건물지, 국립전주박물관

사진 9 고창 용계리 출토 청자 완 측면·외면
고려, 1022년 전후, 높이 5.3cm, 전북 고창군 아산면 용계리 청자가마터, 국립전주박물관

는 굽 양식이다. 고려에서 해무리굽 완은 12세기 전반까지 제작된다.[19] 해무리굽 완은 대체로 찻그릇[茶碗]으로 사용했으리라고 본다.

11세기 후반에는 초벌구이를 통한 청자의 제작이 이루어지면서 중국 월주요와는 다른 유색이 나타나며, 12세기의 맑은 비색청자로 발전할 수 있는 기반을 마련하였다. 또한, 초보적 단계이지만 음각기법이나 양각기법으로 문양을 장식한 청자가 생산되기 시작하였으며, 전북 고창 용계리나 경기도 여주 중암리 청자·백자가마터 출토품을 통해 이러한 현상을 확인할 수 있다.

전성기

전성기는 12~13세기이다. 12세기는 비색청자의 전성기라면 13세기는 상감청자의 전성기이다. 국내 정세는 1170년 무신정변으로 문신 귀족 문화가 변질되어 갔으며 국외 정세는 30년 간 계속된 몽골과의 전쟁으로 심한 타격을 받았다. 그러나 청자의 제작은 강진과 부안에서 꾸준히 지속되었다. 무신집권기 당시의 도자기 양상은 강도시기江都時期의 강화도 유적과 이 기간의 무신들과 관계되는 해저 출수 도자기를 통해 알 수 있다.

19 이희관, 「한국 초기청자에 있어서 해무리굽완 문제의 재검토―한국 청자 제작의 개시문제의 해결을 위하여」, 『미술사학연구』 제237호, 한국미술사학회, 2003. 3, pp. 5~28.

사진 10 청자 참외모양 병
고려, 1146년 이전, 높이 22.8cm, 전(傳) 인종 장릉 출토, 국립중앙박물관

사진 11 청자 인물모양 주자
고려, 12세기, 높이 28cm, 국립중앙박물관, 국보

고려 왕실이 몽골 침입으로 고종 19년(1232) 강화도로 천도한 이후 원종 11년(1270) 개경으로 환도하기까지 38년간을 강도시기라고 한다. 이 기간에 축조된 왕, 왕비 등의 무덤과 기타 유적 즉, 가릉·석릉·곤릉 등의 왕실의 무덤과 능내리 석실분에는 청자가 부장되어 있었다. 해저 인양 조운선은 군산·보령·태안 등의 서해 연안 일대에서 발굴되었는데 이 시기의 청자가 실려 있었다.

전성기를 보여주는 청자에 대해 살펴보기로 하자. 인종(1123~1146년) 장릉에서는 시책諡冊과 함께 〈청자 참외모양 병〉, 〈청자 사각 받침대[套盒]〉, 〈청자 합〉, 〈청자 접시〉 등이 출토되었다. 특히, 〈청자 참외모양 병〉은 비례가 적절하고 나팔꽃 모양 주둥이, 유연한 곡선의 참외모양 몸통, 주름무늬 굽, 빙렬 없는 깊고 푸른 담청의 색조 등의 특징을 보이며 비색청자를 대표한다(사진 10). 상형청자 가운데 〈청자 인물모양 주자〉는 도교의 상징인 보관을 쓰고 바구니에 천도복숭아를 담아 들고서 구름 위에 앉아 있는 온화한 도교 인물을 묘사한 주자이다. 섬세한 양각과 음각, 철화로 찍은 눈동자의 점, 보관과 옷깃에 백화문 등 모든 기법을 구사하였으며 사실감이 뛰어나다. 11세기 후반~12세기 전반에 도교가 융성했던 것으로 보아 이 시기의 작품으로 간주된다(사진 11).

상형청자에 관해서는 서긍의 『선화봉사고려도경』 제32권 기명器皿조에, 참외모양 청자와 사자모양 향로는 중국의 월주요越州窯·정요定窯·여요汝窯의 청자와 유사하다는 점을 기록하고 있다. 그러나 상형청자인 산예출향狻猊出香(사자모양의 향로)만은 특별히 최고임을 지적하는 가운데 고려 비색翡色을 강조하고 있다.

1965년 전남 강진군 대구면 사당리 당전부락 청자가마터 발굴에서는 모란문과 당초문이 양각된 암막새와 수막새 청자기와가 여러 점 출토되었다.[20] 〈청자 양각 모란당초문 기와〉의 양각 솜씨와 비색은 12세기에 제작되었음을 말해준다(사진 12). 당전부락 출토 청자기와는 『고려사』 의종 11년(1157) 4월 병신 조에 "양이정養怡亭의 지붕을 청자로 덮었다."라는 다음과 같은 기록을 뒷받침한다.

사진 12 　청자 양각 모란당초문 기와
고려, 12세기, 전남 강진군 대구면 사당리 출토, 국립중앙박물관

> "궐 동쪽에 이궁을 세우고…민가 50여 채를 헐고 대평정을 짓고 태자 서액을 명했다. 옆에는 유명한 꽃과 과일나무를 심고 진귀한 완상의 물건을 좌우에 진열하며, 정자 남쪽에는 연못을 파고 관란정을 지었다. 그 북쪽으로는 양이정을 축조했고 지붕은 청자로 덮었다…."[21]

북송과 요遼와의 활발한 교역은 고려도자 제작에 계속적인 영향을 주었다. 12세기부터 나타나는 압출양각청자는 대량생산을 말해주며 고려 말까지 지속되었다. 압출양각이란 흙으로 만든 도범陶範을 이용하여 찍어내는 기법을 말한다. 중국 섬서성의 송대 요주요는 압출양각청자 생산의 주요한 요장 중의 한 곳이며, 또한, 하북성 정주에서도 압출양각백자가 생산되었기 때문에 이들과의 관련이 상당 부분 확인된다.

상감청자는 비색이 완성되면서 그 빛을 발한다. 상감기법의 각종 문양은 맑고 투명한 유약 아래서 그 진가가 드러날 수 있기 때문이다. 상감기법은 10세기 경부터 보이기 시작하여 11세기 후반 경

[20] 최순우, 「高麗靑磁瓦」, 『미술자료』13, 국립박물관, 1969, pp. 1~11.

[21] 『고려사』 제18조 세가 제18권 의종 11년(1157) 4월 병신 조
關東離宮成…毁民家五十餘區 作大平亭 命太子書額 旁植名花異果 奇麗 珍玩之物布列左右 亭南鑿池 作觀瀾亭 其北構養怡亭 蓋以靑瓷…

사진 13 청자 상감 모란문 '신축(辛丑)'명 벼루
고려, 1181년 혹은 1241년, 13.4×10.2×2.9cm, 리움미술관

사진 14 청자 상감 여지문 발 내면·측면
고려, 1202년 또는 1255년, 높이 8.4cm, 명종 지릉 출토, 국립중앙박물관

22 정양모, 「고려청자와 청자상감 발생의 측면적 고찰」, 『간송문화』 6, 한국민족미술연구소, 1974, pp. 35~42; 김재열, 「고려도자의 상감기법 발생에 관한 일고찰—'원(proto)상감문'의 존재를 중심으로—」, 『호암미술관연구논문집』 2, 삼성문화재단, 1997, pp. 55~98.

23 명문 내용 : "신축년 5월 10일에 맑은 벼루 한 개를 대구(大口)의 호정(戶正)을 지냈던 서감부를 위해 황하사에서 만든다(辛丑五月十日造 爲大口前戶正徐敢夫 淸沙硯壹隻黃河寺)" 이에 관한 논문에는 이희관, 「고려청자사상의 강진요와 부안요—호암미술관 소장 청자상감국모란문 '신축'명 벼루 명문의 검토—」, 『고려청자, 강진으로의 귀향—명문·부호 특별전』, 강진청자자료박물관, 2000, pp. 61~80.

24 金世眞, 「高麗 13世紀 靑瓷 硏究」, 忠北大學校 大學院 考古美術史學科 美術史專攻 博士學位論文, 2020, pp. 43~44.

제작이 늘어나며, 대체로 12세기 후반~13세기에 절정을 이룬다.[22] 〈청자 상감 모란문 '신축辛丑'명 벼루〉는 측면에 세 송이의 모란꽃이 상감되었고 뒷면에 명문이 있다(사진 13). 명문 분석을 통해, 신축辛丑을 1181년으로 추정하여 12세기 후반에 제작된 상감청자의 양상을 살펴볼 수 있다는 의견도 있다.[23] 그러나 벼루에 장식된 굵기가 일정하지 않은 음각기법의 표현이나 흑백상감기법으로 시문된 국화·모란당초문의 포치, 음각기법과 상감기법이 하나의 기물에 동시에 활용되었다는 점에서 〈청자 상감 모란문 '신축辛丑'명 벼루〉의 신축辛丑은 13세기 중반인 1241년일 가능성도 있다.[24]

명종(1170~1197년) 지릉에서 출토된 〈청자 상감 여지문 발〉은 내면에는 상감기법의 여지문荔枝文, 외면에는 역상감기법의 당초문 사이에 모란절지문이 상감되었다. 역逆상감기법이 매우 세련된 것으로 보아 12세기 말~13세기 전반에는 상감기법의 응용이 다양해졌음을 알 수 있다(사진 14). 또 경기도 강화에 있는 강종康宗(1211~1213

사진 15 곤릉 출토 청자 일괄
고려, 1239년 이전, 인천시 강화군 양도면 길정리 곤릉, 국립서울문화재연구소

사진 16 석릉 출토 청자 일괄
고려, 1237년 이전, 인천시 강화군 양도면 길정리 석릉, 국립서울문화재연구소

| 15 | 16 |

년)의 비인 원덕태후元德太后 곤릉坤陵에서는 6점의 청자가 출토되었다. 삼족향로, 화형 접시, 매병 뚜껑, 역상감의 당초문 뚜껑 등은 태토와 유약 그리고 규석받침의 번법 등으로 보아 강진 혹은 부안 청자 가마에서 제작되었으리라고 보는 고급 청자들이다. 원덕태후의 몰년은 1239년이므로 13세기 전반의 양상을 보여준다(사진 15). 이외에 1237년에 승하한 강화에 있는 희종熙宗(1204~1211년)의 석릉碩陵에서 출토된 청자들도 곤릉 출토 청자와 함께 13세기 전반의 모습들이어서 청자 편년 연구에 귀중한 자료들이다(사진 16).[25]

충남 태안군 근흥면 마도의 해저로부터 '마도 1호선'으로 명명된 선박을 2009~2010년에 걸쳐 발굴했다. 마도 1호선에는 '정묘丁卯'명 목간(1207), '무진戊辰'명 목간(1208)과 '대장군 김순영'명 죽찰(1207~1208년)이 출수되었고 여러 종류의 청자가 실려 있었다. 이 가운데 〈청자 상감 모란문 표주박모양 주자〉는 1208년 이전에 제작되었으므로 고려 중기 청자 편년 설정에 중요한 자료의 하나이다(사진 17~19).

'마도 1호선'과 직선거리로 900m 이격된 지점에서 '마도 2호선'을 확인하고 2010년 수중 발굴 조사가 진행되었다. 마도 2호선에서 출수된 목간과 죽찰에서는 선박의 출항지로 추정되는 지명(高敞縣,

[25] 한성욱, 「석릉 출토 청자의 성격」, 『강화석릉』, 국립문화재연구소, 2003, pp. 147~166.

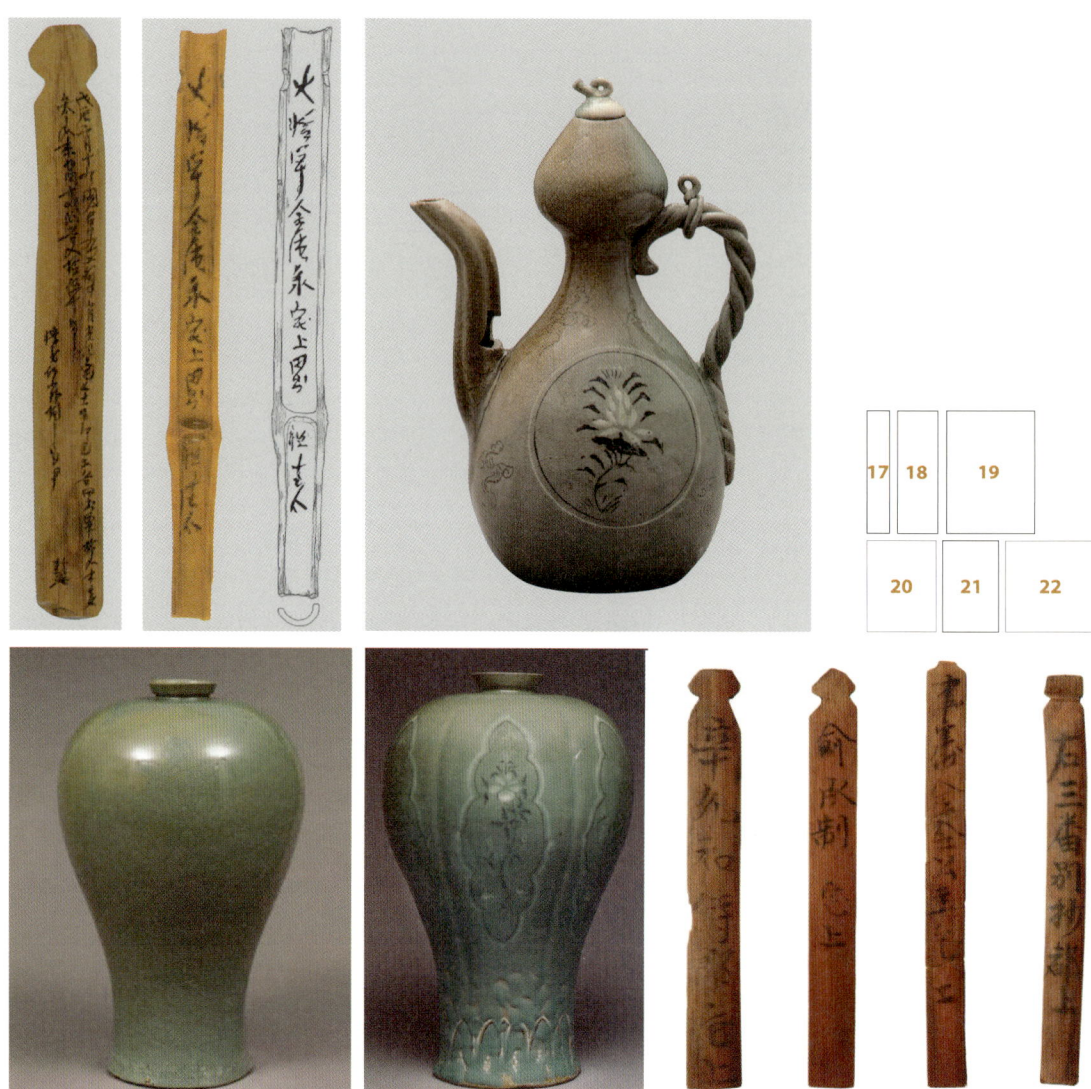

사진 17 태안 '마도 1호선' 출수 '무진'명 목간
고려, 1208년, 충남 태안군 근흥면 마도 해저 '마도 1호선', 국립해양문화재연구소

사진 18 '대장군김순영댁상전출조육석(大將軍金純永宅上田出租陸石)'명 죽찰
고려, 1207~1208년, 32.9×2.8cm, 충남 태안군 근흥면 마도 해저 '마도 1호선', 국립해양문화재연구소

사진 19 청자 상감 모란문 표주박모양 주자
고려, 1208년 이전, 전체 높이 25.9cm, 충남 태안군 근흥면 마도 해저 '마도 1호선', 국립해양문화재연구소

사진 20 청자 음각 연화 절지문 매병
고려, 1213년 경, 높이 39.0~39.1cm, 충남 태안군 근흥면 마도 해저 '마도 2호선', 국립해양문화재연구소, 보물

사진 21 청자 상감 국화모란유로죽문 매병
고려, 1213년 경, 높이 38.9~39.1cm, 충남 태안군 근흥면 마도 해저 '마도 2호선', 국립해양문화재연구소, 보물

사진 22 태안 '마도 3호선' 출수 죽찰
고려, 1265~1268년 경, 높이 12.1~21.8cm, 충남 태안군 근흥면 마도 해저 '마도 3호선', 국립해양문화재연구소

茂松縣, 長沙縣, 古阜郡)과 함께 개경의 관료 계층이 수신자[이극서, 李克壻]로 기록되어 있어 선적된 청자의 생산 시기를 1213년 경으로 추정할 수 있으므로 고려 중기 청자의 편년 설정에 도움을 준다. 특히, 두 개의 청자 매병에서 꿀과 참기름이 담겨져 있다는 내용의 죽찰이 매달려 있었던 것이 확인되어 당시 청자 매병의 용도를 알려주는 중요한 자료로 판단된다(사진 20·21).

'마도 3호선'은 '마도 2호선'과 직선거리로 약 300m 떨어진 지점에서 확인되었으며 2011년 발굴조사가 이루어졌다. 마도 3호선에서 출수된 목간과 죽찰에 간지는 없었지만, 여수현呂水縣(현재 여수시)이라는 지명을 통해 발송지를 알 수 있으며, 신윤화辛允和, 유천우兪千遇, 김준金俊 등 수취인의 관력官歷을 통해 1265~1268년 사이에 침몰된 선박으로 추정된다. 또한, 죽찰과 목간의 기록을 통해 삼별초의 구체적인 조직과 지휘체계, 지역 관할 제도도 좀 더 자세히 파악할 수 있게 되었다(사진 22).

사진 23 백자 상감 모란버들갈대문 매병
고려, 12~13세기, 높이 29.2cm, 국립중앙박물관, 보물

고려백자는 수량은 적으나 상감기법이 잘 적용된 경우도 있다. 〈백자 상감 모란버들갈대문 매병〉은 상하로 기면을 6등분하고 중심부에 각각 능화창을 설정한 후, 여기에 청자토로 메꾼 다음 모란과 버드나무를 흑백 상감한 매우 독특한 매병이다(사진 23). 이 외에 〈청자 철화 유로문 병〉은 비색청자와는 달리 현대 감각의 형태에 절제된 간략한 버드나무 그림의 묘사는 또 다른 예술세계를 이루었다(사진 24).

특히, 산화동을 안료로 쓰는 것은 고난도의 기술이 필요하다. 영국박물관이 소장하고 있는 〈청자 동화채銅畵彩 당초

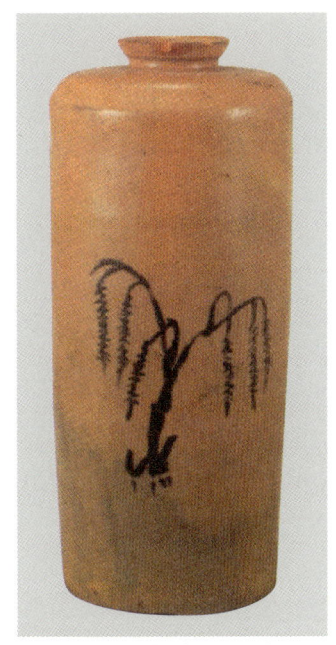

사진 24 청자 철화 유로문 병
고려, 12세기, 높이 31.4cm, 국립중앙박물관, 국보

사진 25 청자 동화채 당초문 완 내면·외면
고려, 12세기, 높이 5.8cm, 영국박물관

사진 26 청자 동화 연화문 표주박모양 주자
고려, 1257년 이전, 높이 32.5cm, 리움미술관, 국보

문 완〉은 고난도의 기술을 완성시킨 작품으로 안에는 당초문을, 외면에는 모란절지문을 네 곳에 포치시킨 화려한 완이다(사진 25). 동화를 일부 사용한 예는 최항崔沆(?~1257년)의 지석과 함께 출토된 〈청자 동화 연화문 표주박모양 주자〉에서도 볼 수 있다. 이 주자는 크고 작은 연봉오리가 연결된 형태로 가장자리는 동화로 가채했을 뿐만 아니라 음각기법, 백화기법, 동자와 개구리의 조각 솜씨 등 다양한 기법을 구사하여 제작한 걸작이다(사진 26). 최항은 무신정권의 실력자인 최충헌의 손자로서 무신집권기의 그 위상을 엿보게 한다.

13세기 후반이 되면 기형은 대형화하며 도안은 복잡하고 화려해지는 변화를 보인다. 경기도박물관 소장의 〈청자 상감 화조유문 돈〉은 투각·상감·양각·음각 등의 여러 기법을 사용하여 길상문을 새긴 의자이다(사진 27). 의자 윗면에는 꽃가지를 입에 문 봉황 한 쌍을 중심으로 주변에 연화당초문을 음각으로 새겼다. 몸통은 4단 구

사진 27　청자 상감 화조유문 돈
고려, 13세기 후반, 높이 41.6cm, 경기도박물관

사진 28　청자 상감금채 수하원문 편호 편
고려, 13세기 후반, 현존 높이 25.5cm, 국립중앙박물관

　성으로 중심에는 네 곳에 능화형 창을 설정하고 앞뒤 두 곳에는 공작·모란·괴석을 조합한 도안을 상감했으며, 나머지 두 곳에는 각각 매화·대나무·학 그리고 버드나무와 학이 어우러진 도안을 흑백상감한 보기 드문 우수한 작품 중 하나이다. 능화형 창 사이 배경에는 잎사귀 모양을 투각했다. 바닥은 뚫렸고 접지면에 모래를 깔고 제작했다. 이 의자는 왕을 상징하는 봉황문, 부귀와 장수를 상징하는 공작·모란·괴석의 조합, 장수를 의미하는 학·대나무 등의 길상적 표현 등을 통해 13세기 후반 고려 왕실의 위엄과 염원을 엿보게 해준다.[26]

　고려의 궁궐터인 개성 만월대 부근에서 출토된 〈청자 상감금채 象嵌金彩 수하원문樹下猿文 편호扁壺 편〉은 능화형의 화창花窓 안에 나무 밑 원숭이 그림이 등장하는데, 여기에 화금장식이 가해졌다(사진 28). 화금자기에 관해서는 『고려사』 열전列傳 조인규趙仁規전에 나와 있다. 조인규가 원나라에 사신으로 갔을 때 원 세조世祖(1260~1293

[26]　김영미, 「경기도박물관 소장 '青磁象嵌花鳥柳文墩'에 대하여－청자 문양의 길상적 의미」, 『도자문화』 2, 경기도자박물관, 2009, pp. 103~124.

년)와의 대화 내용은 화금청자의 생산 배경을 알려 준다.[27] 화금의 정확한 기법은 알 수 없으나 상감 문양 외곽선을 예리하게 파고 금을 삽입한 것이다. 남송 주밀周密(1232~1298년)의 『지아당잡초志雅堂雜鈔』에는 화금기법에 관한 기록이 있어 어느 정도 추정이 가능하다. 즉,

"금화정완은 마늘즙을 내고 여기에 금가루를 개어 그림을 그린 후 가마에 넣어 번조한 것이며 영영 다시는 떨어지지 아니한다."[28]

라는 내용이다.

전성기의 가마터는 강진·부안·대전·음성·진천·용인 등에서 발굴되었다. 현재 국립광주박물관 경내에 이전 전시되어 있는 강진 용운리 10-1호 가마는 전체 길이 약 10m, 너비 1~1.3m, 천장 높이 약 0.8m, 경사 13~15도의 구조이다. 아궁이는 좌우에 갑발을 한 줄로 포개어 쌓아 아궁이 문을 만들고, 아궁이에서 번조실로 올라가는 불턱 바로 위의 천장은 갑발을 1/4로 쪼개 궁륭형으로 축조하였는데, 그 일부가 원형대로 남아 있다(사진 29). 그중 강진과 부안 지역에서는 아궁이 좌측으로 네모난 석실이 확인되며, 그 내부에서 다량의 재와 불탄 흙, 석회층이 발견됨에 따라 유약과 관련된 구조물로 판단된다. 특히, 이러한 석실이 강진과 부안 지역의 가마터에서만 확인되고 있어 비색청자의 생산과 관련된 중요한 역할을 하였던 공간으로 추정된다.[29] 이들 가마 안에는 칸막이나 불기둥의 구조물이 없는 것으로 보아 단실 토축요였음을 알 수 있다.

변화기

변화기는 14세기가 중심이다. 도자 공예는 정치·경제·외교 등 여러 요인에 의해 확연하게 변화된 모습이 드러난다. 청자는 12~13세

---

[27] 『고려사』 제105권 열전 제18권 조인규전
"…인규가 일찍이 화금지기를 바쳤더니 원 세조가 화금은 그릇을 견고하게 하기 위한 것이냐 하고 물으니, 단지 설채할 뿐이다…(仁規嘗獻畵金磁器 世祖問曰 畵金欲其固耶 對曰 但施彩耳…)."

[28] 주밀(周密),『지아당잡초(志雅堂雜鈔)』 권 상, 대북: 광문서국유한공사, 중화민국 58년 9월 초판, pp. 55~56. "金花定椀 用大蒜汁 調金描畵 然後再入窯燒 永不復脫"

[29] 金世眞, 앞의 논문(2020), pp. 99~100.

사진 29 강진 용운리 10-1호 청자가마 아궁이 입구와 좌측실(아궁이에서 봄)
고려, 12세기, 전남 강진군 대구면 용운리, 현 국립광주박물관

기의 우아한 비색이나 정교한 상감청자에는 못 미치지만 새로운 기형과 문양이 증가하고 판매를 위한 대량 생산 체제를 보인다. 충혜왕 후 3년(1342) 『고려사』 열전 은천옹주 임씨銀川翁主 林氏에 관한 다음과 같은 기록이 있다.

"은천옹주 임씨는 장사하는 신信의 딸로 단양대군의 계집종이었다. 사기를 파는 것을 업으로 하였는데…곧 은천옹주로 봉하고…당시 (그녀를) 사기옹주라고 일컬었다."[30]

은천옹주의 아버지 임신은 충혜왕의 대외무역을 담당했던 대리상인 중의 한 사람이었다. 이 기록은 1342년 이전부터 도자기가 시중에서 판매되었고 또한 대외 무역품이었음을 알려준다. 14세기에는 청자에 간지, 관아명, 능호명 등을 새기는 특징이 나타난다. 이들 명문은 공납체제의 한 단면과 국가 기강 상의 문제점을 보여 준다. 간지에는 기사, 경오, 임신, 계유, 갑술, 임오, 정해, 을미 등이 있고 관아명에는 사온서司醞署, 사선司膳, 덕천德泉, 의성고義成庫, 성상소城上所 등이 있으며 능호명에는 정릉正陵과 같은 것이 있다.

[30] 『고려사』 제89권 열전 제2권 후비 충혜왕 후비 은천옹주 임씨 銀川翁主林氏, 商人信之女, 丹陽大君之婢也. 賣沙器爲業, 王見而幸之, 有寵. 三年, 王將納和妃, 林氏妬之, 乃封爲銀川翁主, 以慰其意, 時稱沙器翁主.

사진 30 청자 상감 연당초문 '기사(己巳)'명 발 내면
고려, 1329년, 높이 7cm, 국립중앙박물관

기사己巳로부터 시작한 간지는 정해丁亥까지 8종류이다. 간지 중 가장 먼저 등장한 기사의 연대에 관해서는 1269년으로 보는 일군의 학자들이 있지만, 〈청자 상감 연당초문 '기사己巳'명 발〉은 국가의 공납관계를 재정비하는 과정에서 년 단위의 간지를 표기할 필요가 있었고 또 기형과 문양으로 보아 1329년으로 보는 것이 타당하다는 연구가 있다(사진 30).[31]

이 시기 다양한 명문이 새겨진 매병은 매우 흥미롭다. 〈청자 상감 유문 '을유사온서乙酉司醞署'명 매병〉은 1345년으로 추정하는데, 을유년에 궁중에 술을 바치던 일을 맡아 보는 사온서에서 사용했던 매병이다. 주둥이는 결실되었고 버드나무의 문양과 제작 상태 모두가 쇠퇴한 청자의 모습이지만 14세기 중엽의 정황을 보여 준다(사진 31). 활달한 버드나무와 수면 위에 핀 연꽃을 묘사한 〈청자 상감 유연문 '덕천德泉'명 매병〉은 1355~1403년까지 존속한 덕천고德泉庫에 상납했던 매병이다. 3단 구도의 문양 구성은 14세기 매병의 특징이며 도식화된 수면 위에 핀 연꽃과 버드나무 사이에 '덕천'이 흑상감으로 새겨져 있어 고려 후기의 모습이다(사진 32). 이 매병과 문양 소재가 비슷한 〈청자 상감 연화문 '성상소城上所'명 매병〉은 대궐 내 전殿이나 사司에 배치되어 그릇을 관리하던 성상城上의 존재를 의미하는 매병으로서 이 시기의 정황을 보여 준다(사진 33).[32] 〈청자 상감 '의성고義成庫'명 매병〉은 1378~1403년까지 존속한 의성고에 상납했던 매병으로서 중심 문양은 모두 생략되고 어깨에 간략한 연판문과 완자문[卍字文]만이 상감된 것으로 보아 조선시대 초기에 제작된 매병이 아닐까 한다(사진 34). 이 외에 발이나 향로 등에도 이들의 명문이 새겨져 있는 예가 있다.

31 김윤정, 「고려말·조선초 명문 청자연구」, 고려대학교 대학원 문화재학협동과정 미술사학전공 박사학위논문, 2011. 8.

32 김윤정, 「고려말·조선초 관사명 매병의 제작시기와 성격」, 『단호문화연구-흙으로 빚은 우리 역사』8, 용인대학교박물관, 2004, pp. 146~165.

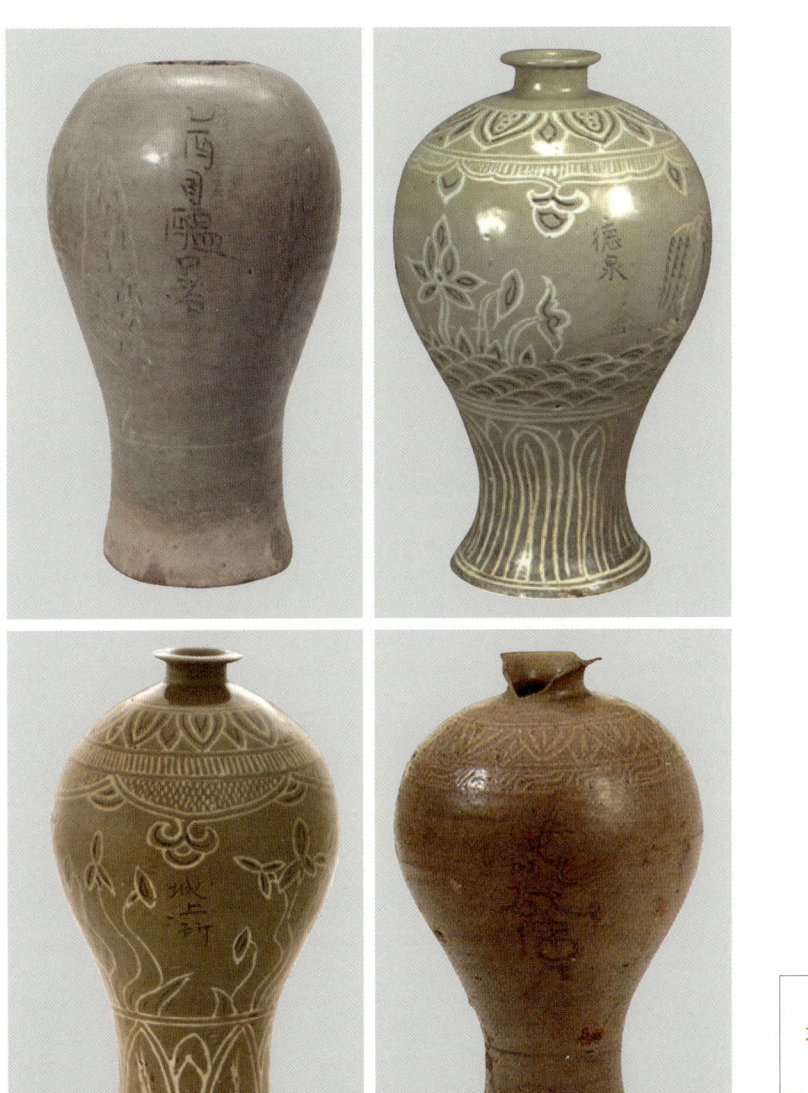

사진 31 청자 상감 유문 '을유사온서(乙酉司醞署)'명 매병
고려, 1345년, 현존 높이 30.4cm, 국립중앙박물관

사진 32 청자 상감 유연문 '덕천(德泉)'명 매병
고려 말~조선 초, 1355~1403년, 높이 27.8cm, 호림박물관

사진 33 청자 상감 연화문 '성상소(城上所)'명 매병
고려 말~조선 초, 높이 32cm, 용인대학교박물관

사진 34 청자 상감 '의성고(義成庫)'명 매병
고려 말~조선 초, 1378~1403년, 높이 27.8cm, 국립중앙박물관

사진 35 청자 상감 연당초문 '정릉(正陵)'명 발 내면·측면·외면
고려, 1365~1374년, 높이 8.2cm, 국립중앙박물관

　능호가 들어가 있는 것에는 〈청자 상감 연당초문 '정릉正陵'명 발〉이 있다. 이것은 노국대장공주의 무덤인 '정릉'이라는 이름이 발 내저면에 새겨져 있어 몰년인 1365년부터 공민왕(1351~1374년)의 마지막 재위년인 1374년 사이에 제작된 것이다(사진 35). 이 발의 중심문양인 연당초문은 60여 년이 지난 조선시대 세종 초년까지도 변형 혹은 해체되면서 이어진다. 이 시기에 해당하는 전국 가마터에서 연당초 문양이 출토된다. 이러한 현상은 공민왕 이후 강진의 자기소가 해체됨에 따라 장인이 전국으로 퍼져나갔음을 의미한다.

　강진 요업의 해체는 고려왕조의 쇠퇴와 더불어 극심한 왜구의 노략질, 금속기 대신 자기와 목기를 사용하도록 한 정부 시책 등에 기인한다. 공양왕 3년(1391) 3월 중랑장中郎將 방사량房士良의 상소에

"…유기와 동기는 이 땅에서 나지 않는 물건이니 원컨대 지금부터 동기와 철기를 금하고 자기, 목기를 사용케 하여 습속을 개혁하십시오."[33]

---

[33] 『고려사』 제85권 지 제39권 형법2 금령 조
中朗將 房士良 上疏…鍮銅本土不産之物也 願自今 禁銅鐵器 專用瓷木 以革習俗.

라는 내용으로 보아 자기 가마터가 전국에 분포되어 있는 상황을 이해할 수 있다. 그리하여 국가는 전국으로부터 일 년에 한 차례씩 도자기를 공납貢納받고 있다. 즉, 『고려사』 열전 조준趙浚의 상소에 의하면

> "사옹에서는 해마다 각도에 사람을 보내어 내용자기의 제조를 감독하는데, 일 년에 한 번씩 하게 되나 공사를 빙자하고 사리를 도모해서 …서울에 이르러서 바치는 것은 백분의 일 정도이고 그 나머지는 모두 사사로이 차지하게 되니 폐해가 이보다 더 심할 수 없습니다. …"[34]

라는 내용이 있다. 이 내용은 공양왕 1년(1389)의 기록인 점으로 보아 사옹원의 관리가 전국에 파견되어 대궐에서 쓸 자기를 감조했던 상황과 이러한 체제는 적어도 공민왕대부터 이루어지고 있었음을 알 수 있다. 왜냐하면 임금의 수라상을 담당한 고려의 상식국尙食局이 공민왕21년(1372) 사선서司膳署로 개편되는데, '사선'이 새겨진 자기가 전국에서 출토되기 때문이다.[35]

고려백자는 청자와 병행해서 제작되었다. 그러나 14세기 청자에서 일어난 변화가 백자에는 어떤 형태로 진행되었는지에 대해서는 14세기의 고려백자가 알려져 있지 않아 알 수 없다. 그런데 강원도 회양군 장양면 장연리 금강산 월출봉에서 이성계李成桂가 불전佛前에 입원立願한 석함이 발견되었다. 그 안에 사리구와 함께 백자 발 3점, 백자 완 1점, 백자 향로 1점 등이 일괄로 들어 있었다. 이 중의 하나인 〈백자 '홍무24년洪武二十四年'명 발〉은 외면에 "대명 홍무24년 신미 4월 입원"과 굽 주위에 "신미 4월일 방산 사기장 심룡 동발원 비구신관"이 각각 새겨 있다(사진 36).[36] 이러한 명문을 통해 볼 때 1391년 경 고려백자의 양상은 태토에 잡물이 많고 유약의 용융상태

[34] 『고려사』 제118권 열전 제31권 조준 조
司饔每年 遣人於各道 監造内用瓷器 一年爲次 憑公營私 侵漁萬端… 及至京都 進獻者 百分之一 餘皆私之 弊莫甚焉….

[35] 박경자, 「14세기 강진 자기소의 해체와 요업 체제의 이원화」, 『미술사학연구』 제238·239호, 한국미술사학회, 2003, pp. 109~145.

[36] 명문 내용 : "大明洪武二十四年辛未四月立願" "辛未四月日 防山砂器匠沈龍同發願比丘信寛"

43

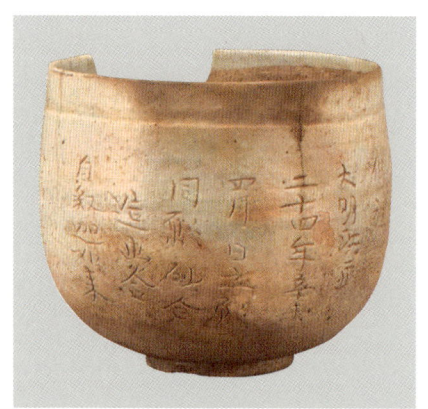

사진 36 백자 '홍무24년(洪武二十四年)'명 발
고려, 1391년, 높이 19.1cm, 강원도 회양군 장양면 장연리, 금강산 월출봉, 국립중앙박물관

는 불량하지만 양감있는 조선백자의 모습을 이미 보이고 있다. 지표 조사한 바에 의하면, 14세기 말~15세기 초로 추정되는 백자 도편이 양구 방산면 송현리와 금악리에서 수집된 바 있기 때문에 방산 사기장 심룡은 강원도 양구군 방산면에서 백자를 제작했을 것으로 추정한다.[37]

이상에서와 같이 고려도자는 성립기로부터 변화기까지 모두 네 단계를 거치면서 변천해 왔다. 처음에는 중국 월주요 청자의 영향으로 시작했으나, 고려만의 독창성이 발휘되어 맑은 비색청자를 완성시킴으로써 고려인의 단아하고 조용한 이상세계가 구현되었다. 운학문을 즐겨 새긴 상감청자에서는 고려인의 심성 또한 느낄 수 있다. 이와 같이 우아한 비색청자와 상감청자는 불교를 정신적인 지주로 삼았던 시대 배경과 높은 문화를 향유할 수 있었던 고려의 지성인들이 있었기에 가능했다.

---

[37] 이화여자대학교·양구군, 『양구 방산의 도요지 지표조사보고서』, 2001, pp. 146~167.

조선시대 분청사기와 백자의 변천

조선(1392~1910년)의 국가 이념은 성리학性理學이다. 이는 태조 이성계(1392~1398년)를 중심으로 새로운 문화를 창출해 나간 원동력이었다. 3대 태종(1400~1418년)은 정치제도를 개혁하여 왕조의 기반을 확고히 했다. 새로운 정치의 틀 위에서 세종(1418~1450년)은 집현전集賢殿을 중심으로 한글을 창제하는 등 민족 문화의 황금기를 이루었다. 이 과정에서 새로운 활자가 주조되어 인쇄술이 발달했으며 천문·농업·과학·무기 등의 기술도 크게 발전했다. 세조(1455~1468년)와 성종 연간(1470~1494년)에 걸쳐 왕조의 기본 법전인 『경국대전經國大典』이 완성되고 각종 사서史書 및 지리지가 출간되어 국가의 체제가 완비되기에 이르렀다.

성종 연간부터 시작한 지방에 근거를 둔 사림士林과 역대 왕을 보좌했던 실제적인 지배층인 훈구勳舊세력의 대립은 드디어 사화士禍와 당쟁黨爭으로 번졌다. 이에 정계 진출을 포기한 사림 학자들은 지방 서원을 중심으로 인재를 길러냈으며 이 결과 한국 유학사상 최고의 학문적 발전을 이루었다. 그 대표적 학자는 퇴계 이황李滉(1501~1570년)과 율곡 이이李珥(1536~1584년)이다.

임진·정유왜란(1592~1597년)과 정묘·병자호란(1627~1636년)은 사회·경제적 개혁인 대동법을 실시하게 된 결과를 낳았다. 이로써 수취 체제의 변화가 나타나게 되었고 부농富農과 거상巨商이 등장했다. 경제 구조의 변동은 봉건적인 신분 질서의 붕괴를 초래했고 서민 문화가 대두되기에 이르렀다. 더욱이 중국을 통해 들어온 기독교 사상과 서구 문물은 문화 전체에 대한 비판과 새로운 인식을 불러 일으켰다. 이와 같은 신사조는 실사구시實事求是에 기초한 실학으로 구체화되어 영조(1724~1776년)와 정조 연간(1776~1800년)에는 세종 이래 제2의 문화 황금기를 이루었다. 이 기간에 제작한 백자 달항아리는 중국이나 일본에 없는 순결과 포용을 상징하는 무한한 저력의 표상이다. 또 겸재 정선을 중심으로 진경산수화에서, 단원 김홍도와 혜원 신윤복을 중심으로 풍속화에서 독자적인 한국만의 화풍을 이루어냈다. 이 외에도 수원 화성과 같은 세계유산은 18세기 선비 문화의 총체적인 결과물이다.

　19세기의 조선은 약화된 왕권과 대원군의 쇄국정치에 봉착하여 세계열강의 제국주의에 휘말리면서 조선왕조 500년의 역사는 1910년 종말을 고하고 결국 일본의 식민지가 되고 말았다. 이로써 1945년 해방될 때까지 일제강점기를 겪어야만 했다.

분청사기의 변천

분청사기는 백자와 더불어 조선도자의 2대 주류를 이룬다. 이는 14세기 중엽 경 상감청자에서 자연스럽게 출발하여 15세기 전반에 다양한 기법으로 발전했고 16세기 전반 경 백자에 의해 흡수·소멸되었다. 분청사기의 백토 분장기법은 결국 표면 백자화를 모색한 것이다. 태토의 잡물이나 검은 색의 태토가 백토분장으로 감추어지는 효과와 함께 다양한 기법이 고안되는 과정에서 분청사기만의 독창성이 발휘되었다.

태동기

태동기(1365~1400년)는 상감청자 문양의 해체와 변형, 기형의 변화, 암녹색 등에서 특징을 보인다. 태동기의 시작은 〈청자 상감 연당초문 '정릉'명 발〉의 연당초문에서 출발한다(사진 35 참조). 또한, 기형의 변화는 'S'자형의 14세기 매병들에서 뚜렷하게 나타난다(사진 31~34 참조). 연당초문과 매병의 기형은 이 시기에 전국의 가마터에서 확인되고 있다. 따라서 강진의 장인들이 전국으로 확산되어 갔음을 의미하며 이 시기가 분청사기의 태동기이다.[38]

성립기

성립기(1400~1432년)는 발의 경우, 14세기에 유행한 연당초문의 전통이 이어지는 동시에 성긴 인화문이 중심 문양으로 자리 잡는 시기이다. 이를 보여 주는 것이 '공안恭安'과 '공안부恭安府'의 관아 이름이 새겨 있는 두 점의 발이다. 공안은 공안부의 약자이며 조선 2대 왕인 정종의 상왕부上王府로 1400~1420년간 존속한 임시 관청이다. 〈분청사기(청자) 상감 연당초문 '공안恭安'명 발〉은 내면 문양이 〈청자 상감 연당초문 '정릉正陵'명 발〉의 문양과 같은 연당초문의 구성을 따르고 있어 14세기의 전통이 이어지고 있음을 알 수 있다(사진 37).[39] 반면 〈분청사기 인화 국화문 '공안부'명 발〉은 듬성듬성한 성긴 국화문이 내면 중심 문양으로 자리 잡기 시작하는 상황을 보인다(사진 38). 그래서 성립기의 상한은 공안부가 설치되는 1400년에

38 강경숙, 「초기 분청사기가마터 분포에 대한 일고찰(Ⅰ)」, 『태동고전연구』 10, 태동고전연구회, 1993, pp. 957~1013[『한국도자사의 연구』, 시공아트, 2000, pp. 220~251 재수록].

39 강경숙, 「연당초문 변천과 인화문 발생 시고」, 『이대사원』 20, 이대사학회, 1983, pp. 1~30[『한국도자사의 연구』, 시공아트, 2000, pp. 153~187 재수록].

사진 37 분청사기(청자) 상감 연당초문 '공안(恭安)'명 발 내면·측면
조선, 1400~1420년, 높이 6cm, 호림박물관

사진 38   분청사기 인화 국화문 '공안부(恭安府)'명 발 내
면·측면
조선, 1400~1420년, 높이 7.8~9.4cm, 국립중앙박물관

두었다. 따라서 성립기는 전통의 상감기법과 새로운 인화기법이 공존한다.

인화기법은 세련미가 더해져 꽃 한 개가 새겨진 도장으로 빈틈없이 전면을 메우기도 하고, 한 번에 여러 개의 꽃을 찍는 집단연권문集團連圈文으로 발전하여 분청사기 기법의 주류를 이루었다. 이와 같은 현상은 '경승부敬承府'가 새겨져 있는 접시와 정소공주묘에서 출토된 항아리에서 볼 수 있다. 〈분청사기 인화 국화문 '경승부敬承府'명 접시〉는 내외 중심 문양대에 작은 국화꽃 도장으로 빈틈없이 인화하고 외면에는 경승부라는 세 글자를 새겼다(사진 39). 경승부는 1402~1418년에 설치되었던 세자부이다. 정소공주묘에서는 두 점의 항아리가 출토되었다. 〈청자 상감 초화문 네귀 항아리〉는 문양 소재가 고려청자의 문양과는 다르나 학문鶴文이 일부 새겨져 있어 고려 상감청자의 여운을 남기고 있다(사진 40). 이에 비해 또 다른 〈분청사기 인화 집단연권문 네귀 항아리〉는 집단연권문이 안정된 모습이다(사진 41). 이들 두 점의 항아리는 고려 전통의 상감기법과 새로운 인화기법인 집단연권문이 동시기에 공존하고 있었음을 보여주는 또 다른 예이다. 정소공주는 1424년에 죽은 세종의 큰 딸로서 두 항아리의 하한 연대를 알 수 있으며, 네 귀가 달린 것으로 보아 용도는 태항아리였을 터인데 묘에서 출토된 이유는 알 수 없다.

성립기의 정황은 『세종실록』 지리지 토산조에 324개소의 자기소磁器所와 도기소陶器所 기록을 통해 유추할 수 있다. 324개소 중에 현재 수십 곳이 지표조사와 발굴조사를 통해 확인되었다. 이들 가

사진 39 분청사기 인화 국화문 '경승부(敬承府)'명 접시 외면
조선, 1403~1418년, 높이 3.1cm, 호림박물관

사진 40 청자 상감 초화문 네귀 항아리
조선, 1424년 이전, 높이 21.2cm, 국립중앙박물관

사진 41 분청사기 인화 집단연권문 네귀 항아리
조선, 1424년 이전, 높이 19.1cm, 국립중앙박물관

| 39 | 40 | 41 |

마터로부터 수습된 도편은 14세기 상감청자의 여운이 남아 있는 연당초문과 듬성듬성하게 인화된 도편이 함께 공존하는 특징을 보인다. 뿐만 아니라 관아 이름이 새겨진 도편이 모두 출토되었다. 이처럼 성립기의 가마터가 전국에 분포되어 있는 현상은 태동기부터 분청사기, 즉, 자기는 토산土産 공물貢物의 대상이었기 때문이다.

발전기

발전기(1432~1469년)는 인화기법의 절정기이며, 자유분방한 박지와 조화기법이 창출되는 한편, 백자가 분청사기 가마에서 동시에 제작된다.

〈분청사기 인화 집단연권문 '곤남군장흥고昆南郡長興庫'명 접시〉는 문양 구도가 단정한 접시이다. 곤남군은 『신증동국여지승람新增東國興地勝覽』에 의하면 1419~1437년간 존속했으며 지금의 사천시 곤양면에 해당되므로 이 기간에 제작된 경상남도 지역 집단연권문

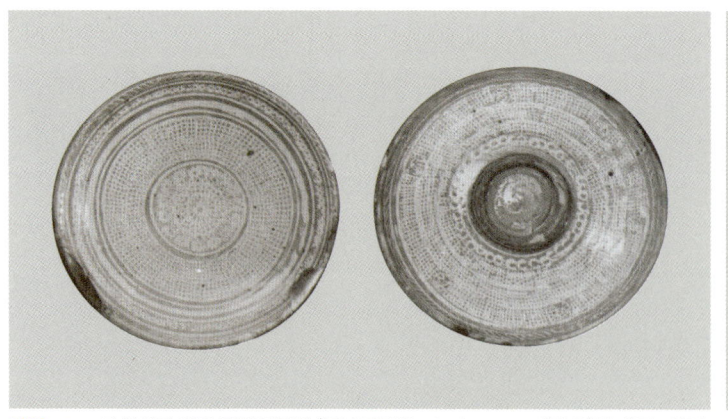

사진 42 분청사기 인화 집단연권문 '곤남군장흥고(昆南郡長興庫)'명 접시 내면·외면
조선, 1419~1437년, 높이 4.8cm, 일본 개인

사진 43 분청사기 인화 국화문 '장흥고(長興庫)'명 발 내면
조선, 1438년 이전, 높이 6.5cm, 국립중앙박물관

의 정황을 보여 준다(사진 42). 〈분청사기 인화 국화문 '장흥고長興庫'명 발〉은 정통 3년(1438) 세조의 태지석과 함께 경북 성주에서 출토되었다. 이 발은 장흥고 세 글자가 내저면 중앙에 상감되었고 국화문 도장을 하나씩 인화했다(사진 43). 접시와 발의 두 예를 통해 1430년대에는 집단연권문과 낱개의 도장 문양이 동시에 유행했음을 알 수 있다.

1450년대 인화기법의 분청사기에는 〈분청사기 인화 집단연권문 '덕녕부德寧府'명 발〉과 〈분청사기 인화 국화문 '덕녕德寧'명 접시〉가 있다. 〈분청사기 인화 집단연권문 '덕녕부德寧府'명 발〉은 충북 영동군 사부리의 제품이고(사진 44), 〈분청사기 인화 국화문 '덕녕德寧'명 접시〉는 광주광역시 충효동의 제품이다(사진 45). 덕녕부德寧府는 1455~1457년까지 존속했던 단종의 상왕부이므로 편년의 기준이 되며 경상도와 전라도의 분청사기를 비교·연구하는데 자료가 된다. 〈분청사기 인화 국화문 월산군 태항아리〉는 태지석과 함께 알려졌다(사진 46). 이는 광주광역시 충효동 제품으로 지석의 내용으로 보아 태항아리로 사용했음을 알 수 있다. 이처럼 발전기의 분청사기는

사진 44 분청사기 인화 집단연권문 '덕녕부(德寧府)'명 발 측면·외면
조선, 1455~1457년, 높이 6.1cm, 국립중앙박물관

사진 45 분청사기 인화 국화문 '덕녕(德寧)'명 접시 내면·외면
조선, 1455~1457년, 높이 4cm, 광주광역시 북구 충효동 분청사기가마터, 개인

인화기법이 중심을 이루며 지역에 따라 도장 문양이 달랐던 점이 흥미롭다.

발전기의 하한과 변화기의 상한으로 설정한 1469년은 경기도 광주에 관영 백자가마 운영이 법제화된 해이다. 1469년에 완성된『경국대전經國大典』공전工典 사옹원司饔院 경관직京官職 조에 사기장 380명이 법으로 제정되어 있다. 이는 국가가 필요로 하는 백자의 제작은 관영체제로 운영한다는 것을 의미한다. 따라서 토산 공물의 조달에서 벗어난 각 지방의 분청사기 가마들은 부가가치가 높은 백자 생산으로 전환하여 갔다. 실제로 1430년 경에는 분청사기 가마에서 소량이나마 백자가 함께 제작되고 있었다.

사진 46 분청사기 인화 국화문 월산군 태항아리
조선, 1454~1462년, 높이 35.7cm, 일본 오사카시립동양도자미술관

광주광역시 충효동에서는 모두 7기의 가마와 교란되지 않은 높

이 3m의 폐기물 퇴적층이 발굴되었다. 현재 2호 가마와 퇴적층이 현장에 복원·전시되어 있다. 2호 가마는 총 길이 20.6m, 너비 1.3m로 13도의 경사면에 진흙과 돌로 축조한 일자一字형의 단실요 구조이다. 아궁이가 깊어 불턱은 0.9m나 되고 가마의 끝부분은 얕은 웅덩이가 달린 배연시설이 있어 특이하다(사진 47).

폐기물 퇴적층에서는 인화기법의 발과 접시가 중심 기종이며, 박지와 조화기법의 병과 항아리는 독특한 특징을 보이는데 〈분청사기 조화박지 모란당초문 병 편〉이 주목된다(사진 48). 또 분청사기 제기 편, 백자 명문편 등은 많은 정보를 제공한다. 특히, 보簠·궤簋·준

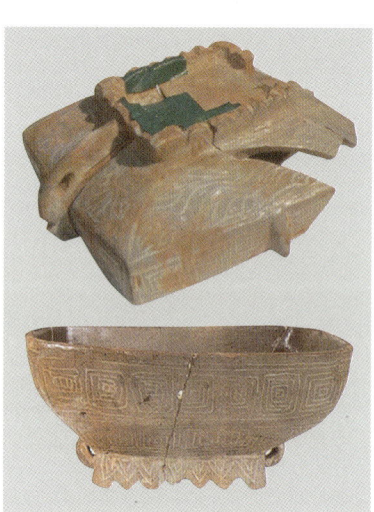
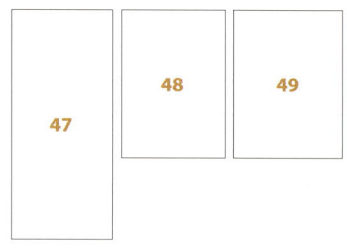

사진 47　광주 충효동 2호 분청사기가마터 전경(아궁이에서 봄)
조선, 15세기, 광주시 북구 충효동

사진 48　분청사기 조화박지 모란당초문 병 편
조선, 15세기 전반, 광주시 북구 충효동 분청사기가마터 퇴적층, 국립광주박물관

사진 49　분청사기 제기 보 뚜껑·몸통
조선, 15세기 전반, 광주시 북구 충효동 분청사기가마터 퇴적층, 국립광주박물관

尊·작爵과 같은 금속제기를 도자기로 번안한 예 중의 하나가 〈분청사기 제기 보〉 몸통과 뚜껑이다(사진 49). 세종 12년(1430)에 동이 부족하자 금속제기를 도자제기로 바꾸도록 한 기록을 뒷받침하는 실물이다.[40] 제기는 처음 동기의 형태를 그대로 따르고 있으나 시간이 지나면서 예리한 선이 사라지고 둥글둥글한 형태로 변화해 갔다.[41]

충효동 가마터에서 출토된 명문에는 '무진내섬茂珍內贍'·'내섬' 등이 있고 공물 표시로는 광상光上·광별光別·광공光公 등이 있다. 무진은 광주의 옛 지명으로 1430~1451년간 사용했다. 제작 연대를 알 수 있는 것은 '성화정유成化丁酉'명 지석 편(사진 50)과 '정윤이丁閏二'명 분청사기 발과 백자 발로서 이들은 모두 1477년에 제작되었다(사진 51). 〈분청사기 귀얄 '어존'명 고족배〉는 한글 명문으로서 세

[40] 『세종실록』 권49, 세종 12년(1430) 8월 6일 갑술 조
"…제기의 주조는 우선 자기를 구워서 만들도록 하소서 하니 그대로 따랐다(…其鑄器姑以磁器燔造從之)."

[41] 정소라, 「조선전기 길례용 분청사기 연구」, 『미술사학연구』 제223호, 한국미술사학회, 1999, pp. 5~33.

사진 50　분청사기 상감 '성화정유(成化丁酉)'명 지석 편 앞·뒤
조선, 1477년, 광주시 북구 충효동 분청사기가마터 퇴적층, 국립광주박물관

사진 51　분청사기 '정윤이(丁閏二)'명 발 외면·백자 '정윤이(丁閏二)'명 발 외면
조선, 1477년, 광주시 북구 충효동 분청사기가마터 퇴적층, 국립광주박물관

사진 52 분청사기 귀얄 '어존'명 고족배
조선, 1446년 이후, 광주시 북구 충효동 분청사기가마터 W2-3층,
국립광주박물관

종 28년(1446) 훈민정음을 반포한 후의 작품이라는 점에서 주목된다(사진 52). 이 외에 사기장의 이름을 굽 안바닥에 새긴 예는 충효동 가마의 특징으로 김화중金禾中·득부得夫·한생閑生·막생莫生 등 다수가 출토되었다.

충효동 분청사기 가마에서 백자의 제작은 1450년대 이후 시작되며, 1470년대에는 본격적으로 분청사기와 함께 생산되었다는 사실이 '丁閏二' 3자가 새겨진 분청사기 발과 백자 발이 출토됨으로써 밝혀졌다. 따라서 경기도 광주 관요 이외의 지방에서 백자 제작의 시기를 규명할 수 있는 기준이 될 수 있는 곳은 충효동 분청사기가마터 퇴적층 유적이다. 충효동 가마의 활동은 『세종실록』 지리지의 무진군의 자기소 기록과 『신증동국여지승람』 광산현 토산조의 기록을 통해 볼 때,[42] 세종 연간부터 연산군 초까지 약 90여 년 이상 요업이 계속되었다.

공주 학봉리 분청사기가마터는 충효동 가마터와 함께 한국의 2대 분청사기가마터이다. 학봉리 분청사기가마터는 일제강점기인 1927년에 발굴되면서 학계에 알려졌지만 무차별히 훼손되어 왔다. 『세종실록』 지리지 충청도 공주목 토산조에 의하면 동학동에는 중품으로 평가한 자기소가 있다.[43] 동학동은 지금의 공주 학봉리로서 이곳에서는 수십 기의 가마터가 확인되며, 수습 도편을 통해 1420~1530년대까지 100년 이상 요업이 계속되었음을 알 수 있다. 특히, 15세기 후반 경에는 철화분청사기와 더불어 백자가 제작된 상황도 파악된다. 국립중앙박물관에서 1992년에 5호 가마의 재발굴과 7호 가마로 명명한 새로 밝혀진 가마에 의하면, 폐기물 퇴적층은 거의 훼손되어 체계적인 학술 자료는 얻지 못했으나, 가마 구

---

[42] 『세종실록』 지리지, 장흥도호부 무진조
"자기소가 하나 있는데 군 동쪽 이점에 있다(磁器所一在郡東梨岾)."
『신증동국여지승람』 광산현 토산조
"자기는 현 동쪽 석보리에서 생산한다(磁器縣東石保里)."

[43] 『세종실록』 지리지, 충청도 공주목 토산조
"주동 동학동 중품(州東 東鶴洞 中品)."

사진 53 공주 학봉리 분청사기 5호 가마터 전경(아궁이에서 봄)
조선, 15세기, 충남 공주시 반포면 학봉리

사진 54 공주 학봉리 분청사기 7호 가마터 전경(아궁이에서 봄)
조선, 15세기, 충남 공주시 반포면 학봉리

조는 깊은 웅덩이형 아궁이, 일자형 번조실 형태, 등간격의 중앙 진흙 불기둥[停焰柱] 등의 특징을 가지는 것으로 확인되었다(사진 53·54).

변화·쇠퇴기

변화·쇠퇴기(1469~1540년경)는 중앙 백자 관요의 영향 아래에서 지방마다 변화를 겪는 시기로 지역의 특성이 확연히 드러나는 시기이다. 공납의 의무가 없어진 가마들은 얇고 조잡해진 인화문 위에 백토를 귀얄로 슬쩍 바르거나 혹은 문양이 없는 발의 내·외면에 백토 귀얄 자국만이 한번 휙 돌아간 그릇을 제작했다.

충남 공주 학봉리의 철화분청사기는 지역적 특징이 가장 뚜렷하다. 특히, 철화기법의 '성화23년成化二十三年'명 지석 편(1487), '홍치3년弘治三年'명 지석 편(1490), '가정15년嘉靖十五年'명 지석 편(1536) 등이 이곳에서 수습되어 학봉리 철화분청사기의 제작 시기

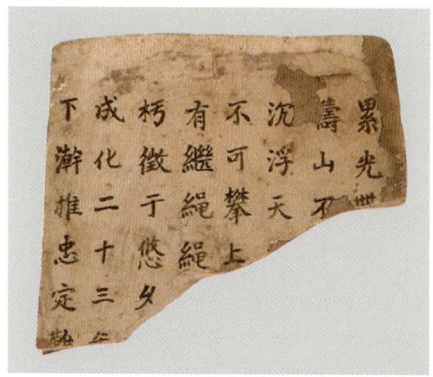 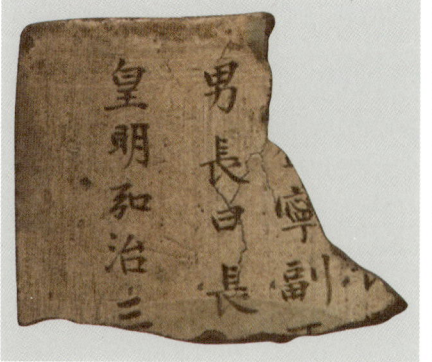 

사진 55 분청사기 철화 '성화23년(成化二十三年)'명 지석 편
조선, 1487년, 17.5×21cm, 충남 공주시 반포면 학봉리 분청사기가마터, 국립중앙박물관

사진 56 분청사기 철화 '홍치3년(弘治三年)'명 지석 편
조선, 1490년, 충남 공주시 반포면 학봉리 분청사기가마터, 국립중앙박물관

사진 57 분청사기 철화 '가정15년(嘉靖十五年)'명 지석 편
조선, 1536년, 6.8×3.8cm, 충남 공주시 반포면 학봉리 분청사기가마터, 국립중앙박물관

는 1487~1536년 언저리일 가능성이 높다(사진 55~57).

　　이곳 철화분청사기의 문양은 붓놀림이 전문화원의 필치와는 다르지만, 해학적이고 활달한 필력은 한국인의 미적 정서의 또 다른 일면이다. 왜 공주 학봉리에서 유독 철화분청사기가 특징을 이루었는지는 알 수 없다. 학봉리에서 철화분청사기가 제작되던 시기는 경기도 광주 관요에서 회회청 안료로 그림을 그린 청화백자가 본격적으로 생산되던 시기였다. 관요에서는 도화서 소속의 전문 화원이 세한삼우歲寒三友의 매화·소나무·대나무를 청화 안료로 그리고 있을 때, 학봉리에서는 물고기·연지蓮池·초화 등의 문양을 철화 안료로 그렸다. 그러므로 구애됨이 없는 학봉리의 철화분청사기 문양은 서민풍의 해학이 살아 숨 쉬는 특징을 지닌다.

　　전북 고창 용산리 분청사기 가마는 가마 구조와 출토 도편에서 특징을 보인다. 가마 구조는 불기둥이 세 개씩 시설된 계단식 구조로 길이 25.6m, 너비 1.5~1.6m, 14도의 경사면에 축조한 '단실 불기둥 계단식요'이다. 이는 한국 가마 발달사상 계단식 구조의 시원

사진 58 고창 용산리 분청사기가마터 전경(아궁이에서 봄)
조선, 15세기 후반, 전북 고창군 부안면 용산리

사진 59 분청사기 조화 어문 항아리 편
조선, 15세기 후반, 전북 고창군 부안면 용산리 1호 분청사기가마터

을 밝힐 수 있는 가마이며, 가마 안에는 3개의 불기둥을 시설하고 있어 1개의 불기둥을 가진 공주 학봉리의 단실 불기둥요와는 구별되는 지역성을 보여 주목된다(사진 58). 출토유물은 〈분청사기 조화 어문 항아리 편〉과 같이 박지·조화기법에서 특징을 이루며(사진 59), '내섬內贍'과 '예빈禮賓'의 관아 이름이 분청사기와 백자에서 모두 보인다. 출토유물의 양상은 충효동과 유사하다. 활동 시기는 대체로 15세기 후반이며 『세종실록』 지리지에는 기록된 바 없다.

변화·쇠퇴기의 분청사기 가마들은 백자로 이행하면서 그릇 전체 표면의 백자화를 시도했으므로 귀얄분청사기와 분장(덤벙)분청사기의 제작이 대세였다. 한편, 문양이 없는 회백자도 제작했다. 백자 제작은 좋은 질의 백자 태토의 확보가 관건이기 때문에 태토 문제만 해결된다면 어려운 것이 아니었을 것이다. 백자 태토는 광맥

중에 백토띠로 형성되어 있으므로 토맥만 찾으면 가마를 짓고 백자를 생산할 수 있다.

지금까지 분청사기의 개념, 특징, 변천, 가마 구조 등을 보아 왔다. 분청사기는 15세기의 그릇이며 세종 치세 연간에 크게 발전했다. 세종은 훈민정음의 창제에서 보듯 민족 문화를 완성시킨 임금이다. 훈민정음, 음악, 천문기기, 농서, 약학서 등을 창의적으로 제작 저술하였다. 심지어 장영실蔣英實과 같은 발명가가 민중에서부터 나온 시기이다. 이처럼 민족문화가 고취된 시기에 도자공예에서는 분청사기와 같은 그릇이 생산되었다. 그러므로 그 당시에는 특별한 이름을 붙일 필요 없이 그냥 자기였던 것이다. 자기는 원류가 청자여서 그 위에 백토로 분장했고 또 표면에는 자유분방한 그림을 그렸다. 관아에 공납하는 그릇은 정성들여 도장을 찍은 인화기법의 분청사기로서 관사명과 지방명이 새겨 있는 특징이 있다. 이처럼 분청사기는 상감청자로부터 자연히 시작되었으며 표면 백자화의 길을 걷다가 자연스럽게 백자에 흡수됨으로써 약 200여 년간 생산되었던 한국을 대표하는 도자기이다.

분청사기의 시작과 종말 그리고 백자로 이행해 가는 모습은 광주 충효동 가마에서 보여 주었고 또한 계단식 가마구조의 시작은 고창 용산리 분청사기가마에서 보여 주었다. 번조실 안에는 불기둥을 세워 효율적으로 불꽃을 유도했던 단실 불기둥요의 구조를 공주 학봉리 분청사기가마에서 확인되었다.

분청사기에는 한국인의 심성이 그대로 나타나 있다. 그중에서도 조화분청사기에서 새·물고기·나무 등의 표현은 절로 웃음을 자아내고 때로는 거침없는 활달한 필력에서 한국인의 원초적인 미감이 표출되었다. 그래서 한국미술품 가운데 가장 한국적인 작품을 하나만 선택하려고 할 때 많은 사람들이 주저함 없이 분청사기를 선택한다는 것은 바로 순수한 한국인의 마음이 맑게 담겨있기 때문일

사진 60 분청사기(백자) 발 측면·굽
조선, 16세기, 높이 9.1cm, 일본 교토 코호안[孤篷庵]

것이다.

평생 천직으로 알고 하루에 수 백 개의 사발을 빚어내는 동안 신기神氣가 그릇에 베어들 수밖에 없다. 끝없이 반복하는 과정에서 절로 도道가 텄고 흙을 빚어 불에 구워내는 동안 사발은 불 속에서 예술로 승화되었다. 이러한 평범한 진리의 산물인 분청사기의 끝시기에 만들어진 사발이 이웃 나라 일본인들의 다기茶器로서 말없는 감명을 주어 일본의 귀중한 문화재로 대접받고 있다(사진 60). 그러므로 분청사기는 한국 도자문화에서 뿐만 아니라 일본 도자문화에 공헌한 바 크다.

백자의 변천

조선백자란 조선시대에 만든 백자를 말한다. 고려시대부터 백자가 만들어졌지만 조선왕조로 바로 연결된 흔적은 뚜렷하지 않다. 조선의 건국과 더불어 명과의 교류는 백자 제작에 박차가 가해졌으며 곧 조선백자만의 고유성이 발휘되었다. 불교 국가였던 고려왕조는 푸른색의 청자가 중심이었다면 성리학의 유교 사회를 이룩한 조선왕조는 백자를 숭상하였다.

국가의 윤리 규범은 오례五禮를 기초로 확립되었다.[44] 오례의 행

[44] 오례(五禮)는 길례(吉禮)·가례(嘉禮)·빈례(賓禮)·군례(軍禮)·흉례(凶禮)를 말한다. 대부분의 의식은 길례이다. 길례는 큰 산·바다·강·연못 등에 대한 제사, 종묘·사직단·성균관·향교에서 하는 제사, 역대 왕조의 시조에 대한 제사, 치적이 뛰어난 왕에 대한 제사, 충의가 뛰어난 학자 및 위인에 대한 제사 등 다양하다. 지방의 길례는 국왕을 대신해 중앙에서 파견한 관원이나 지방 관원이 집행했다.

사에는 여러 기물이 필요했고 여기에 백자가 중요한 역할을 하였다. 세종대에 완성되어 1451년에 간행된 『오례의五禮儀』, 그리고 성종 5년(1474)에 간행된 『국조오례의國朝五禮儀』에는 오례의 예법과 절차를 그림과 곁들여 설명하고 있다. 이들 도해圖解를 보면 금속기와 함께 여러 종류의 백자가 쓰였다. 따라서 조선왕조 500년은 백자가 중심 기명이었음을 알 수 있다.

조선백자는 경기도 광주 관요와 관요 이외의 지방에서 제작되었다. 관요의 운영은 사옹원 관리가 주관했으며, 사옹원은 왕의 음식과 궐내의 음식을 맡고 있기 때문에 사기 번조의 임무가 법전에는 명문화되어 있지 않으나, 전국에서 선발된 장인 380명을 확보하고 있는 점으로 보아 사기 제작이 중요한 업무 중의 하나였음을 알 수 있다. 이처럼 조선백자 제작의 관영체제가 공식화된 것은 1469년 이후이다. 공조工曹의 관리가 아닌 사옹원의 관리가 경기도 광주에 가서 제작을 감독했으므로 사옹원의 파견 관청이라는 의미로 관요를 일명 '분원分院' 또는 '사기소沙器所'라고 하였다.

광주 관요 이외의 지방에서는 중앙 관아에 대한 공납의 의무 없이 사요私窯로서 백자가마가 운영되었다. 따라서 조선백자는 관요 백자가 중심을 이루며, 지방 백자는 관요와의 일정한 관계 하에서 제작되었고 조선 후기에는 저변이 확대되어 전국에서 요업이 성행하였다.

전기

전기(1392~1592년)는 건국으로부터 임진왜란이 일어나 요업이 중단된 1592년까지의 200년간이다.

15세기 전반 광주廣州에서는 분청사기와 백자가 같은 요장에서 제작되기도 했으므로 기형, 문양을 서로 공유하였다.[45] 백자는 어용의 진상품이고 분청사기는 공납의 대상품이었다. 그래서 태종 17년

45 강경숙, 「15세기 경기도 광주 백자의 성립과 발전」, 『미술사학연구』 제237호, 한국미술사학회, 2003, pp. 75~101.

(1417) 관물 도용을 막기 위해 관아 이름을 그릇에 새기도록 하였을 때도 백자에는 관아 이름을 새길 필요가 없었다.

세종 7년(1425)에 중국으로부터 온 윤봉尹鳳이 명明 인종仁宗(재위 1424~1425년)의 성지聖旨를 전하는 가운데, 10탁분 210개의 백자를 요구하여 경기도 광주 목사가 정세 번조해서 바쳤다는 기록이 있다.46 또 "세종의 어기는 백자만을 썼다."라는 성현成俔(1439~1504년)의 『용재총화慵齋叢話』의 내용에서도 초기의 백자 생산의 상황을 알 수 있다. 이처럼 조선은 1425년 경 어기로서 백자를 사용했을 뿐만 아니라, 명 왕실에 보낼 정도로 우수한 백자를 제작했다. 그러나 이 당시의 백자 제작은 관영官營수공업 체제, 즉, 관요 운영은 아니었다.

『세종실록』지리지는 조선 28대 왕의 실록 중 유일하게 『세종실록』에만 8도 지리지가 부록으로 들어가 있다. 집현전을 중심으로 조사한 지리지는 국가 통치의 기본 자료이다. 지리지 편찬을 위한 조사 기간은 1424~1432년 사이이며, 1451년 『세종실록』의 부록으로 편찬됨으로써 왕조 500년의 재정적 기초를 이루었다. 지리지 토산조에는 토산 공물에 관한 내용이 있다. 이 가운데 도자기에 대한 공납의 대상은 자기소와 도기소로 구분하여 전국에 324개소가 조사되어 있다. 자기소에서는 분청사기 및 백자가, 도기소에서는 도기 및 옹기가 제작되었을 것으로 본다. 이들은 그 당시의 관아를 중심으로 동서남북으로 위치를 표시하고 또 상품·중품·하품으로 공납의 기준을 삼고 있다. 상·중·하품의 기준은 그릇의 품질을 의미하기 보다는 공물수취체제에 따른 기준이었던 것으로 판단된다. 특히, 상품만은 전국 324개소 중에 네 곳 뿐으로 최고급 진상 백자를 의미했다고 본다. 네 곳은 경기도 광주 벌을천, 경상도 상주 이미외리와 추현리, 그리고 고령의 예현리이다. 이들의 현재 지명으로는 벌을천은 광주 번천리, 이미외리는 상주 상판리, 추현리는 상주 대포리, 예현리는 고령 기산동으로 각각 추정하고 있다.

46 『세종실록』권27, 세종 7년 (1425) 2월 15일 조
左副代言金赭問安于使臣, 尹鳳曰: "造紙方文及沙器進獻, 有聖旨?" 赭問曰: "沙器數幾何?" 許鳳曰: "數則無聖旨, 然吾心以謂, 十卓所用, 每卓大中小椀各一, 大中小楪兒各五及大中小獐本[獐本, 酒器, 形如鼖鼓, 腹有口, 俗號獐本.]十事可也." 且曰: "勅書不載, 而如此請之者, 予本無私藏, 將用之何處乎?" 金赭將此言以啓, 即傳旨于全羅道監司, 全州紙匠, 給驛上送, 傳旨廣州牧使, 進獻大中小白磁獐本十事, 精細(磻)(燔)造以進.

세종연간에는 청화백자가 제작되지 않은 듯하며, 전래·진상 등의 방법으로 들어온 명 청화백자를 주로 사용했을 것이다. 반면, 청화백자에 버금가는 상감백자와 분청사기를 제작했다. 상감백자는 청화백자가 본격적으로 생산되는 15세기 후반에 거의 사라진다. 이처럼 세종 연간에는 청화백자 제작에 관한 정부의 의지가 기록에서는 찾아볼 수 없는 반면, 세조 연간(1455~1468년)에는 청화백자 제작에 지대한 관심이 경주되었다. 세조 원년(1455)에

"공조工曹가 중궁 주방中宮酒房에서 사용할 금잔을 만들기를 청하였는데 임금이 화자기畵磁器로 대체하라고 명했고 동궁東宮에서도 역시 자기를 만들어 쓰게 하였다."[47]

라는 내용이 있다. 실제로 그 이듬해인 세조 2년(1456)에 회회청으로 묘지명을 쓴 세조 장모의 〈백자 청화 인천이씨 '경태7년景泰七年'명 지석〉이 발굴된 바 있어 문헌 기록을 뒷받침한다(사진 61). 지석에 사용한 회회청 안료가 국내산 안료인지 수입산 안료인지 확인하기 어려우나 세조 원년에 청화백자가 제작된 것만은 확실하다. 그런데 세종 30년(1448)에 왕이 예조禮曹에 전하는 내용에

"들건데, 중국에서는 청화자기를 외국 사신에게 팔거나 주는 것을 금하고 이를 범한 자의 죄는 사형에까지 간다고 하니 이후로는 북경에 간다든지 요동에 가는 길에 자기를 무역하는 것을 일체 금하라".[48]

라는 내용이 있다. 따라서 세조 원년과 세조 2년(1456)에 만든 청화백자는 명과의 무역을 금한 이후의 제작품이다. 이러한 상황을 통해

47 『세조실록』 권1, 세조 원년 (1455) 윤6월 19일 조
工曹 請造中宮酒房金盞 命以畵磁器代之 東宮亦用磁器.

48 『세종실록』 권119, 세종 30년 (1448) 3월 3일 조
傳旨禮曹 聞中朝禁靑花磁器 賣與外國使臣 罪至於死 今後赴京及遼東之行 貿易磁器一皆禁斷.

사진 61 백자 청화 인천이씨 '경태7년(景泰七年)'명 지석
조선, 1456년, 27.1×37.8×1.7cm, 경기도 파주시 교하면 당하리 파평윤씨 정정공파 묘역, 고려대학교박물관

볼 때 청화백자의 최초 생산은 세조 원년 이전일 가능성이 높다.

경기도박물관 소장의 〈백자 청화 '황수신' 지석〉은 총 4매로 성화 3년(1467)에 제작된 것인데, 2012년 황수신黃守身 묘역을 정리하던 중 발견되어 기증된 것이다. 황수신 지석은 〈백자 청화 인천이씨 '경태7년景泰七年'명 지석〉과 더불어 관요 성립 전에 청화백자 제작의 배경을 알려주는 자료이다. 세조 13년(1467)에 완성된『경국대전』형전刑典 금제禁制조에

"대소원인大小員人은…주기酒器는 사용할 수 있고 이 외에 금은·청화백자기를 사용하는 자는 엄벌에 처하며, 서인庶人은 남녀를 불문하고 금은·청화주기 사용을 금한다.…"[49]

라는 내용은 사대부士大夫층 만이 청화백자 주기를 사용할 수 있었음을 알 수 있다. 이처럼 청화백자는 극히 제한된 범위에서 사용되었던 고가품이었다. 이것은 청화백자가 금은에 버금가는 귀중품임을 말하며, 금제 조항의 기록은 회회청 안료의 확보가 어려웠던 당시의 정황을 보여준다.

세조는 보다 적극적으로 국내산 회회청을 찾고자 노력하였다. 세조 9년(1463)의 기록에, 전라도 강진과 경상도 밀양 및 의성에서 각각 회회청과 유사한 것을 채취해 받치고 있으나 번조에 대한 기록은 없다.[50] 그런데 예종 1년(1469)에는

"…강진현에서 생산되는 회회청은 쓸 만한 것이 있으니 시험해 만들어 올리라…이를 구하는 읍인에게는 관직으로 상을 주어 계급을 뛰어 등용하기도 하고 포 50필로 상을 주기도 하겠는데, 강진현 뿐만 아니라 다른 도에도 알리도록 하라."[51]

라는 기록이 있다. 이들 기록을 종합해 보면, 국내에서 회회청 안료

[49] 『경국대전』권5, 형전 금제 조
大小員人用…酒器外金銀·靑畵白磁器者－庶人男女則幷禁…金銀靑畵酒器…幷杖八十.

[50] 『세조실록』권30, 세조 9년(1463) 5월 24일 조
全羅道敬差官 丘致峒 得回回靑於康津以進.
『세조실록』권31, 세조 9년(1463) 윤7월 3일 조
…仍進諸邑産物…密陽府回回靑相似石…義城縣回回靑相似石….

[51] 『예종실록』권8, 예종 1년(1469) 10월 5일 조
承政院 奉旨馳書于全羅道觀察使曰 康津縣所産回回靑 曾已採取試驗 間有眞實者 …邑人得此彩色以進者 或賞職超資敍用 或賞布五十匹 廣諭本道居民 幷諭諸道.

는 어느 정도 채취해 번조 실험한 듯 하나 실제로 청화백자로서 성공한 사례는 확인할 수 없다. 오늘날도 한국에서 채취되는 회회청 안료는 미미하기 때문에 중국이나 회회인으로부터 수입한 회회청을 그 당시 주로 사용했을 것으로 판단되므로 법전에 금제 조항으로까지 명시했던 것이라고 본다.

청화백자의 제작은 1469년 관요의 설치 이후 본격화된다. 청화백자의 문양은 회화의 화풍상 특징을 보이면서 시작·발전하였다. 청화백자의 문양이 회화 화풍과 밀접한 이유는 도화서圖畫署 화원이 광주 관요에 가서 그림을 담당했기 때문이다.『신증동국여지승람新增東國輿地勝覽』경기도 광주목 토산조에

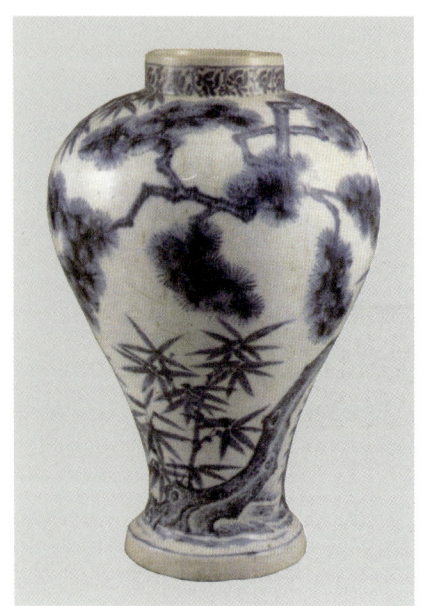

사진 62 　백자 청화 송죽문 '홍치2년(弘治二年)' 명 항아리
조선, 1489년, 높이 49cm, 동국대학교박물관, 국보

"매년 사옹원 관리는 화원을 인솔하고, 어용 그릇 만드는 것을 감독한다."[52]

라는 내용이 이를 뒷받침한다. 〈백자 청화 송죽문 '홍치2년弘治二年'명 항아리〉(1489)는 그 대표적인 예이다(사진 62). '홍치2년弘治二年'은 구연부 안쪽에 청화로 쓰여져 있는데, 수리 시 '二年'자가 감추어졌다. 맑고 견치한 백자에 검푸른 회회청 안료로 그린 소나무의 묘사는 조선 전기에 유행한 마하파馬夏派 화풍이 반영되어 있으며 문양 구도는 보조 문양이 생략된 특징을 띤다. 마하파 화풍이 감지되는 점은 소나무 기둥의 굵은 옹이, 격하게 꺾인 가지, 솔잎의 표현 등에서 일부 엿보인다. 이 시기에 활동한 화원 이상좌李上佐의 〈송하보월도〉의 소나무 표현과 유사한 점이 있어 이상좌의 그림일 가능성이 있다(사진 63).[53] 마하파 화풍은 중국 송대의 마원馬遠과 하규夏珪가 이룩한 화풍으로서 조선에서는

사진 63 　전(傳) 이상좌, 송하보월도
조선, 15세기 말~16세기 초,
82.3×190.6cm, 국립중앙박물관

15~16세기 전반에 유행하였다.

조선 관요에서는 명대 청화백자의 영향을 부분적으로는 받고 있으나 곧 조선적인 개성이 뚜렷하게 전개되었다는 점에서 고유성을 찾을 수 있다. 조선적인 개성미는 다음의 두 작품에서 더욱 잘 나타난다. 〈백자 청화 매조죽문 항아리〉는 매화꽃 핀 나무 가지에 새가 앉아 있고 나무 밑에는 패랭이꽃이 피어 한국적인 서정미가 짙다(사진 64). 〈백자 청화 매조죽문 병〉은 군더더기가 없이 간결한 매화가지에 다정하게 앉아 있는 두 마리의 작은 새와 그 반대 면에는 대나무를 포치하여 여백을 최대한으로 살리면서도 격이 높은 여유로움을 보인다(사진 65).

경기도 광주시 6개면 일대에서는 300여 곳의 백자가마터가 조사되었다. 이 가운데 겨우 10여 곳에서만 발굴이 이루어졌는데 이 가운데 도마리 1호와 우산리 9-3호는 15세기 후반~16세기 전반에

52 『신증동국여지승람』 경기도 광주목 토산 조
每歲司饔院官率畵員 監造御用之器.

53 강경숙, 「조선초기 백자의 문양과 조선 초·중기 회화와의 관계—청화백자홍치2년명송죽문호와 이대소장 백자청화송죽인물문호를 중심으로」, 『이화사학연구』 13·14, 이화사학연구소, 1983, pp. 63~81[한국 도자사의 연구, 시공아트, 2000, pp. 428~459 재수록].

사진 64 백자 청화 매조죽문 항아리
조선, 16세기 초, 높이 16.5cm, 국립중앙박물관, 국보

사진 65 백자 청화 매조죽문 병
조선, 15세기 말~16세기 초, 높이 32.9cm, 덕원미술관, 보물

| 64 | 65 |

사진 66　백자 청화 운룡문 병
조선, 15세기 후반~16세기 전반, 높이 25cm, 리움미술관, 보물

사진 67　백자 청화 운룡문 병 편
조선, 1482년 전후, 경기도 광주시 퇴촌면 우산리 9-3호 백자가마터 출토, 이화여자대학교박물관

활동했던 가마이다. 특히, 우산리 9-3호에서는 임인壬寅(1482년 추정)명 지석 편이 수습되어 1482년 전후에 생산 활동을 했으리라고 본다.[54] 청화백자 편 가운데는 보물 〈백자 청화 운룡문 병〉(사진 66)의 문양과 유사한 운룡문 편(사진 67)이 수습되어 운룡문 병의 제작 배경을 유추할 수 있게 되었다.

『오례의』와 『국조오례의』 제기도설祭器圖說에는 각각 산뢰山罍의 도해가 있다. 리움미술관 소장의 〈백자 청화철화 삼산문 호〉(사진 68)는 『국조오례의』 제기도설에 있는 도해의 형태(사진 69)와 유사하여 15세기 후반의 백자 제기가 현전하고 있는 유일한 예로 주목된다. 관요는 국가 소용의 그릇을 생산하므로 문양에 필요한 회회청 안료의 확보가 중요했다. 성종대에는 회회청을 국내에서 구해보고자 하

[54]　이화여자대학교박물관, 『朝鮮白磁窯址發掘調査報告書-附廣州牛山里 9號窯址發掘調査報告書』, 1993; 金世眞, 「朝鮮時代 磁器製誌石 硏究」, 忠北大學校 大學院 考古美術史學科 美術史專攻 碩士學位論文, 2010, pp. 74~76.

사진 68 백자 청화철화 삼산문 호
조선, 15세기, 높이 27.8cm, 리움미술관, 보물

사진 69 『국조오례의』 제기도설의 산뢰
조선, 1474년 간행

는 기록이 거의 없다. 반면, 1489년 〈백자 청화 송죽문 '홍치 2년' 명 항아리〉를 제작하기 1년 전인 성종 19년(1488)에 화원 이계진李季眞이 중국과 공무역을 통해 회회청을 구입해 오지 못하고 대신 흑마포 12필을 받아온 것에 대한 죄를 논의하고 있다. 이 논의 가운데 회회청은 국내에서 산출되는 것이 아니라는 점과 민간에서 사용하는 것도 아님을 지적하고 있어 회회청에 대한 그 당시의 정황을 알려 준다.[55] 그로부터 50여 년이 지난 후에도 이안충李安忠이 회회청을 무역해 오지 못한 것을 보고하는 내용이 있다.[56] 이상의 두 기록은 회회청 안료가 백자 문양에만 사용된 것은 아니지만, 계속 무역해 쓰고 있었음을 보여 주는 사례이다.

청화백자에 대한 욕구는 왕실에서 뿐만 아니라 사대부층과 세력이 있는 부호층으로까지 확대되어 갔다. 성종 6년(1475)에

"사대부 집은 날마다 사치를 일삼고…대소연에는 중국에서 가져온

[55] 『성종실록』 권211, 성종 19년 (1488) 1월 23일 조
…畵員李季眞 曾受公貿易回回靑 價 黑麻布十二匹 而卒不買來…季眞不能納者 以回回靑非我國所産 亦非民間所用 季眞雖至死 不能納 必矣…

[56] 『중종실록』 권97, 중종 36년 (1541) 12월 28일 조
…回回靑等物 無之故未得貿來….

화기畫器가 아니면 사용하지 않으니…청화백자는 중국에서 나는 것이므로 실어 날라 오기가 어려운데도 집집마다 있습니다.…바라건대 청화백자 쓰는 것을 일체 금지하게 하소서…" 57

라는 내용이 있다. 또 2년 후에도 김영유金永濡가

"…호부豪富들은 중국산 청화기靑畫器를 다투어 사용하는데…반드시 수송해 오는 자가 있을 것입니다. 청컨대 엄히 금하소서." 58

라는 의견을 연달아 임금에게 아뢰는 기록이 있다. 이처럼 성종대에는 관요에서 청화백자를 만들기 위해 회회청 안료 확보에 힘쓰고 있고, 한편으로는 법으로 금지되어 있었음에도 불구하고 사대부와 부호들은 수입 청화백자를 사용하고 있는 것으로 보아 청화백자는 권위와 부의 상징이었던 것으로 보인다.

가마는 백자 제작에 가장 중요한 조건이다. 이 당시의 가마 구조는 양쪽 벽이 일자형으로 나란히 올라가는 등요登窯이므로 불꽃은 옆으로 흐르는 횡염식橫焰式이다. 성종 24년(1493)에

사옹원 제조提調인 유자광柳子光은 입부立釜와 와부臥釜의 모형을 흙으로 만들어 와서 아뢰기를 "와부는 불꽃이 가마 안에서 옆으로 어지러워지므로[橫亂] 사기가 찌그러지기 쉽습니다. 중국에서 입부로 구워 만드는 방법을 오신손吳愼孫을 통해 들으니 이것이 매우 이치에 합당합니다. 즉 입부는 불기운이 곧게 올라가므로 그릇이 모두 반듯이 구워집니다. 입부를 만들려면 이천의 점토를 써야 하니, 부근의 고을을 시켜 흙을 사기소(광주 관요)에 운반하도록 하여 시험하소서 하니 그대로 따랐다." 59

---

57 『성종실록』 권55, 성종 6년(1475) 5월 12일조
今觀士大夫之家 日事侈麗…大小宴集 非畫器不用…夫畫器 上國所産 駢載爲難 以家家有之…伏願 畫器之用一切 禁斷…

58 『성종실록』 권77, 성종 8년(1476) 윤2월 10일조
…金永濡曰 今豪富之家 競用靑畫器 唐物 非能自來 必有輸來之者 其弊不貲 請痛禁…

59 『성종실록』 권277, 성종 24년(1493) 5월 18일조
司饔院提調柳子光 以土作沙器燔造立釜臥釜形狀 來啓曰 臥釜則火焰橫亂於其中 故沙器易至苦窳 今因吳愼孫 得聞中朝立釜燔造法 此甚有理 立釜則火氣直上 燔器皆平正 然欲作立釜 當用利川粘土 請令附近官 輸土于沙器 所試之 從之.

라는 기록이 있다. 그런데 입부는 원추형에 가까운 중국의 만두요[饅頭窯] 구조로서 석탄을 쓰는 가마이다. 광주에는 만두요로 추정되는 입부의 가마는 알려진 바 없어 아마도 시험해 본 정도가 아니었을까 한다. 한국의 가마는 모두가 등요이고 단지 가마 안에 불기둥[停焰柱]을 등간격으로 중앙에 설치하여 횡란하는 불꽃을 조정했다. 불기둥은 약 30~50cm의 높이로 가마 천장에 닿지 않는다.[60]

사진 70 광주 번천리 5호 백자가마터 전경(아궁이에서 봄)
조선, 1554년 전후, 경기도 광주시 중부면 번천리

광주 관요에서 발굴된 초기 가마 가운데는 우산리 9-3호, 번천리 5호, 번천리 9호 등의 백자 가마에 불기둥이 남아 있다. 불기둥은 번조실 안에 등간격으로 좌우 2개가 시설되는 것이 기본이고 번천리 5호 가마와 같이 아궁이에서 바로 불이 올라오는 불턱 위에는 4개가 시설되기도 했다(사진 70).[61] 따라서 이 당시의 가마 구조는 불기둥이 시설된 '단실 불기둥요'로 명명된다. 단실 불기둥요는 17세기 이후로는 불기둥 위에 격벽[隔壁]이 설치된 '분실요分室窯' 구조로 발전한다.

광주 번천리 9호 백자가마터에서는 〈백자 음각 '가정임자嘉靖壬子'명 지석 편〉(1552)이, 그리고 번천리 5호 백자가마터에서는 〈백자 음각 '가정33년嘉靖三十三年'명 지석 편〉(1554)이 각각 출토되어 16세기 중엽에 활동한 가마들임을 알 수 있다(사진 71). 이들은 같은 구역에서 동시에 운영되었다. 번천리 9호 가마는 주로 고급의 갑기를 제작한 주요主窯인데 비해, 번천리 5호 가마는 백자의 질이 9호만 못해 종속요從屬窯로 해석하기도 한다. 이처럼 2개 이상의 가마를 한 구역에서 동시에 운영했다는 사실은 국가에서 필요로 하는 백자의 수요가 많았음을 의미한다. 번천리 9호 출토품 중에 〈백자 청화 천

---

60 강경숙, 「조선전기 분청사기와 백자가마의 구조 연구—불기둥[停焰柱]의 등장과 변천」, 『미술사, 자료와 해석』 秦弘燮先生 賀壽論文集, 일지사, 2008, pp. 277~351.

61 이화여자대학교박물관, 『廣州朝鮮白磁窯址發掘調査報告—樊川里 5호 · 仙東里 2, 3호』, 1986.

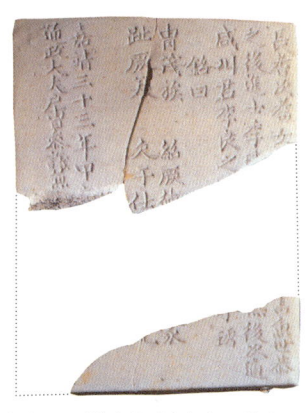  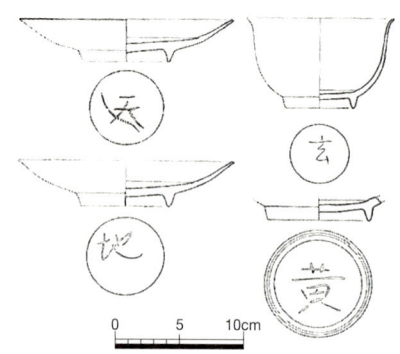

사진 71   백자 음각 '가정33년'명(嘉靖三十三年) 지석 편
조선, 1554년, 경기도 광주시 중부면 번천리 5호 백자가마터, 이화여자대학교박물관

사진 72   백자 청화 천마문 항아리 뚜껑 편
조선, 1552년 전후, 경기도 광주시 중부면 번천리 9호 백자가마터, 이화여자대학교박물관

사진 73   백자 '천(天)·지(地)·현(玄)·황(黃)'명 발·접시·굽다리편
조선, 1552년 전후, 경기도 광주시 중부면 번천리 9호 백자가마터, 이화여자대학교박물관

사진 74   백자 청화 송죽인물문 항아리
조선, 16세기 후반, 높이 47cm, 이화여자대학교박물관, 보물

마문 항아리 뚜껑 편〉(사진 72)과 〈백자 '천天·지地·현玄·황黃'명 발·접시·굽다리편〉(사진 73) 등은 16세기 중엽 조선 청화백자의 제작 실상을 보여 준다.

〈백자 청화 송죽인물문 항아리〉는 〈백자 청화 송죽문 '홍치2년弘治二年'명 항아리〉(사진 62 참조)와 형태가 같고, 문양 구도에서 소나무와 대나무 아래 인물이 새로이 등장하는 점만이 다르다(사진 74). 소나무 밑의 선비는 시상詩想에 잠겨 있고 그 옆에는 차를 다려 마시기 위한 도구들과 향로가 놓였다. 반대면의 휘어진 대나무 아래 공간에는 선비와 거문고를 받들고 마주보면서 무엇인가 이야기를 주고받고 있는 동자가 서 있다. 이러한 구도는 절파浙派화풍의 구도이다.[62] 조선에서 절파화풍은 1550~1700년 사이에 유행한다.[63] 17세기 전반에는 청화백자 제작이 거의 이루어지지 못했기 때문에 이 항아리는 임진왜란 이전 절파계통의 그림을 즐겨 그렸던 어느 화원의 그림으로 간주되며 번천리 9호 가마에서 제작되었을 가능성이 높다.

조선에서는 왕실에서 태어난 아기들의 태를 담는 태항아리를 제작하였다. 태항아리는 내호와 외호를 갖추고 여기에 아기의 출생일을 적은 태지석과 함께 풍수지리에 잘 맞는 산릉을 선택하여 묻는다. 이들은 백자 편년 연구에 한 몫을 한다. 1469년 관요 설립 이전에는 분청사기 인화문 태항아리가 사용되었고 그 이후에는 백자 태항아리를 사용했다. 성화12년成化十二年(1476)명 〈백자 내·외 태항아리〉(사진 75·76)는 늘씬하고 단아한 형태인데, 〈백자 '천계7년天啓七年'명 접시형 지석〉과 함께 출토된 〈백자 내·외 태항아리〉는 15세기 후반의 태항아리보다는 높이가 작아지고 회백의 색조를 띠고 있어 백자의 변천 과정을 파악할 수 있게 해준다(사진 77). 태는 직물에 싸서 내호에 담고 다시 외호에 넣어 뚜껑 꼭지와 어깨의 고리에 끈을 끼어 단단히 봉해 묻는다.

사진 75 백자 '성화12년(成化十二年)'명 태항아리(외항아리)
조선, 1476년, 전체 높이 57.7cm, 고려대학교박물관

사진 76 백자 '성화12년(成化十二年)'명 태항아리(내항아리)
조선, 1476년, 전체 높이 29.3cm, 고려대학교박물관

| 75 | 76 |

62 강경숙, 앞의 논문(1983), pp. 63~81 [『한국도자사의 연구』, 시공아트, 2000, pp. 428~459 재수록].

63 안휘준, 『한국회화사』, 일지사, 1980, pp. 91~92.

사진 77 백자 내·외 태항아리·'천계7년(天啓七年)'명 접시형 지석
조선, 1627년, 외호 높이 29.4cm, 경기도 고양시 신도읍, 국립중앙박물관

사진 78 백자 청화 초화문 '만력년제(萬曆年製)'명 전접시
조선, 1573~1615년, 리움미술관

사진 79 백자 청화 초화문 명기 일괄
조선, 1573~1615년, 리움미술관

   16세기에는 무덤의 부장품으로 명기明器가 유행한다. 명기는 여러 기종을 작게 만든 것으로 백자가 주로 많지만 간혹 청화백자 명기가 있다. 청화백자 명기 가운데는 '만력년제萬曆年製'라고 쓴 〈백자 청화 초화문 '만력년제'명 전접시〉와 그 일괄로 출토된 잔·접시·합 등이 있다(사진 78·79). 만력은 1573~1615년에 사용한 연호로 이들 명기는 이 기간 중에 제작되었을 터인데, 임진왜란 이후에는 한동안 청화백자

를 제작하지 못한 사정을 미루어 볼 때 16세기 후반의 청화백자의 양상을 보여 주는 명기이다. 이들의 문양은 초화문과 칠보문이고 청화의 발색은 15세기 후반의 검푸른 청화의 발색과는 달리 연한 청색을 띠어 번천리 9호에서 출토된 청화백자 편들의 발색과 일맥상통한다.

중기

중기(1593~1751년)는 임진왜란 이후 폐허가 된 관요를 재정비하여 또 다른 발전으로 진행한 기간이다. 청화백자를 제작하지 못한 시기에는 철화백자에서 특징을 보인다. 광해군 10년(1618)까지도 재정이 어려워 국가 행사에 사용할 청화백자를 생산하지 못하고 박우남이 받친 화준 한 쌍을 임시로 그림을 그려서 사용하고 있다.[64] 그러했기 때문에 이 시기에 성행한 철화백자는 한국도자사상 고유성을 확립하게 된 계기가 되었다.

중기의 특징은 굽 안에 간지干支, 간지 + 左/右, 간지 + 좌/우 + 숫자 등 세 종류의 문자를 새겼다는 점이다. 굽 안바닥의 문자는 전기에 천·지·현·황과 같은 내용을 새긴 것과는 차이가 있다. 굽 안바닥에 문자를 새긴 것은 진상자기에 대한 관리의 일환으로 생각되며 17세기 후반 숙종 연간 이후에 사라지고 있어 관요 체제가 안정되어 갔음을 의미한다.

광주 분원은 땔나무 무성처를 따라 이동했다. 인조 3년(1625)에 조익趙翼(1579~1655년)이 아뢰는 내용에 분원은 땔나무 무성한 곳으로 가기도 하고 또 나무를 심어 무성해지면 다시 오기도 했다고 한다.[65] 한 마을에 시기를 달리하는 백자가마터가 분포되어 있는 이유이다.

간지명이 수습되는 가마터를 통해 17세기 분원은 대체로 10년 정도가 되면 이동했음을 알 수 있다. 이동경로는 탄벌리 → 상림리 → 선동리 → 송정동 → 유사리 → 신대리로 이동하였다. 이 이후

[64] 『광해군일기』 권127, 광해군 10년(1618) 윤4월 3일 조
"조가연향에 사용되는 화준은 난 후에 모두 깨어져 남은 것이 없어 매번 청을 사서 번조하고자 했으나 무역할 길이 없어 연례를 당하면 부득이 임시로 그림을 그려서 이를 대용하였다. 전에 현감을 지냈던 박우남이 화준 한 쌍을 바칠 것을 원하여 그 뜻이 가상하여 자세히 이를 보니 화준은 모두 뚜껑이 없고 그 중 하나는 주둥이가 깨어져 붙이기는 했으나 주향을 장식할 만은 하다 하여 이를 쓸 것을 아뢰니, 임금이 이에 대해 박우남에게는 승직을 시키고 준 뚜껑은 속히 번조하도록 명령하였다(司饔院啓曰 朝家宴享所用畫樽 自經亂後蕩無遺在 每欲貿靑燔造 而絶無貿易之路 凡過宴禮 不得已假畫而用之 事體殊甚苟簡 今者 前縣監朴雩男 將畫樽一雙願納 其意可嘉 看審則兩樽皆無盖 一樽之口 雖有罅缺粘付 而可貢 酒享 留置本院 以備他日之用 宜當 傳曰曾經守令之人 相當守令陞授 樽盖速爲燔造事 議處)."

[65] 『승정원일기』 제8책, 인조 3년(1625) 8월 3일 조
"분원의 설치는 옛부터 수목이 무성한 곳을 택해 옮겨오기도 하고 옮겨가기도 하였다(分院之設 自前擇其樹木茂盛之地 移來移去)."

는 기록에 의하면 지월리(당시 탑립동) → ? → 오향리 → 금사리로 이동하였고 금사리로 와서는 약 30여 년간 머물렀는데, 이들 가마에서는 간지가 발견되지 않는다.⁶⁶ 그러나 역시 땔나무의 운반이 쉽지 않아 1752년에 금사리에서 지금의 분원리로 옮겨 정착한다. 이로써 1883년까지 130여 년간은 한강을 이용하여 강원도로부터 땔나무의 조달이 가능하였고 비로소 한 장소에서 번조 활동을 계속할 수 있었다.

탄벌리 가마터에서는 병오丙午(1606)~신해辛亥(1611)까지의 간지가 수습되었다. 특히, '병오우丙午右'명 굽다리 편은 왕자 인흥군 제일자 〈백자 '병오우'명 접시형 지석〉으로 사용된 백자 접시 굽 안에 '병오우' 명문과 서로 같아 1606년 병오년에 탄벌리에서 제작된 접시를 지석으로 사용했음이 확인되었다. 이로부터 시작된 굽 안에 간지를 새기는 일은 약 70여 년간 계속되었으며 신대리 가마 이후에는 거의 사라진다.

이들 가마터 가운데 지금까지 발굴된 곳은 선동리, 송정동, 신대리 뿐이다. 선동리에서는 경진庚辰(1640)으로부터 기축己丑(1649)년까지 10년분의 간지가 모두 수습되었다. 10년 후에 선동리에서 송정동으로 이설移設한 내용은 인조 26년(1648)에 사옹원의 관원官員인 김광욱金光煜이 임금에게 아뢰는 기록을 통해 알 수 있다. 송정동에서 1649년 가을에 제작이 시작되었는데, 실제로 기축己丑(1649)으로부터 무술戊戌(1658)까지의 도편이 송정동에서 수습되고 있어 선동리에서 송정동으로 이전하던 같은 해에 바로 번조 활동을 했음을 알 수 있다.⁶⁷

선동리 출토 도편의 특징은 백자 발과 접시가 주류이다. 발과 접시 굽 안바닥의 명문은 간지 + 좌/우이고 발은 속이 깊고 양감이 풍부한 특징을 보인다(사진 80·81). 항아리 편은 입술이 짧고 몸은 둥근 형태여서 17세기 전반의 양상을 대변해 준다. 회회청을 사용한 청화백자는 발과 접시 중앙 바닥에 '제祭'라는 글씨가 있을 뿐이지만, 철화 문양은 화원이 그린 격조 높은 편들이 많아 주목된다. 이를테

---

66 간지가 수습된 내용으로 탄벌리(1606~1611), 상림리(1631~1636), 선동리(1640~1649), 송정동(1649~1658), 유사리(1661~1664), 신대리(1674~1676)의 순서로 이동했음을 알 수 있다. 윤용이, 「조선시대 분원의 성립과 변천에 관한 연구(一)—광주일대 도요지를 중심으로—」, 『고고미술』 149, 한국미술사학회, 1981, pp. 22~45.

67 『승정원일기』 제103책, 인조 26년(1648) 11월 9일 조 "분원사기 번조 장소는 경진년(1640)에 이설한 후 거의 10년이 다 되어 수목이 이미 없어졌습니다. … 지금의 형편은 전일과 달라 수십 리 밖에서 땔감을 나르니 그 폐단을 헤아릴 수 없으므로 옮기지 않을 수 없습니다. 사옹원 땔감처 내에서는 광주 동면 송치(松峙 현 송정리)가 이설하기에 합당합니다. 내년 번역(燔役)을 시작하기에는 그 곳으로 이설하는 것이 편리하고 합당합니다(金光煜以司饔院官員 以都提調意啓曰 分院沙器燔造之處 自庚辰年移設之後 將迫十年 樹木已盡… 今則事勢 異於前日 運柴於數十里之外 其弊不尠 故不得不移 而本院柴場內 廣州東面松峙可合移設云 明年燔役爲始 移設於 此地 事甚便當)."

면 〈백자 철화 매죽문 항아리〉는 16세기 이후의 기형이며 보조 문양의 구름·연판·파도 등은 선동리 철화도편의 문양과 유사할 뿐만 아니라 중심 문양인 대나무와 매화의 필선은 대나무 그림의 대가인 탄은灘隱 이정李霆과 매화 그림의 대가인 설곡雪谷 어몽룡魚夢龍의 화풍이 감지된다(사진 82). 또 〈백자 철화 용문 항아리〉도 풍기는 기백으로 보아 선동리 가마의 작품으로 추정된다(사진 83). 선동리 가마에

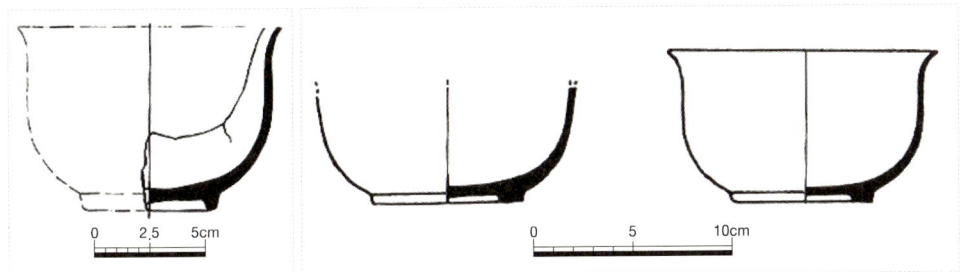

사진 80 백자 발
조선, 1640~1649년, 경기도 광주시 초월면 선동리 백자가마터, 이화여자대학교박물관

사진 81 백자 넓은 굽 발
조선, 1640~1649년, 경기도 광주시 초월면 선동리 백자가마터, 이화여자대학교박물관

사진 82 백자 철화 매죽문 항아리
조선, 16~17세기 전반, 높이 41.3cm, 국립중앙박물관, 국보

사진 83 백자 철화 용문 항아리
조선, 17세기, 높이 45.7cm, 이화여자대학교박물관

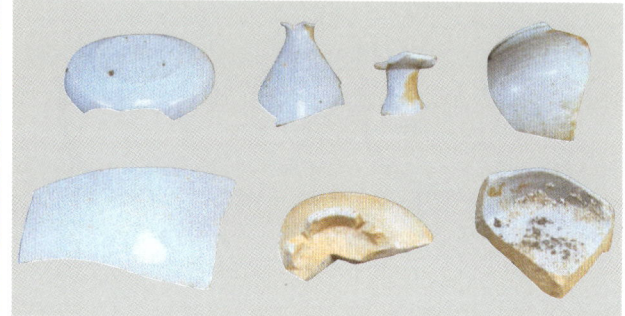

사진 84 광주 송정리 5호 백자가마터 전경(아궁이에서 봄)
조선, 1649~1654년경, 경기도 광주시 송정동 산65-2

사진 85 백자 발·접시·종자 편
조선, 1649~1654년경, 경기도 광주시 송정동 5호 백자가마터, 경기도자박물관

사진 86 백자 합 뚜껑·병·고족배·항아리·제기 편
조선, 1649~1654년경, 경기도 광주시 송정동 5호 백자가마터, 경기도자박물관

84	85
	86

사진 87 백자 철화 용문 항아리 편
조선, 1674~1676년 전후, 경기도 광주시 초월면 신대리 18호 백자가마터, 경기도자박물관

사진 88 백자 철화 죽문 병·편병 편
조선, 1674~1676년 전후, 경기도 광주시 초월면 신대리 18호 백자가마터, 경기도자박물관

87	88

서는 갑발의 사용은 극히 일부였고 대부분 포개어 번조한 것이 특징이다.

선동리 백자 가마와 송정동 5호 백자 가마의 구조는 '분실 계단식요'이다. 분실 계단식요는 격벽이 시설된 부분에 단을 만든 가마이다. 이 구조는 지방 백자 가마에서도 이 시기에 유행한다. 송정동 5호 백자 가마는 세 칸 운영으로 전체 길이 22.5m, 너비 1.7~2.55m로 위로 가면서 약간 넓어진 구조이다(사진 84).[68] 출토 도편은 무문의 발, 잔, 접시 등의 반상기가 주류이며 철화 문양이 있는 항아리·병·합 등이 있다(사진 85·86). 굽 안바닥의 명문은 갑번 백자의 굽 안에만 간지 + 좌/우, 혹은 간지 + 좌/우 + 숫자를 새겼다.

신대리에서는 1674~1676년에 해당하는 간지가 수습된 곳으로 여러 기의 가마터가 있다. 2007년에 이들 가운데 한 기가 발굴되었다. 발굴에서 출토된 용문 항아리 편(사진 87)과 대나무문 병과 편병 편(사진 88)은 느슨하지만 빠른 속도감으로 보아 신대리 철화백자의 특징을 가지고 있어 17세기 후반 도자 문화의 한 단면을 보여준다. 신대리 관요는 12년이 되어 땔나무 무성처를 찾아 부득이 이설해야만 한다는 숙종 2년(1676)의 논의 내용이 있는 것으로 보아 바로 지월리로 옮겨간 것으로 추정한다.[69]

숙종 연간(1674~1720년)에는 경제가 차츰 안정되어 갔다. 중국도 명·청 교체의 혼란기를 벗어나 조선과는 정기적으로 사행使行이 이루어졌을 뿐만 아니라 변방의 개시開市로 인해 중국도자기가 들어왔다. 또 분원에서는 청화백자의 생산이 재개되기 시작했다. 분원 소속의 장인匠人도 재정비되었다. 장인 제도는 셋으로 나뉘어 교대로 입역하던 '분삼번입역分三番立役' 제도에서 전속 장인을 두는 '통삼번입역通三番立役' 제도인 일종의 고용제로 변화했다.

분원의 안정적인 정책은 영조 연간(1724~1776년)으로 이어졌다. 영조는 분원의 세원 확보를 위하여 시장柴場 내에서 화전세火田稅를

68 조선관요박물관, 『광주 송정동 5·6호 백자가마터』, 2006.

69 『승정원일기』 제255책, 숙종 2년(1676) 8월 1일 조
李觀徵, 以司饔院官員, 以都提意啓曰, 分院沙器燔造之所, 排設取柴, 若近十年, 則樹木旣盡, 決難繼燔, 故例移於他處矣. 今者燔所之設, 已至十二年, 切無刈柴之路, 不得不移設.

70 『승정원일기』 제292책, 숙종 8년(1682) 8월 9일 조
而色品之潔白 不如宣土.

71 『승정원일기』 제399책, 숙종 27년(1701) 8월 14일 조
"양구토가 제기 번조에 합당하지 않아 매번 선천과 경주의 흙을 굴취해서 번조해 왔는데 지금 역시 갑인년(1674년)의 예에 따라 두 고을의 백토 20 석을 수비하여 아홉 말을 한 석으로 만들어 육운을 통해 올려 보내라는 뜻을 경상도와 평안도 감사에게 임금으로 하여금 명령을 내리도록 하라(李思永 以司饔院官員 以提調意啓曰…楊口土 不合於祭器燔造 故每以宣川·慶州等邑土 掘取燔造矣 今亦依甲寅年例 兩邑白土各二十石水飛 九斗作石 夙夜陸運上送之意 慶尙·平安等道監司處 移文知委 何如 傳曰 允)."

72 『승정원일기』 제480책, 숙종 39년(1713) 8월 4일 조
"곤양 수을토가 맥이 다해서 지난해 사옹원 낭청을 보내 그 부근을 여러 곳 답사를 했는데, 하동의 토품이 곤양만은 못해도 다른 데보다

받아 급료로 사용하였다. 또한, 태토의 수급도 현지의 지방관인 현감으로 하여금 굴취하여 상납케 함으로써 과거에 사옹원 낭청郎廳을 보낼 때 야기되었던 문제점을 해결하고 있다. 더욱이 백자의 생산이 늘어남에 따라 백색도가 높은 태토를 구하는 노력도 경주되었다.

분원의 태토는 1653~1670년까지는 원주, 서산瑞山, 경주 등의 백점토를 사용하는데, 송정리·유사리·신대리 등의 가마가 이 시기에 운영되었다. 숙종 8년(1682)에 사옹원 관원 어진익魚震翼이 말하는 내용에 보면 "결백한 토품이 선천토보다 더한 것이 없다."라고 하고 있다.[70] 평안도 감사는 백성에게 피해를 주므로 선천토의 굴취를 할 수 없다고 함에도 불구하고 숙종 35년(1709)까지 일부 왕실 행사와 산릉에서 행하는 길례의 제사와 같은 특수한 경우에 선천토가 사용되었다. 숙종 27년(1701)에도 선천과 경주의 흙을 계속 쓰고 있다.[71] 12년 후인 숙종 39년(1713)에는 경기도 가평加平의 흙을 쓴다.[72] 이들 내용을 통해 양질의 백토를 확보하는 일이 쉽지 않다는 점을 알 수 있다.

좋은 질의 백토를 확보하고자 한 숙종과 영조의 노력의 결과는 17세기 말 이후 때깔이 매우 맑은 괄목할 만한 백자가 제작되는 배경이었다. 백자 달항아리는 숙종과 영조대의 백자를 대표하는 것 중의 하나이다. 아무런 문양이 없는 달과 같은 둥근 형태는 화합과 포용의 상징으로 중국이나 일본에서는 볼 수 없는 당당한 기형이다. 〈백자 청화 운룡문 항아리〉는 둥근 달항아리에 청화로 격조 높고 힘에 넘치는 운룡문을 그림으로써 조선 사회의 경제적인 어려움이 발전적으로 타개되었음을 엿볼 수 있다(사진 89). 18세기의 문기가 넘치고 조용한 역동성은 〈백자 청화 잉어수초문 편병〉에서 보여준다. 가냘픈

사진 89 백자 청화 운룡문 항아리
조선, 18세기 전반, 높이 35.3cm, 국립중앙박물관

사진 90 백자 청화 잉어수초문 편병
조선, 18세기, 높이 24.5cm, 일본 개인

사진 91 백자 청화 초화문 면각 항아리
조선, 18세기 중반, 높이 23.9cm, 일본 오사카시립동양도자미술관

는 나아서 채취해 와서 시험 보고하고 있다. 보고한 내용은 하동 수을토 다섯 되를 전에 쓰다 남은 곤양토 두 말 닷 되와 배합해서 수비 시번해 보니 빛이 모두 청흑이고 광택이 나지 않아서 결코 쓸 수 없다고 하였다. 번조 시기는 점점 늦어져 과거의 예를 참고하여 임시로 가평에서 수십 석을 채취함에 따라 정번을 면했다(司饔院啓曰 進上甕器所用 昆陽水乙土之脈已盡 上年爲送本院朗廳看審其旁近諸處 則河東土品 雖不及於昆陽 猶有勝於他處 故仍爲採取以來矣 卽見分院燔造官所報則以爲 河東水乙土五升 交合於前日用餘昆陽土二斗五升 水飛試燔 則色皆靑黑 且不滑澤 決不可用云 燔期漸晚 無他變通之路 誠極悶慮 取考前例 則己丑八月 因水土不好 臨時掘來數十石於加平地 水陸竝運 得免停燔之患)."

수초 사이를 부드럽게 감싸면서 유영하는 두 마리 잉어의 표현은 18세기 청화백자의 격조이다(사진 90). 이 외에도 항아리나 병에는 각이 지는 새로운 변화가 주목된다. 〈백자 청화 초화문 면각 항아리〉는 맑은 태토에 몸통과 굽다리를 팔각으로 하고 각각 두 면에 걸쳐 클로버 모양의 선 안에 간략한 초화문을 그렸다 (사진 91). 이러한 면각 항아리와 면각 병은 이 기간에 유행했던 기형의 하나이다. 이화여자대학교박물관 소장의 〈백자 철화 포도문 항아리〉는 기형의 완성도뿐만 아니라 바람에 휘날리는 듯한 자연스러운 포도문이 포치는 18세기 전반의 화풍을 그대로 반영하는 걸작품이다(사진 92).[73]

후기

후기(1752~1883년)는 지금의 분원초등학교 자리에서 130여 년간 요업이 계속된 시기이다. 이곳은 수십 기의 가마와 엄청난 폐기물 퇴적층이 형성

사진 92 백자 철화 포도문 항아리
조선, 18세기 전반, 높이 53.8cm, 이화여자대학교박물관, 국보

79

73 강경숙,「국보 107호 백자철화포도무늬 항아리–무늬를 통한 제작시기 시론」,『이화사학연구』 17·18, 이화사학연구소, 1988, pp. 377~404 [『한국도자사의 연구』, 시공사, 2000, pp. 460~479 재수록].

74 이화여자대학교박물관,『廣州 分院里白磁窯址』, 2006.

75 『비변사등록』제120책, 영조 27년(1751) 2월 1일조
"연거푸 흉년이 들어 백성들로 하여금 국가에 대한 부역이 잦아 만약 강제노동을 시킨다면 사방으로 흩어질 염려가 있으니, 분원 이전 설치와 같이 힘이 들고 복잡한 일은 경기도민에게는 큰 폐해가 되니, 분원 이전은 내년 봄(1752)에 실시하는 것이 좋겠습니다(楊根郡守李壽頤所報以爲 因司饔院達下關磁器 燔造所 移設於楊根地 而連歲大殺 之餘 國役稠荐 民力倒懸…分院移 設 役事煩重 實爲畿民之大弊…停 止重役爲宜 而分院事勢 終不可不 移 則待明春擧行 亦無妨)."
『輿地圖書』京畿道 楊根 物産 條 今增磁器 今上壬申 移設廣州燔造 所于郡南五十里南終面 每歲司饔 院官監造御用之器.

되어 있었으나, 일제강점기 초등학교를 세움으로써 상당한 부분이 파괴되었다. 그 후 많은 사람들이 무분별하게 도편을 수집하여 현상이 변경되었다. 2001년 경기도에서 제1회 도자기 엑스포가 개최될 당시 초등학교 입구 한편이 발굴되어 19세기 가마 구조의 일부가 확인된 바 있다.[74]

분원이 금사리로부터 분원리로 옮긴 이유는 역시 땔나무의 조달이 금사리보다 분원리가 용이한 입지적인 조건을 갖추고 있었기 때문이다. 영조 27년(1751)에 양근楊根 군수 이수이李壽頤가 연거푸 흉년이 들어 분원을 옮기는 강제노동은 다음 해에 실시하는 것이 좋겠다는 의견을 아뢰니, 이에 임금이 윤허를 내림에 따라 1752년에 군 남쪽 50리에 위치한 남종면 분원리로 이전했다.[75]

분원리로 옮겨간 직후에는 영조 이래 맑고 고상한 취향의 문인풍 백자와 청화백자가 계속 제작되었다. 그러나 청으로부터 화려한 그릇의 유입은 기형과 문양이 보다 장식적으로 변화하기 시작하는 요인이 되었다. 뿐만 아니라 18세기 이후 서민 문화의 확대와 신분의 상승은 문방구의 제작을 촉발시켰다. 또한, 회회청 안료의 구득이 과거에 비해 용이해졌고, 대동법 실시 이후 중간 상인인 공인貢人의 존재는 분원으로 하여금 사번私燔이 공공연히 이루어졌던 배경이 되었다.

〈백자 청화 국란문 수반〉은 팔각 기형으로 굽에는 풍혈문이 조각되어 변화의 모습을 볼 수 있다(사진 93). 사치풍조로 문제가 된 것은 기묘한 형태뿐만 아니라 청화백자와 갑기匣器·甲器의 유행에서도 일어났다. 정조 15년(1791)에 경기도 감사로 하여금 광주 부윤府尹과 영교營校를 시켜서 갑기 제작의 작폐와 기묘한 그릇을 몰래 제작하는 것을 조사하여 보고하도록 하고 있

사진 93 백자 청화 국란문 수반
조선, 18세기 후반, 높이 10.7cm, 리움미술관

다.⁷⁶ 갑기는 유기보다 비싸게 팔렸다. 갑기의 금지는 장인들의 이利를 잃게 하는 일이라고 반대하는 의견도 있었지만, 정조 17년(1793)에 드디어 반상기 외에 병瓶·앵罌·배杯·종鍾 등의 그릇의 제조를 금지시켰다.⁷⁷ 다시 2년 후에 정조는 회회청 사용의 갑번자기에 대해 보다 강력한 칙교勅敎를 내린다. 즉,

"반상기와 병·잔을 제외한 그릇을 만들어 법을 위반한 당상관堂上官은 파직시키고 낭관郎官은 쫓아내도록 한다. 지금부터는 비록 정례적으로 굽는 예번품例燔品이라도 쓸데없거나 긴요하지 않은 것은 일체 엄하게 금지한다. … 명령을 어긴 해당 각 궁전의 실무관원과 내시는 장 100대 치고 분원 관리는 햇수를 제한하지 않고 귀양 보내도록 한다. … 이러한 내용을 판에 걸어 두고 사옹원과 분원 관리들이 이를 항상 보면서 실천토록 하라."⁷⁸

라는 내용이다. 그러나 사치 풍조를 막고자 한 갑기의 금령은 정조 연간에서 끝나고 순조 연간(1800~1834년)에 갑기는 다시 제작되었다.

이규경李圭景(1788~1860년)의 『오주연문장전산고五洲衍文長箋散稿』 「고금자요변증설古今瓷窯辨證說」에는

"정조 때 화채 번조畵彩燔造를 금한 뒤로는 백자 위에 화훼를 양각으로 불룩하게 구워 내더니 오래지 않아 다시 청채를 사용하게 되었다."⁷⁹

는 내용이 있다. 이것은 갑번 청화백자의 제작이 다시 시작되었음을 말한다. 이와 같은 양상을 보여 주는 것이 잠시 제작된 양각백자로서 학, 구름, 소나무와 같은 문양을 넣은 〈백자 양각 십장생문 필통〉이 그중의 하나이다(사진 94). 다시 제작된 다채자기 가운데 양각

⁷⁶ 『일성록』 제376책, 정조 15년 (1791) 9월 24일 조
"이어서 경기 감사로 하여금 광주 부윤에게 통지해서 분원에서 폐단을 일으키는 것을 조사해서 즉시 보고하게 하고 보고가 올라온 뒤에 장계로 보고하게 하라. 그리고 법을 어겨 가며 아주 기이한 모양의 그릇을 몰래 만드는지에 대해서도 경기 감사로 하여금 별도로 감영의 군교를 보내 적간하게 하여 만약 잡힌 것이 있으면 모두 속공한 뒤에 장계로 보고하게 하라(仍令畿伯知委廣尹分院之作弊探這卽報來狀聞而奇巧樣之冒法潛造與否亦令畿伯別遣營校摘奸如有執捉一幷屬公後狀聞)."

⁷⁷ 『정조실록』 권38, 정조 17년 (1793) 11월 27일 조
"상이 이르기를, "보통으로 구워 만든 그릇도 쓸 만한데 어째서 꼭 갑번의 그릇을 따로 만들 필요가 있는가. 병·항아리·술잔·종지 따위들도 모두 교묘한 것을 숭상하여 많이 새로 만든다고 하니 경이 도제조에게 말하여 특별히 금지시키고 다시는 구워 만들지 말도록 하라." 하였다(上曰: "例燔之器, 亦足可用, 何必別造匣器乎? 如瓶罌盃鍾之屬, 亦皆務尙奇巧, 多有新製云. 卿其言于都相, 另加禁斷, 使之勿復燔造")."

⁷⁸ 『정조실록』 권43, 정조 19년 (1795) 8월 6일 조
除非盤床及瓶盞外 犯科之堂上罷職郎官汰去 自今雖例燔之品 若屬於無用不緊者 一切嚴禁…當該各殿掌務中 官杖一百 分院地方 勿限年定配…以此判下 揭板廚院分院 以爲常目 遵行之地.

⁷⁹ 이규경,『오주연문장전산고』「고금자요변증설」

문양 위에 청화, 동화, 철화를 모두 사용하여 그린〈백자 양각청화철화동화 난국초충문 병〉은 화려하면서도 천박하지 않고 여백의 묘미를 잘 살린 대표 작품의 하나이다(사진 95).

이 시기에 청으로부터 현란한 채색자기가 들어왔지만, 조선왕조는 검약 사상을 앞세웠기 때문에 절제된 채색자기가 일부 제작되었을 뿐이다.〈백자 청화동화채 복숭아모양 연적〉은 잘 익은 복숭아에 잎

사진 94 백자 양각 십장생문 필통
조선, 19세기 전반, 높이 12.5cm, 리움미술관

사진 95 백자 양각청화철화동화 난국초충문 병
조선, 18세기, 높이 42.3cm, 간송미술관

사진 96 백자 청화동화채 복숭아모양 연적
조선, 18세기 후반, 높이 10.8cm, 리움미술관

과 매미의 장식은 청화로 덧붙이고 나뭇가지를 엮어 만든 굽다리는 동화채를 발라 적절한 색감의 조화와 형태의 안정감을 주고 있다. 복숭아 연적으로는 수작이다(사진 96).〈백자 청화동화 십장생문 항아리〉는 소나무·해 등에 동화를 사용하여 격조를 잃지 않은 범위 내에서 붉은 색을 사용한 절제성을 보이고 있다(사진 97).

18세기의 영조와 정조는 화려하고 장식적인 것을 추구하지 않은 숭검지덕崇儉之德을 지향했기 때문에 갑기匣器나 화기畵器의 제작이 금지되었다. 그래서 조선 18세기는 그 어느 때보다 격조가 높은 그릇들이 제작되었다. 그러나 정조가 총애했던 박제가朴齊家(1759~1805년)의『북학의北學議』내편內編 자총瓷 조의 내용을 보면,

正祖朝 禁畵彩燔造 后於白磁上陽刻 作花卉凸起燔出矣 不久 復用靑彩.

80 박제가,『북학의』내편, 자조
中國瓷器無不精者…非其人之必好奢也 土工之事當如此也 我國瓷器極麤 沙粘其下仍而燒成 累累如乾飯…國之無法 至於此而極矣…今雲從街上 列置累千瓷器…碎不足惜之心生…今司甕院燔器 號稱極精者 猶太肥重 以爲不如是 必傷也 反咎中國之器焉.

"중국 자기는 정교하지 않은 것이 없다. … 중국 사람들이 사치를 좋아해서가 아니라 토공土工의 일이 당연히 이와 같은 것이다. 우리나라의 자기는 몹시 거칠다. 밑에는 모래가 붙은 것을 그대로 번조하여 마른 밥알이 붙은 것과 같다. … 나라의 법도가 없음이 그릇에 이르러서는 극도에 달한다. … 지금 운종가雲從街(현 종로)의 상점에 수천 개를 진열했지만…깨도 아깝다는 마음이 들지 않는다. … 지금 사옹원 자기는 극히 정교한 것이라고는 하지만 너무 두껍고 무거운데 이와 같지 않으면 필히 상한다고 하면서 도리어 중국 그릇을 흠잡는다." [80]

사진 97 백자 청화동화 십장생문 항아리
조선, 19세기, 높이 40.2cm, 국립중앙박물관

라고 조악해진 그릇을 안타깝게 생각하고 있다. 또한, 박제가는 낮은 품질의 백자는 함부로 다루어도 괜찮다고 생각하는 장인 의식에 문제가 있다고 여겼고, 이와 같은 의식은 나라의 만사가 모두 이를 닮을 수 있기 때문에 장인들을 훈계하여 질이 나쁜 그릇은 시장에 내지 못하게 해야 한다는 점을 강조하고 있다. 뿐만 아니라 일본에서는 기예의 권장을 높이 평가하여 장인을 우대한다는 점에도 깊은 관심을 보이고 있다.[81]

이희경李喜經(1745~1805년)의 『설수외사雪岫外史』에서도 기술 발전의 부진, 검약 사상으로 인한 고급 기술의 실패, 가마 구조의 문제점, 일본 자기에 대한 인식 등을 말하면서 제도 개선을 신랄하게 언급하였다.[82] 실학의 대성자인 정약용丁若鏞(1762~1836년)도 이희경과 같이 당시 조선의 산업기술의 낙후성을 그의 시문집에서 지적하고 있다.[83] 이처럼 같은 시대를 살았던 박제가·이희경·정약용 등의 의견은 실제로 정부 시책으로까지는 이어지지 못했다.

백자의 질적 하락은 19세기 이후 더욱 심해졌으며, 분원 백자

[81] 박제가, 『북학의』 내편, 자조
"장인이 처음에 물건을 거칠게 만들자 그것에 젖어든 백성들이 거칠게 일하고, 그릇이 한 번 거칠게 만들어지자 백성들이 그것에 길들여져 마음이 거칠어졌다. 그런 태도가 이리저리 확산되어 습관으로 굳어졌다. 자기 하나를 제대로 만들지 못하자 나라의 온갖 일들이 모두 그 그릇을 본받는다. 이렇듯 물건 하나라도 작은 것이라고 무시하여 소홀하게 다루어서는 안 된다. … 일본의 풍속은 온갖 기예에서 천하제일이라는 호칭을 얻은 사람이 있으면 비록 그의 기술이 자기보다 꼭 낮지 않다는 점을 분명히 알고 있더라도 반드시 그를 찾아가서 스승으로 모신다. 그리고 그가 평하는 좋다 나쁘다는 말 한마디를 가지고 자기 기술의 경중을 판단한다. 이것이 기예를 권장하고 백성들을 한 가지 기예

는 정조 사후 다시 번다한 문양이 들어간 각양 각종의 그릇들이 만들어졌다. 이에 대해 고증학적인 방법으로 접근한 서유구徐有榘(1764~1845년)와 이규경의 19세기 당시의 도자 인식은 주목할 만하다. 서유구는『임원경제지林園經濟志』의「섬용지贍用志」와「예규지倪圭志」에 도자기에 관한 글을 남기고 있다. 특히,「섬용지」에는 그 당시에 사용되고 있던 옹기, 도기, 자기, 가마 구조 등을 때로는 중국 명대 송응성宋應星(1587~1648?년)이 이 찬술한『천공개물天工開物』의 그림과 비교하면서 서술하고 있다. 특히, 한국의 반상기에 대해서

"자기로 구성된 반상기槃牀器는 우리나라 풍속에는 아침 저녁으로 밥 먹을 때 사용하는 그릇을 말한다. 밥그릇, 나물 국그릇, 고기 국그릇, 보아甫兒라고 하는 물김치 종지, 간장 종지, 초장 종지, 포, 육장, 나물, 고기산적 등이 각각 한 개다. 전 제품을 구비하면 반상기명이라 하고 밥과 국그릇에는 모두 뚜껑이 있다."[84]

라고 기술하고 있다. 이로 보아 지금 한국 음식의 상차림에서 볼 수 있는 그릇 종류는 대체로 정조 연간에 이루어졌음을 알 수 있다.

이규경은『오주연문장전산고』의「고금자요변증설」에서 중국의 월주 비색청자 그리고 경덕진 청화백자에서부터 고려와 조선의 청자와 백자의 역사 및 특징을 말하고 있다. 특히, 분원의 갑번 자기, 태토 산지, 청화백자 사용층에 관한 내용, 중국과 일본 자기와의 품질 비교, 분청사기, 정호井戶 다완茶碗 등에 대한 생각은 매우 흥미롭다. 아쉽게도 분청사기나 정호 다완에 대한 내용은 일본측의 기록을 무비판적으로 수용하고 있지만 19세기 전반의 지식인의 도자관으로서 그 나름대로의 도자사적 의미를 지닌다.

19세기 분원 백자의 특징 하나는 청화로 쓴 문자와 점각點刻 문자가 굽 안바닥과 굽 언저리에 새겨지는 현상이다. 이러한 문자의

에 집중하게 하는 방법이 아닐까? (始也工麤 習焉而民麤 始也器麤 熟焉而心麤 轉輾成俗 一瓷之不善 而國之萬事皆肯 其器物之不可以 小而忽之也 如此 宜飭土工器不中 式者不入於市…日本之俗 凡百工 技藝 一得天下一之號 則雖明知其 術之未 必勝於己 而必往師之 視其 一言之褒貶 以爲輕重 此其所以勸 技藝 專民俗之道歟)."

82 이희경,『설수외사(雪岫外史)』, 아세아문화사, 1986, pp. 96~100.

83 정약용,『여유당전서(與猶堂全書)』시문집, 기예론 1

84 서유구,『임원경제지』「섬용지」 登槃諸器 '瓷器' 東俗謂朝夕飯饌之器 曰槃牀器 飯盂一 菜羹椀一 羹曛椀一 葅采鍾俗稱甫兒一 醬鍾一 醋醬鍾一 腊醯菜炙等樣各一 諸色俱備 謂之全部槃牀器皿 其飯 于羹椀 竝有盖.

출현은 정치의 문란, 서민 지주의 출현 등으로 신분 질서가 무너지고 도자기 수요층의 저변이 확대됨에 따라 차별화하기 위한 현상이었다. 점각 문자 중에는 1837년 정유년의 〈백자 청화 수복문 화형 발〉이 있다. 문자는 한글로 "뎡유가례시큰뎐고간이뉴일듁팔"로 정유년의 결혼식 때 대전 고간에서 쓸 것으로 수량은 이뉴일육팔이라는 뜻이다(사진 98). 19세기의 청화 문양은 대담하고 번다스러워 18세기의 품격과는 차이를 보인다. 이런 것 중에서 〈백자 청화 모란문 병〉은 크기와 문양에서 보기 드문 수작으로서 부귀의 상징인 활짝 핀 모란과 잎의 묘사는 시원하면서도 건강한 모습을 보여준다(사진 99). 19세기 후반의 청화백자는 더욱 도식화되고 장식적으로 되는데 〈백자 청화 어조파도문 병〉이 이러한 유형의 하나이다(사진 100).

사진 98 백자 청화 수복문 화형 발 측면·굽 안 문자
조선, 1837년, 높이 8.7cm, 이화여자대학교박물관

사진 99 백자 청화 모란문 병
조선, 19세기, 높이 44.3cm, 리움미술관

사진 100 백자 청화 어조파도문 병
조선, 19세기, 높이 28.2cm, 국립중앙박물관

말기

말기(1883~1950년)는 1883년 분원이 민영화된 이후 1950년 6·25전쟁으로 인해 전국이 초토화되어 요업이 중단되는 때까지이다. 엄밀히 말하자면 말기의 설정은 조선왕조가 끝나는 1910년을 분기선으로 구획해야 한다. 이처럼 1950년은 조선백자의 말기라고 단락 짓기에는 다소 문제가 있으나 1950년은 현대와 연결되는 시기이므로 왕조의 흥망성쇠와 관계없이 1883~1950년으로 말기를 구획하였다. 이 시기는 조선왕조가 망하고 일제강점기를 거쳐 해방이 되는 복잡한 국제 정치의 소용돌이에 휩싸여 있었던 시기이다.

이 시기에 분원 장인들은 각 지방으로 흩어져 개인 가마를 운영하였다. 그중의 하나가 경상북도 문경에 있는 망댕이 가마[望同窯]이다(사진 101).[85] 이 가마는 연실요 구조로 진흙 덩어리를 둥글게 뭉쳐 축조한 가마이다. 망댕이 가마는 19세기 말 일본의 벽돌가마 구조를 일부 응용하여 일정한 계단을 이룬 것으로 전국으로 확산되었고 현재 한국의 전통식 가마 구조가 되었다. 이와 같은 구조의 가마는 충북 충주시 미륵리 백자가마를 들 수 있다(사진 102).[86] 이 시기 백자의 특징은 소위 '왜사기'로 일컬어지는 〈백자 청화 포도넝쿨문 발〉과 같은 일상 기명(사진 103)과 근대식 공장제품인 산업도자기에서 엿볼 수 있다.

오늘날의 현대 도자기는 대학 교육을 받은 도예가와 일부 전통에 바탕을 둔 전승 도자기를 제작하는 일군의 도예가가 주류를 이룬다. 전승도자기는 작품성에서 바람직하게 성공한

85 서울특별시시사편찬위원회, 『국역 荷齋日記』 7권, 2009.

86 충북대학교박물관, 『충주미륵리 백자가마터』, 1996.

사진 101 망댕이 가마
조선, 19세기, 경북 문경시 문경읍 용연리

예가 드물어 아쉬움을 주고 있으나 전승도예가들은 경기도 이천과 여주를 위시하여 전국 각 지역에서 자기네 고장 고유의 특색을 찾고자 노력하면서 제작 활동을 하고 있다.

사진 102 충주 미륵리 1호 백자가마터 전경(아궁이에서 봄)
조선, 20세기 전반, 충북 충주시 수안보면 미륵리

사진 103 백자 청화 포도넝쿨문 발 측면·외면
조선, 20세기 전반, 충북 충주시 수안보면 미륵리 1호 백자가마터, 국립청주박물관

II

유적(遺蹟) 출토
도자기(陶瓷器)의 기술(記述) 방법(方法)

발굴조사를 통해, 다양한 유적으로부터 도자기가 출토되고 그와 관련된 내용이 보고서에 기재된다. 그러나 발굴기관에 따라 유적 출토 도자기에 대한 각기 다른 기술記述은 타전공자를 비롯하여 초보자로 하여금 많은 혼란을 야기시킨다. 또한, 도자기 유물에 대한 정확한 인지 능력을 갖게 하는데도 방해된다. 따라서 본 글은 초보자뿐만 아니라 타전공자들에게 유적 출토 도자기를 보다 정확하게 인식하고, 실질적인 기술에 도움을 줄 수 있는 기초자료를 제공하는데 목적이 있다.[87]

Ⅱ장 '유적 출토 도자기의 기술 방법'의 대상은 유적으로부터 출토된 청자, 분청사기, 백자를 비롯하여 요도구窯道具까지 포함한다. 기술하기에 앞서 기본적인 세부 명칭 및 기종, 명칭의 부여 방법을 먼저 제시하고자 한다. 그 다음 도자기의 재질에 따라 잔존 상태, 기형, 장식기법 및 문양, 태토, 유약, 굽, 번조받침, 명문 등의 순서로 설명하고자 한다.

본 글의 구성은 시대적 흐름에 맞추어 청자, 분청사기, 백자의 순서로 하였으며, 도자기의 명칭이나 부위별 명칭 등은 가장 다양한 형태의 기종이 제작되었던 청자를 중심으로 예시하였다. 또한, 기형의 변화나 태토, 유약 등에 있어서도 청자에서 여러 가지 요소가 확인되는 점을 감안하여 청자의 사례를 기준으로 하였다. 분청사기나 백자의 경우, 앞서 청자에서 설명하였던 부분에 대해서는 생략하고 각각의 특징을 드러낼 수 있는 요소만 서술하였다.

[87] 이 책에서 제시되는 단어 및 명칭은 도자사학계에서 통일된 용어로 약속된 것은 아니지만 현재 학계에서 가장 보편적으로 통용되고 있는 경우를 선별하고, 사료 및 문헌 자료에서 그 근거를 찾고자 하였다.

도자기의 명칭 및 세부 사항

도자기의 부위별 명칭

다양한 유적으로부터 출토된 도자기는 부위별 명칭에 대한 개념이 선행되어야 보다 정확히 기술할 수 있으므로 가장 기본적인 발鉢을 비롯하여 주자注子, 병瓶, 잔탁盞托, 뚜껑[蓋], 장고杖鼓 등의 사진을 제시하여 각 기형의 부위별 명칭을 부여하고자 한다.

발鉢은 구연口緣, 측사면側斜面[몸통], 굽으로 나뉘며(사진 104-①), 굽은 바닥과 맞닿는 부분을 굽 접지면, 굽의 안쪽 바닥면을 굽 안바닥으로 지칭할 수 있다(사진 104-②). 발 내면은 중앙 바닥면을 내저면內底面으로 명명하여 굽 안바닥과의 차별을 두고자 하며, 동그랗게 깎은 것을 내저원각內底圓刻이라고 한다(사진 104-③).

사진 104 　발(鉢)의 세부 명칭

주자注子[88]는 구연, 주구注口, 몸통[胴體], 손잡이[把手], 굽으로 구분할 수 있다(사진 105). 형태에 따라 뚜껑이 있는 경우에는 손잡이의 윗부분에 고리가 달려 있는 것이 일반적이며(사진 105-②·③), 굽은 바닥면의 안쪽만을 깎아내어 굽이 밖에서 보이지 않는 경우도 있다(사진 105-④). 주자의 몸통은 일반적으로 옥호춘병(사진 105-①)의 형태를 띠는 것이 가장 많지만, 표주박모양[瓢形]을 하고 있는 경우(사진 105-②)라든지, 참외모양[瓜形]을 하고 있는 경우(사진 105-③·④)도 다수 제작되었다.

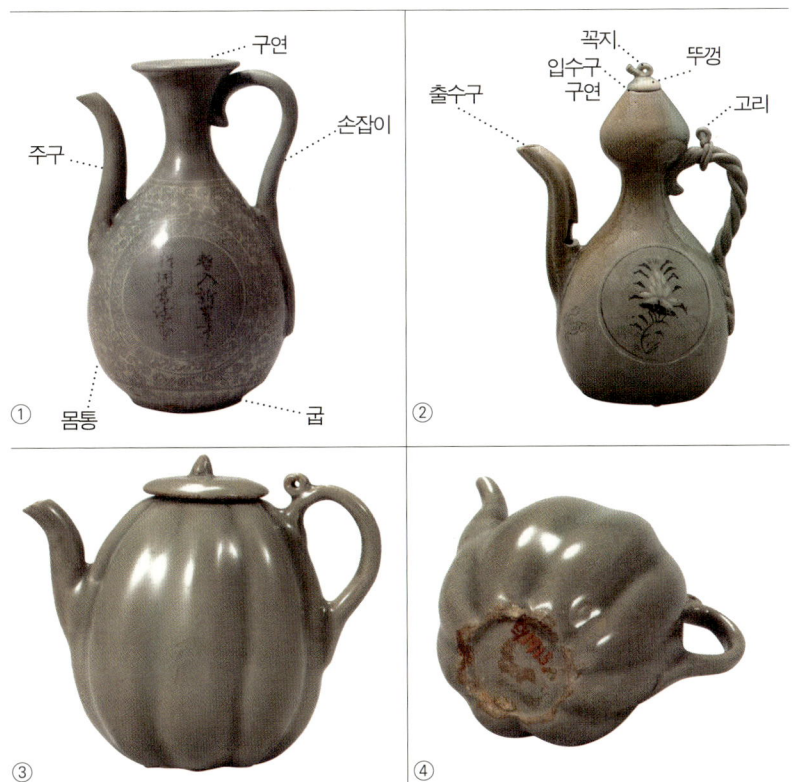

사진 105 주자(注子)의 세부 명칭

88 도자기로 만든 주자는 직접적으로 불에 끓이는 도구가 아니기 때문에 '끓일 전(煎)'이 들어가는 주전자라고 하지 않고 주자(注子)라고 표현하도록 하겠다. 『세계 대백과사전』 13권, 서울출판사, 1972, pp. 130~131; 『두산 세계 대백과』, 두산동아출판사, 2002; 이봄, 「注口形態의 조형연구」, 숙명여자대학교 대학원 공예학과 석사학위논문, 2007, p. 3.

89 병의 종류에는 옥호춘병을 비롯하여 반구병, 매병, 과형병, 정병, 장경병, 편병, 자라병 등으로 다양하나, 정병, 장경병, 과형병 등은 옥호춘병과 같은 부위별 명칭을, 반구병, 편병, 자라병 등은 매병과 같은 부위별 명칭을 사용하여도 무방할 것이다.

병瓶은 생김새에 따라 옥호춘병(사진 106-①)과 매병(사진 106-②)으로 크게 분류되며, 전체적으로 크게 4부분으로 구분할 수 있다.[89] 옥호춘병의 경우는 구연, 목[頸部], 측사면, 굽으로 나뉘며, 매병과 같은

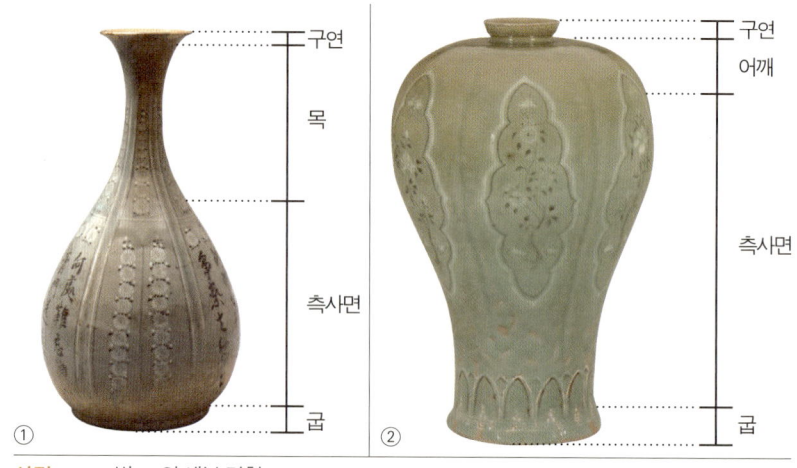

사진 106 병(瓶)의 세부 명칭

경우는 구연, 어깨[肩部], 측사면, 굽으로 이름을 붙일 수 있다.

잔탁盞托[90]은 잔대盞臺 또는 잔좌盞座의 형태에 따라 크게 두 가지로 분류할 수 있으며, 잔을 받치는 잔대 또는 잔좌와 바깥으로 뻗은 전, 높은 굽으로 구성되어 있다(사진 107).

뚜껑[蓋]은 병 또는 잔, 합 등과 함께 사용되었던 것으로 다양하

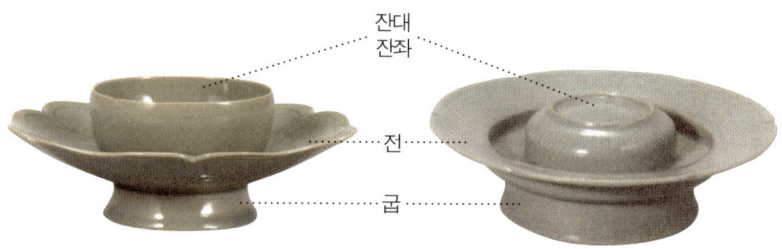

사진 107 잔탁(盞托)의 세부 명칭

[90] 잔탁은 잔을 올려놓을 수 있는 받침대를 일컫는 말로, 굽이 있는 넓은 접시에 잔좌 또는 잔대가 올라가 있는 형태이다. 잔탁은 잔과 함께 한 벌을 이룰 때 탁잔(托盞)이라고 불린다. 이윤진, 「高麗時代 瓷器 盞托 硏究」, 『美術史學硏究』 第273號, 한국미술사학회, 2012, p. 35.

사진 108 뚜껑[蓋]의 세부 명칭

게 제작되었으며, 드림턱의 유무에 따라 두 가지 형태로 구분된다. 드림턱이 있는 경우, 윗면·몸통과 드림턱·구연으로 구성되며(사진 108-①), 드림턱이 없는 경우는 윗면·몸통과 구연으로 나눌 수 있다(사진 108-②). 경우에 따라, 연봉형蓮峯形·고리형·원통형圓筒形 또는 원주형圓柱形 등의 꼭지가 부착되기도 하였다.

장고杖鼓[91]는 고려청자에서 주로 확인되는 유물로, 가운데 원통형의 잘록한 부분은 조롱목이라 부르며, 좌우의 나팔과 같이 벌어지는 부분을 울림통이라고 지칭한다(사진 109).[92]

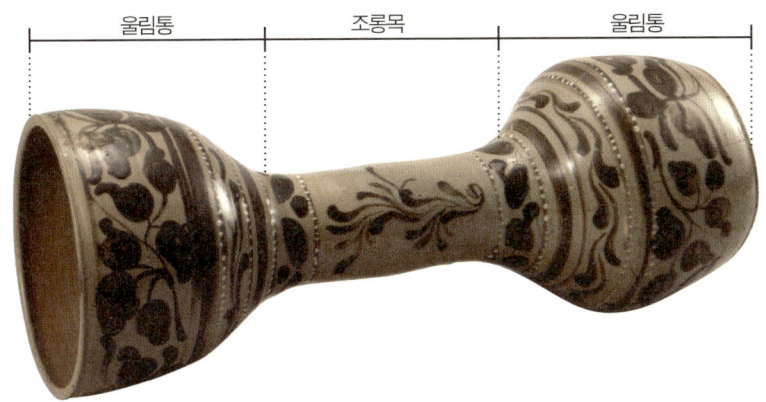

사진 109 장고(杖鼓)의 세부 명칭

도자기의 재질별 기종

도자기는 재질별로 다양한 기종이 제작되었다. 청자·분청사기·백자 등으로 분류할 수 있으며, 다음은 각각의 재질별 기종이다.

청자(표 1)

발은 높이 약 5.5~8.5cm, 입지름 약 12.5~19.5cm, 굽지름 약 5.5~7.5cm에 해당하는 것으로, 높이와 구경의 비율이 1:2~3 이하인 것을 가리키며, 측사면이 완만한 곡선을 이루며 올라가는 것이 일반

[91] 장고는 양면고(兩面鼓)의 일종으로 한 면은 채[杖]를 들고 치고, 다른 한 면은 손으로 북[鼓]을 친다고 하여 장고(杖鼓)라고 불리며, 가운데가 잘록한 부분으로 이루어진 독특한 형태로 인해 요고(腰鼓), 세요고(細腰鼓), 장고(長鼓)로도 불린다. 박지영, 「고려시대 도자기장고 연구」, 『해양문화재』 제1호, 국립해양유물전시관, 2008, p. 82.

[92] 박지영, 위의 논문(2008), p. 85.

적이다(표 1-발). 발은 내저면을 굽지름과 비슷한 크기로 깎아낸 내저원각이 있는 것과 완만한 곡면을 띠고 있는 내저면이 있는 것[內底曲面]으로 분류된다. 이러한 발 중에서 구연부의 일부를 잘라내어 꽃잎의 모양을 하고 있는 것을 별도로 화형 발花形 鉢이라고 한다(표 1-발-⑤).

완碗은 높이 약 4.5~5.5cm, 입지름 약 10.5~15.5cm, 굽지름 약 3.0~5.5cm에 해당하는 것으로, 높이와 구경의 비율이 1:2.5~3 이하인 것을 가리키며, 발보다 약간 작은 형태이다(표 1-완). 측사면은 사선으로 벌어져 올라가는 형태가 대부분이다. 완은 내저면을 굽지름보다 작은 크기로 깎아낸 내저원각이 있는 것과 완만한 곡면을 띠고 있는 내저면이 있는 것으로 분류된다.

접시楪匙는 높이 약 2.5~5.5cm, 입지름 약 10.5~17.5cm, 굽지름 약 4.5~7.5cm에 해당하는 것으로, 높이와 구경의 비율이 1:3~5 이하인 것을 가리킨다. 발에 비해 높이가 낮은 형태로 측사면이 완만한 곡선을 이루거나 사선으로 뻗어 올라가며 가장 다양한 종류의 기형이 확인되는 기종이다.

예를 들면, 측사면이 완만한 곡선을 이루며 올라가고 구연은 직립하며 내저면이 편평한 경우가 일반적이다(표 1-접시-①). 내저면은 넓고 편평하며, 내저면의 가장자리에서 측사면이 한 번 꺾여 사선으로 뻗어 올라가는 형태를 마치 허리가 꺾여 있다고 하여 절요접시折腰楪匙라고 하며(표 1-접시-②), 이러한 절요접시는 별도의 굽을 깎아내지 않은 형태도 제작되었다(표 1-접시-③). 또한, 앞선 절요접시보다 크기는 다소 작고 내저면의 가장자리에서 측사면이 꺾여 올라가 구연으로 이어지는 형태의 접시도 있다(표 1-접시-④).[93] 이 밖에도 내저면은 편평하며, 측사면이 구연까지 곧게 연결되는 직구접시直口楪匙도 있다(표 1-접시-⑤·⑥). 직구접시와 형태는 유사하나 구연이 외반하는 형태(표 1-접시-⑦), 도톰하게 말린 형태(표 1-접시-⑧), 전의 형태로

[93] 이러한 형태의 접시는 명종 지릉에서 출토된 바 있다. 국립중앙박물관, 『고려 왕실의 도자기』, 2008, p. 29의 도24.

꺾이는 형태(표 1-접시-⑨)도 생산되었다. 그리고 측사면(몸통)을 8개의 면으로 나누어 각이 지게 제작한 것은 팔각접시라고 한다(표 1-접시-⑩). 다른 접시보다 크기가 작으며 구연이 바깥으로 꺾여 있는 형태도 있다(표 1-접시-⑪). 또한, 기벽을 누르거나(표 1-접시-⑫) 구연의 일부를 잘라내어 꽃잎의 모양을 하고 있는 것은 화형 접시花形 楪匙라고 한다(표 1-접시-⑬~⑯).[94]

잔盞은 형태에 따라 팽이형 잔, 원통형 잔, 화형 잔으로 분류한다. 팽이형 잔은 측면의 모습이 마치 팽이와 유사하다고 붙여진 형태(표 1-잔-①)로 일반적으로 잔이라고 부르며 시간의 흐름에 따라 몸통의 형태가 반구형半球形을 띠거나 세장하게 변화하기도 한다. 특히, 잔의 내면에는 파도문이, 외면에는 국화당초문이 음각기법으로 장식되어 있는 기형도 잔이라고 지칭한다(표 1-잔-②).[95] 원통형 잔은 말 그대로 잔의 몸통이 원통에 가까운 형태를 띠고 있는 것으로 대부분 뚜껑과 함께 제작되었으며(표 1-잔-③), 외면에 연판문을 장식한 사례가 많다(표 1-잔-④). 화형 잔의 경우, 틀을 이용하여 성형하여 잔이 전체적으로 꽃 모양을 한 경우(표 1-잔-⑤)와 잔과 굽이 모두 화형의 형태를 띤 경우(표 1-잔-⑥)로 구분된다. 이 밖에도 별도의 굽을 제작하지 않고 뾰족한 저부를 가진 팽이 형태의 잔도 있다(표 1-잔-⑦).[96]

잔탁盞托은 잔을 올려놓을 수 있는 받침대로 다양한 형태가 확인된다. 예를 들어, 잔 형태의 잔좌와 수직으로 꺾인 구연을 가진 전을 가진 잔탁(표 1-잔탁-①)이 있고, 아래가 뚫린 잔의 형태의 잔대와 완만한 곡선을 이루는 전이 부착되어 있는 잔탁(표 1-잔탁-②)도 확인된다. 굽의 형태를 띤 잔대와 사선으로 또는 계단식으로 뻗은 전이 결합된 잔탁(표 1-잔탁-③)도 있으며, 별도의 전을 만들지 않고 화려한 장식의 대각이 부착되어 있는 잔탁(표 1-잔탁-④)도 소량이지만 확인된다. 이 외에도 별도의 잔대를 마련하지 않고 반盤 형태의 넓은 접

[94] 화형 접시에 대해서는 Ⅱ장의 화형 발과 화형 접시의 분류 참조.

[95] 일부 도록에는 용적률을 따져 완(碗)이라고 명명한 경우도 있으나 형태와 높이:구경의 비율로 봤을 때, 잔이라고 지칭하는 경우가 옳을 것으로 판단된다.

[96] 일부 도록 및 단행본에는 마상배라는 용어를 사용하고 있으나, 그 연원을 따져보았을 때 논리적 근거가 부족한 것으로 판단되어 잔이라고 지칭하도록 하겠다.

시 중앙에 원형의 돌대로 잔대를 만들고, 측사면은 사선으로 뻗어 올라가 수직으로 'ㄱ'자로 꺾이는 전의 형태를 갖춘 잔탁(표 1-잔탁-⑤)도 일부 출토되었다.

뚜껑[蓋]은 잔, 발, 매병, 주자, 합 등 몸통을 덮는 기종으로 쓰임에 따라 다양한 형태로 만들어졌다(표 1-뚜껑).

합盒은 몸통과 뚜껑이 한 벌을 이루는 형태로 소형의 원통형 합에서부터 발 크기의 합, 사각합까지 다양하게 제작되었다(표 1-합).

병은 구경보다 굽지름이 넓은 경우로, 옥호춘병玉壺春瓶, 반구병盤口瓶, 매병梅瓶, 과형병瓜形瓶, 정병淨瓶, 장경병長頸瓶, 유병油瓶 등으로 그 형태와 쓰임에 따라 다양한 이름이 붙어 있다. 옥호춘병은 떨어진 물방울 모양을 본뜬 몸통 위로 나팔 모양의 구연이 연결되며 일반적으로 병이라고 한다(표 1-병-①). 반구병은 구연의 형태가 목에서 직각으로 꺾여 마치 접시를 올려놓은 형태와 유사하다고 하여 붙여진 이름이다(표 1-병-②). 매병은 풍만한 어깨에서 'S'자 형태의 측사면을 가지는 병의 형태로 시간의 흐름에 따라 측사면의 곡선이 변화한다(표 1-병-③·④). 과형병은 참외의 모습과 닮은 몸통을 가진 병의 형태이며(표 1-병-⑤), 정병은 불교의식에 사용하는 의례용기로 금속으로 만든 것을 도자기로 번안한 것이다. 정병의 몸통 위로 긴 목이 있고, 목과 구연의 중앙에는 환대[環臺 또는 환륜(丸輪)]가 있으며, 그 위로 첨대尖臺라고 하는 별도의 입수구가 있다. 정병의 몸통에는 출수구의 역할을 하는 작은 주구가 연결되어 있다(표 1-병-⑥). 장경병은 말 그대로 목이 긴 형태의 병으로 옥호춘병과 달리 원통형의 가늘고 긴 형태의 목이 특징적이며, 일부는 외면을 각이 지게 마무리하기도 했다(표 1-병-⑦). 유병은 동글납작한 형태의 몸통에 반구형 구연으로 제작된 형태로 병류 중에서 가장 크기가 작은 편이다(표 1-병-⑧).

향로香爐는 뚜껑과 함께 노신爐身이 부착된 일체형과 뚜껑과 노신爐身이 한 벌을 이루는 분리형으로 구분된다. 일체형은 연꽃을 모티브로 한 형태(표 1-향로-①·②)와 금속제 의례용기를 번안한 형태(표 1-향로-③~⑤)가 있다. 분리형의 뚜껑에는 동물의 모습을 상형청자로 제작하였고, 노신의 경우는 연꽃대좌의 모습을 하고 있거나(표 1-향로-⑥), 괴수의 얼굴 모양을 한 세 개의 다리가 붙어 있는 원통형의 정鼎 형태(표 1-향로-⑦)로 만들어졌다.

호壺는 굽지름이 구경과 같거나 더 넓은 경우로(표 1-호-①), 어깨에 4개의 조그마한 귀가 달려 있는 사이호四耳壺(표 1-호-②), 몸통의 두 면을 편평하게 만든 편호扁壺(표 1-호-③) 등이 있다.

발우鉢盂는 측사면이 완만한 곡선을 이루며 올라가고 구연은 직립하거나 안쪽으로 살짝 들어가는 형태를 띠며, 별도의 굽을 깎아내지 않고 편평한 바닥면으로 마무리한 것이 특징적이다(표 1-기타-발우). 일반적으로 발과 같은 크기가 가장 많이 알려져 있으나 태안 대섬에서는 크기별로 3~4개의 조합으로 발견되는 사례도 확인된 바 있다.[97]

이 밖에도 다연茶碾, 약연藥碾, 투합套盒, 벼루[硯], 베개[枕], 타호唾壺, 승반承盤, 항缸, 반盤, 화분花盆, 고족배高足杯, 연적硯滴, 필가筆架, 도판陶板, 기와[瓦], 탁잔托盞, 기대器臺, 주자注子, 제기祭器, 의자[墩], 장고杖鼓, 인장印章, 용도미상 등 다양한 형태의 청자가 제작되었다 (표 1-기타 참조).

[97] 국립해양문화재연구소, 『고려청자보물선』(본문), 2009, pp. 289~311.

표 1 청자 기종

연번	기종	사진		
1	발	① ④	② ⑤	③
2	완	① ④	②	③
3	접시	① ④ ⑦	② ⑤ ⑧	③ ⑥ ⑨

연번	기종	사진		
3	접시	⑩	⑪	⑫
		⑬	⑭	⑮
		⑯		
4	잔	①	②	③
		④	⑤	⑥

연번	기종	사진
4	잔	
5	잔탁	
6	뚜껑	

연번	기종	사진		
8	병	⑦	⑧	
9	향로	①	②	③
		④	⑤	⑥
		⑦		

연번	기종	사진		
10	호	①	②	③
11	기타	발우	다연	약연
		투합	벼루[硏]	베개[枕]
		타호	승반	항

103

연번	기종	사진		
11	기타	반	화분	고족배
		연적	필가	도판
		기와	탁잔	기대
		주자	제기	의자[墩]
		장고	인장	용도미상

분청사기(표 2)

발은 높이 약 6.5~9.0cm, 입지름 약 15.5~18.5cm, 굽지름 약 4.5~6.0cm에 해당하는 것으로, 높이와 구경의 비율이 1:2~3 이하인 것을 가리킨다. 측사면이 완만한 곡선을 이루며 올라가거나 또는 사선으로 벌어져 올라가 외반하는 구연으로 연결되는 것이 일반적이며(표 2-발-①~③), 측사면이 곡선을 이루며 올라가다가 내만하는 형태가 제작되기도 하였다(표 2-발-④). 이러한 형태의 발은 합의 몸통 부분[盒身]의 기형과 유사한 형태를 하고 있다.

접시는 높이 약 2.5~5.0cm, 입지름 약 11.0~18.0cm, 굽지름 약 4.0~5.0cm에 해당하는 것으로, 높이와 구경의 비율이 1:3~5 이하인 것을 가리킨다. 측사면이 완만한 곡선을 이루며 올라가고 발에 비해 높이가 낮은 형태가 가장 많으며, 내만·직립·외반하는 다양한 구연의 형태가 제작되었다(표 2-접시-①~⑤). 또한, 구연이 바깥으로 꺾여 전을 이루는 전접시의 형태도 만들어졌으며(표 2-접시-⑥), 구연의 가장자리를 꽃잎 모양으로 오려낸 화형 접시도 확인된다(표 2-접시-⑦).

종자鍾子는 높이 약 4.0~5.5cm, 입지름 약 11.0~12.0cm, 굽지름 약 4.0~5.0cm에 해당하는 것으로, 발보다 높이가 낮고 접시보다 깊이감이 있는 형태의 그릇을 일컫는다(표 2-종자). 종자는 현재 종지라는 단어로 더 많이 사용되고 있지만, 『조선왕조실록朝鮮王朝實錄』을 검토해 본 결과, 종자라는 단어가 조선시대부터 그릇의 형태를 일컫는 말로 사용되었고,[98] 현재 국어사전에서도 종지의 원래 말은 종자라는 단어로 제시하고 있으므로 종자라는 단어를 사용하고자 한다.[99]

합은 크게 두 종류로, 구연이 내만하는 합신과 몸통이 둥근 형태의 뚜껑이 조합을 이루는 경우(표 2-합-①)와 구연이 외반하는 합신과 사선으로 뻗는 형태의 뚜껑이 조합을 이루는 경우(표 2-합-②)이다.

98 『중종실록』, 권104, 중종 39년 (1544) 7월 24일 조
"경복궁 근정문 동수각의 모퉁이 기둥에 벼락쳤는데, 상이 급히 선전관 허창무와 중사 이승호를 보내어 살펴보고 아뢰게 하였다[허창무 등이 서계하였다. "근정문 밖 동수각의 서북쪽 모퉁이 기둥이 반으로 부러져 벽에 걸리고 부러진 기둥의 가운데가 위에서 아래로 갈라져 틈이 났으며, 지붕의 기와 반 장이 갈라졌는데 나머지는 완연하였고 그 아래에 종자가 들어갈 만한 둥근 구멍이 있었습니다."](雷震景福宮勤政門東水閣隅柱. 上急遣宣傳官許昌茂及中使李承豪, 看審以啓.[許昌茂 等書啓曰: "勤政門外東水閣西北隅柱爲半裂破, 懸壁亦裂破, 柱中自上至下, 折破成隙, 屋上蓋瓦, 半張折而餘宛然, 其下有圓穴, 可容鍾子."]

『명종실록』 권11, 명종 6년(1551) 6월 23일 조
"전일 문소전의 기명이 지나치게 크다는 것을 신들이 자세히 의논 계청하여 즉시 윤허를 받아 완·보아·종자 등을 횡간에 따라 차례로 개조하였습니다(前以文昭殿器皿過大, 臣等詳議啓請, 卽蒙允下, 椀及甫兒·鍾子等, 依橫看, 次次改造)."

『선조실록』 권50, 선조 27년(1594) 4월 17일 조
"적들이 현재 보유하고 있는 군량이 얼마나 되는지는 내가 확실히 모르지만 그들이 먹는 것은 거의가 한 끼에 작은 종자 하나의 홍대미(紅大米) 밥이었는데 피도(皮稻)가 절반이었다(賊中見糧, 吾不知之數, 而率倭等所食, 一時一小鍾子, 紅大米飯, 皮稻居半)."

『선조실록』 권64, 선조 28년(1595)

6월 10일 조

"유영순이 아뢰기를, "근간의 제향 절차를 신이 차제관에게 들으니, 종묘에서 제사를 지낼 때 상사기와 상종자로 술잔을 대신하여 사용하는데 크고 작은 것이 고르지 않을 뿐만 아니라 깨지고 너절하여 미안하다고 하였습니다(柳永詢曰: "近間祭享節次, 臣聞之于差祭之官, 則宗廟行祭時, 以常沙器, 常鍾子, 代爵用之, 非徒大小不均, 破陋未安)."

99 국어사전은 2023년 현재 국립국어원 표준국어대사전을 지칭한다.

100 최남미, 「朝鮮時代 磁器 장군 硏究」, 고려대학교 대학원 문화재협동과정 미술사학전공 석사학위논문, 2014, p. 1.

병은 옥호춘병, 편병, 매병, 자라병 등 다양한 형태가 제작되었다. 옥호춘병은 떨어진 물방울 모양을 본뜬 몸통 위로 나팔 모양의 구연이 연결되며 일반적으로 이것을 병이라고 한다(표 2-병-①). 편병은 둥근 몸통을 앞뒤로 두드려 편평한 형태로 만든 몸통 위로 구연이 이어지는 병이다(표 2-병-②). 매병은 풍만한 어깨에서 'S'자 형태의 측사면을 가지는 병의 형태로 시간의 흐름에 따라 측사면의 곡선이 변화한다(표 2-병-③). 자라병은 둥글고 납작한 몸통의 한 쪽에 외반하는 구연이 붙어 있는 병으로 전체적인 생김새가 자라의 모습과 닮아 붙여진 이름이다(표 2-병-④).

호는 몸통이 둥근 형태의 호(표 2-호-①)를 비롯하여 측사면이 사선으로 벌어져 올라가 풍만한 어깨로 이어지고, 그 위로 곧게 선 목과 구연으로 이어지는 입호의 형태(표 2-호-②)와 몸통에 네 개의 귀가 달린 사이호의 형태(표 2-호-③·④)로 구분할 수 있다.

장군은 가로로 긴 원통형의 몸통에 위쪽에는 작은 구연부가 있고, 아랫면에는 타원형 또는 사각형의 굽이 부착되어 있으나 별도의 굽을 제작하지 않은 경우도 많다(표 2-장군). 장군의 좌우 측면 중 한 면은 편평하게 처리하여 바닥의 역할을 할 수 있도록 되어 있으며, 가마 안에서 이 편평한 면을 바닥으로 놓고 번조되는 것이 일반적이다. 일상생활에서는 장군을 보통 세로로 세워서 보관하며, 이때 구연부는 측면에 있게 된다. 따라서 술이나 물을 담을 때는 장군의 용적량에 1/2 정도만을 담게 되는 것이다. 이러한 장군은 삼국시대의 도기로 제작되기 시작하여 고려시대를 거쳐 조선시대까지 지속적으로 생산되었으나 자기의 형태로 만들어지게 된 것은 조선시대 분청사기에서 처음 확인할 수 있다.[100] 장군에 관한 가장 빠른 기록은 『세종실록世宗實錄』에서 찾을 수 있다. 『세종실록』 권27, 세종 7년(1425) 2월 15일의 기록에 중국으로부터 온 윤봉이 명明 인종의 성지를 전하는 가운데 10탁분 210개의 백자를 요구하여 경기도 광주 목사가 잘 만들어 바쳤다는 기록 가운데 '대·중·소 장본'이라는 내용이 있다. 이에 덧붙여 "장본은 술그릇으로 형태는 북처럼 생겼고 배에 주입구가 있다. 속칭 장본이라고 한다."고 장본을 다시 설명하는 대목을 통해 장군은 본래 장본이라는 용어로 조선시대에 사용되고 있었음을 알 수 있다.[101] 이후 18세기 이후에 발간된 류중임柳重臨의 『증보산임경제增補山林經濟』(1766), 이만영李晚永의 『재물보才物譜』(1798), 류희柳僖(1773~1837년)의 『물명고物名考』 등에서 장군을 한자로 장분長盆으로 표기하고 있으나 한글로 장군이라는 단어가 사용되었던 것을 확인할 수 있어 장군이라는 단어가 18세기 후반부터 본격적으로 사용되었음을 알 수 있다.[102]

제기는 고려시대부터 자기로 제작되었으며, 분청사기로 확인되는 제기는 보簠, 궤簋, 준樽, 작爵 등 다양한 형태가 있다. 보는 장방형의 몸통과 뚜껑으로 구성되어 있다. 몸통은 장방형으로 풍혈이 있는 굽이 있으며, 외면에는 괴수와 손잡이가 부착되어 있다. 뚜껑의 형태는 몸통과 같은 장방형으로 위쪽에는 톱니형태의 장식이 붙어 있으나 시간의 흐름에 따라 톱니형태의 장식은 사라진다(표 2-제기-①).[103] 궤는 타원형의 몸통과 뚜껑이 있는 제기이다. 몸통의 양 옆에는 괴수모양 장식의 입과 연결되는 손잡이가 있으며, 굽은 일반기물에 비해 높은 편으로 가운데가 반원형으로 뚫려 있다. 몸통의 아래쪽과 구연부에는 여러 개의 선이 둘러져 있고, 외면에는 꽃잎과 같은 문양이 그려져 있다. 뚜껑 역시 타원형으로 구연부와 위쪽의 장식 부위에 몸통과 같이 여러 개의 선이 둘러져 있고 그 사이에는 꽃잎과 같은 문양이 그려져 있다(표 2-제기-②).[104]

준은 술을 담는 제기로 조선시대의 제사에서 사용되는 준의 종류는 다섯 가지이다.[105] 이 중 도자기로 제작된 것은 희준犧尊과 상준象尊만 전한다. 세종 연간에 만들어진 희준과 상준은 『세종실록』 「오례五禮」 제기도설諸器圖說에서 알 수 있듯이, 높은 굽이 있는 직

[101] 『세종실록』 권27, 세종 7년 (1425) 2월 15일 조
左副代言金赭問安于使臣, 尹鳳曰: "造紙方文及沙器進獻, 有聖旨?" 赭問曰: "沙器數幾何?" 許鳳曰: "數則無聖旨, 然吾心以謂, 十卓所用, 每卓大中小椀各一, 大中小楪兒各五及大中小獐本[獐本, 酒器, 形如鼖鼓, 腹有口, 俗號獐本.]十事可也." 且曰: "勑書不載, 而如此請之者, 予本無私藏, 將用之何處乎?" 金赭將此言以啓, 卽傳旨于全羅道監司, 全州紙匠, 給驛上送, 傳旨廣州牧使, 進獻大中小白磁獐本十事, 精細(磻)(燔)造以進.

[102] 최남미, 앞의 논문(2014), pp. 34~35.

[103] 정소라, 「朝鮮時代 陶磁祭器 연구-충효동출토 분청제기를 중심으로-」, 홍익대학교 대학원 미술사학과 도자사전공 석사학위논문, 1996, pp. 24~27.

[104] 정소라, 위의 논문(1996), pp. 27~29.

[105] 『國朝五禮儀』序禮 吉禮 饌實尊罍圖說에는 大尊, 著尊, 象尊, 犧尊, 壺尊 등 다섯 가지의 준에 대한 기록이 있으며, 山尊의 사용에 대한 기록은 없다. 法制處, 『國朝五禮儀』4, 1982, pp.103~133.

구형의 발형鉢形 제기 외면에 소나 코끼리가 그려져 있는 모습이다. 반면, 『국조오례의國朝五禮儀』가 반포된 이후 희준과 상준은 소나 코끼리의 모습을 그대로 형상화한 상형의 형태(표 2-제기-③·④)로 바뀌었으며, 조선 말기까지 이러한 전통이 이어졌다. 『세종실록』「오례」 제기도설이나 『국조오례의』에 실려 있지 않은 산준山尊이라는 형태도 있다. 『대명집례大明集禮』에는 외반되는 긴 몸과 타원형에 가까운 짧은 몸통, 약간 벌어지는 높은 굽의 세부분으로 이루어진 제기를 산준이라고 정의하고 있다. 그러나 현재 남아 있는 산준의 경우, 외면의 네 군데 모서리에는 길게 거치대가 붙어 있고, 외반하는 구연과 높은 굽이 있는 형태로 제작되어 있다(표 2-제기-⑤).[106]

작은 'U'자형의 몸통에 외반하는 타원형의 넓은 구연부와 세 개의 긴 다리가 지탱하고 있으며, 구연부에는 돌기가 있는 두 개의 짧은 기둥이 붙어 있는 형태의 제기이다(표 2-제기-⑥).[107] 시간의 흐름에 따라 작은 구연부에 있는 기둥이 사라지고 세 개의 다리가 짧고 뭉툭하게 바뀌어 가며, 백자 작에서도 이러한 변화의 흐름을 확인할 수 있다.

이 밖에도 양이잔(탁), 벼루, 화분, 귀대발, 고족배, (유개)주자, 지석誌石 등 다양한 형태의 분청사기가 제작되었다(표 2-기타 참조).

---

[106] 정소라는 산준이 『세종실록(世宗實錄)』「오례(五禮)」 제기도설(祭器圖說)이나 『국조오례의(國朝五禮儀)』에 실려 있지 않은 것은 국가제사에 사용되지 않았던 것으로 보았다. 정소라, 앞의 논문(1996), pp. 29~32.

[107] 정소라, 위의 논문(1996), pp. 32~33.

표 2 분청사기 기종

연번	기종	사진		
1	발	① ② ③ ④		
2	접시	① ② ③ ④ ⑤ ⑥ ⑦		
3	종자	① ②		
4	합	① ②		

109

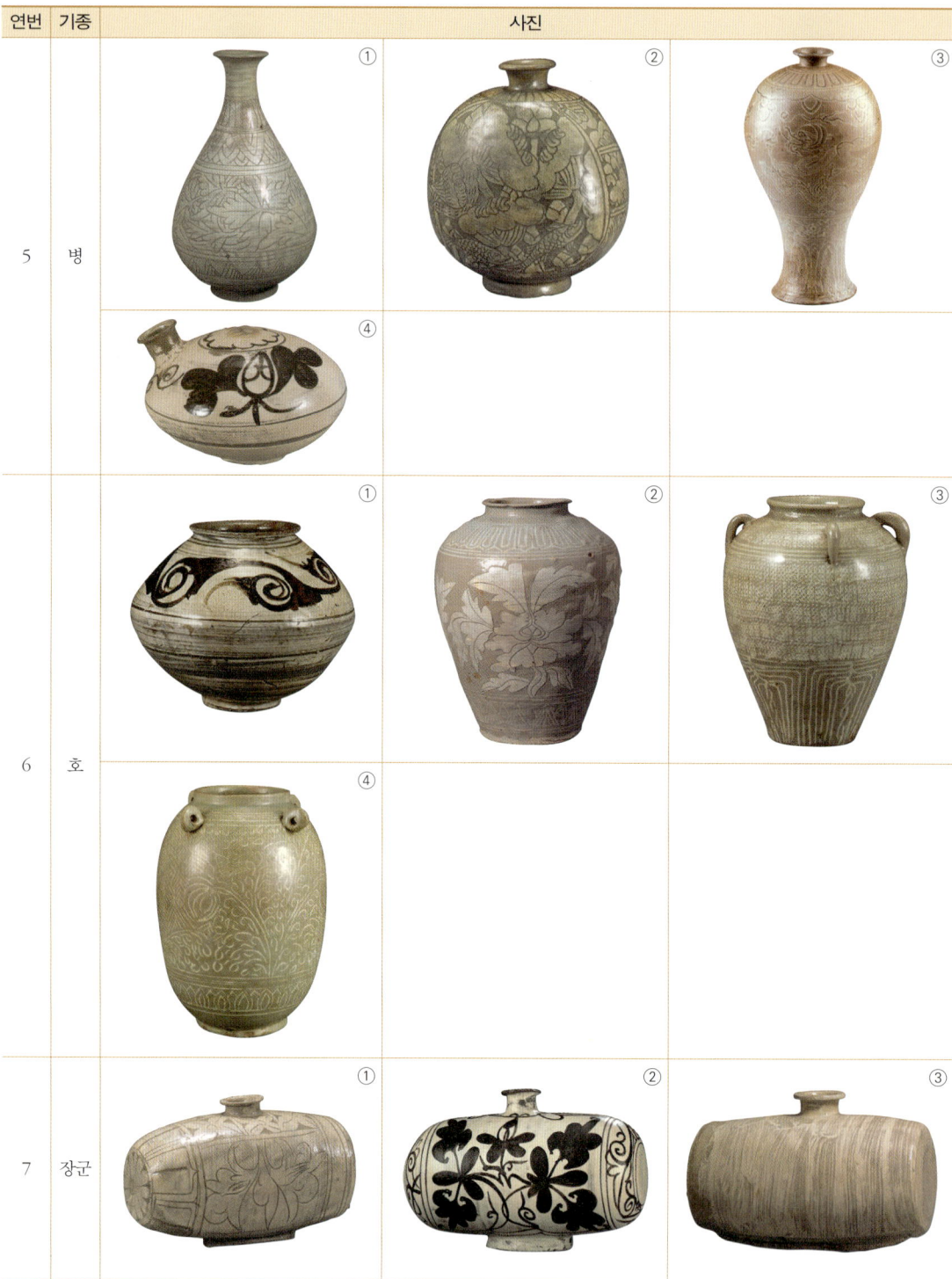

백자(표 3)

발은 높이 약 7.0~10.0cm, 입지름 약 16.0~19.0cm, 굽지름 약 5.0~8.0cm에 해당하는 것으로, 높이와 구경의 비율이 1:2~3 이하인 것을 가리킨다. 조선 전기에는 분청사기 발과 유사하여 측사면이 완만한 곡선을 이루며 올라가 외반하는 구연으로 연결되는 것이 일반적이며(표 3-발-①~③), 조선 후기에는 측사면이 곧게 올라가 직립하거나(표 3-발-④·⑤) 외반하는 구연으로 이어지는 형태가 많이 제작되었다(표 3-발-⑥·⑦).

접시는 높이 약 3.0~5.5cm, 입지름 약 11.5~17.0cm, 굽지름 약 4.5~6.5cm에 해당하는 것으로, 높이와 구경의 비율이 1:3~5 이하인 것을 가리킨다. 측사면이 완만한 곡선을 이루며 올라가고 발에 비해 높이가 낮은 형태가 가장 많으며, 내만·직립·외반하는 다양한 구연의 형태가 제작되었다. 조선 전기에는 분청사기에서 보이는 측사면이 완만한 곡선을 이루며 올라가 외반하거나 직립하는 접시의 제작이 다수를 이루며(표 3-접시-①·②), 경기도 광주에 위치한 관요에서는 구연이 바깥으로 꺾여 전을 이루는 전접시도 만들어졌다(표 3-접시-③). 또한, 구연의 가장자리를 꽃잎모양으로 오려낸 화형 접시도 확인된다(표 3-접시-④). 시간의 흐름에 따라 접시의 구경은 줄어들어 높이와 구경의 비율이 1:3에 가까운 형태로 변화되어 조선 후기에는 조선 전기보다 깊이감이 있는 접시의 형태가 제작되며(표 3-접시-⑤·⑥), 그릇의 두께도 두꺼워지는 특징이 있다(표 3-접시-⑦).

종자는 높이 약 4.0~6.0cm, 입지름 약 10.0~13.0cm, 굽지름 약 3.5~5.5cm에 해당하는 것으로, 분청사기와 마찬가지로 발보다 높이가 낮고 접시보다 깊이감이 있는 형태의 그릇을 일컫는다. 종자는 측사면이 곡선을 이루며 올라가 외반하는 구연으로 연결되는 형태가 주류를 이룬다(표 3-종자).

잔은 높이 약 4.0~5.0cm, 입지름 약 8.5~10.5cm, 굽지름 약

3.5~5.0cm에 해당하는 것으로, 손잡이가 양쪽으로 두 개가 부착된 양이잔과 손잡이가 없는 잔으로 구분할 수 있다. 양이잔은 별모양이나 띠모양의 손잡이가 부착된 형태의 잔으로 조선 전기에 집중적으로 제작된 특징이 있으며, 잔의 몸통은 반구형의 형태로 측사면은 곡선을 이루며 올라가 직립하거나 살짝 외반하는 구연으로 연결된다(표 3-잔-①·②). 손잡이가 없는 잔은 조선 전기에는 양이잔과 함께 반구형의 형태(표 3-잔-③)를 띠지만, 시간의 흐름에 따라 점차 구경과 높이가 1:1의 비율로 변화되어 조선 후기에는 측사면이 사선에 가까운 형태로 올라가 직립하는 구연으로 제작된 잔(표 3-잔-④·⑤)이 주류를 이루게 된다.

합은 몸통과 뚜껑이 하나의 세트를 이루는 형태로 조선 전기부터 조선 후기까지 지속적으로 만들어졌다. 조선 전기에는 볼륨감이 있는 발의 형태를 한 합신盒身과 반구형半球形에 가까운 뚜껑이 세트를 이룬 합이 제작되었으며, 이러한 합은 분청사기합과 유사한 형태를 띤다(표 3-합-①). 특히, 조선 후기에는 원형(표 3-합-②~⑥), 사각형(표 3-합-⑦), 팔각형 등 다양한 형태의 합이 제작되었다.

병은 옥호춘병, 반구병, 편병, 자라병, 병, 사각병, 각병 등 다양한 형태로 확인된다. 옥호춘병은 떨어진 물방울 모양을 본뜬 몸통 위로 나팔 모양의 구연이 연결되며 분청사기 옥호춘병과 유사한 형태를 띠고 있다(표 3-병-①). 반구병은 다소 통통한 몸통에 낮은 접시와 유사한 형태의 구연이 올라가 있는 병으로 조선 전기에 집중적으로 확인되는 기종이다(표 3-병-②). 자라병은 분청사기에서 보았듯이, 그 생김새가 전체적으로 자라의 모습과 닮아 붙여진 이름으로 둥글고 납작한 몸통의 한쪽에 외반하는 구연이 부착되어 있다(표 3-병-③). 편병은 조선 전기부터 후기까지 지속적으로 제작되며 조선 전기의 편병은 몸통이 마치 접시 두 개를 붙여 놓은 듯이 몸통의 가장자리가 얇게 마무리된다(표 3-병-④). 반면, 조선 후기의 편병은 분청사기 편병처럼 둥글고 편평한 형태의 몸통으로 제작되었으며, 전체적으로 크기도 커지는 모습으로 변화된다(표 3-병-⑤). 병은 조선 후기에 등장하는 형태로 구형은 대부분 몸통 위로 있는 긴 목과 직립하는 구연으로 이어지는 형태를 갖추고 있다(표 3-병-⑥). 사각병(표 3-병-⑦)과 육각병(표 3-병-⑧)은 몸통에 각을 준, 소위 면각기법을 활용하여 제작된 것으로 조선 후기에 많이 만들어졌으며, 각이 진 몸통 위로 직립하거나 외반하는 구연으로 연결된다.

호는 대부분 호 또는 항아리라고 부르지만, 형태에 따라 세분하면 입호·원호·사이호·태호, 떡메병 등으로 구분할 수 있다. 입호는 구연부가 직립하고 최대경이 어깨에 있으면서 하부는 좁아지는 항아리로서 조선 전기부터 조선 후기까지 지속적으로 제작되었다. 조선 전기의 입호는 크게 두 가지로 측사면이 사선으로 뻗어 올라가 풍만한 어깨로 이어지고 구연이 직립한 것(표 3-호-①)과 고려시대의 매병과 같이 측사면이 'S'자형을 띠고 구연이 직립하는 형태로 나뉜다(표 3-호-②). 조선 후기의 입호는 측사면이 사선으로 뻗어 올라가 양감 있는 어깨로 이어지고 직립한 구연으로 제작된 형태로 조선 전기에 비해 전체적인 양감이 떨어지고 원통형에 가까운 모습으로 바뀌어 간다(표 3-호-③). 원호 역시 조선 전기부터 조선 후기까지 만들어지는 기형으로 조선 전기의 원호는 동글납작한 형태로 제작된다(표 3-호-④). 반면, 조선 후기는 소위, 달항아리라고 불리며 완벽한 구형球形에 가까운 동그란 형태로 제작된 특징이 있다(표 3-호-⑤). 그 외에도 4개의 고리가 달린 사이호와 뚜껑을 갖춘 태호는 아기의 탯줄을 담는 용도로 사용했다(표 3-호-⑥). 이 밖에도 저부가 완만한 곡선을 이루고 측사면이 서서히 줄어들어 넓게 벌어진 구연으로 이어지는 떡메병(표 3-호-⑦)도 제작되었다.[108]

의식기류는 명기明器, 지석과 같이 상장례 의례용기와 함께 제기·보·궤·작·준·향로 등과 함께 제례용기와 관련된 것도 다양하

108 생긴 모습이 떡메처럼 생겼다 하여 떡메병이라는 명칭으로 불리었으나 최근에는 호 또는 항아리라 부르기도 한다.

게 제작되었다. 명기는 15세기까지 실생활용기와 동일한 형태로 매장되다가 16세기부터 17세기 초반까지는 실생활용기를 작게 만든 형태로 제작되어 사용되었다(표 3-의식기류-명기). 백자 지석은 편평한 장방형의 형태가 주류를 이루나 시간의 흐름에 따라 원형·정사각형·연상형硯床形 등 다양한 형태로 제작되었다(표 3-의식기류-지석).[109] 높은 굽 위에 접시가 올라간 형태의 제기는 18세기 경부터 등장하며, 원형의 굽이나 각을 주어 육각 또는 팔각형의 굽이 부착되어 있는 것이 일반적이다(표 3-의식기류-제기). 보는 장방형의 형태가 타원형에 가까울 정도로 바뀌며 외면의 장식이 점차 간략해진다. 궤 역시 타원형보다는 원형에 가깝게 바뀌어 가며, 시간의 흐름에 따라 외면 장식이 쇠퇴해간다. 작은 점차 몸통 아래의 세 개의 다리가 짧고 뭉툭해지며, 외반하는 구연에 있는 기둥 장식이 사라진다. 준은 소나 코끼리의 모습을 본 따 만든 상형의 모습으로 제작되었다. 향로는 뚜껑이 있는 형태와 뚜껑이 없는 형태 등 다양한 모습으로 만들어졌다(표 3-의식기류-보·궤·작·희준·향로).

이 밖에도 조선후기에는 연적·필가·필세·필통과 같은 문방구류가 많이 제작되었고, 내저면에 구멍이 없는 수분, 내저면에 구멍이 있는 화분, 곰방대·베갯모·주자·장군·타구·떡살·의자 등 다양한 형태의 백자가 생산되었다(표 3-기타 참조).

[109] 김세진, 「朝鮮時代 磁器製 誌石의 變化와 特徵」, 『美術史學研究』 제271·272호, 한국미술사학회, 2011.12.

표 3 백자 기종

연번	기종	사진		
3	종자			
4	잔	① ② ③ ④ ⑤		
5	합	① ② ③ ④ ⑤ ⑥ ⑦		

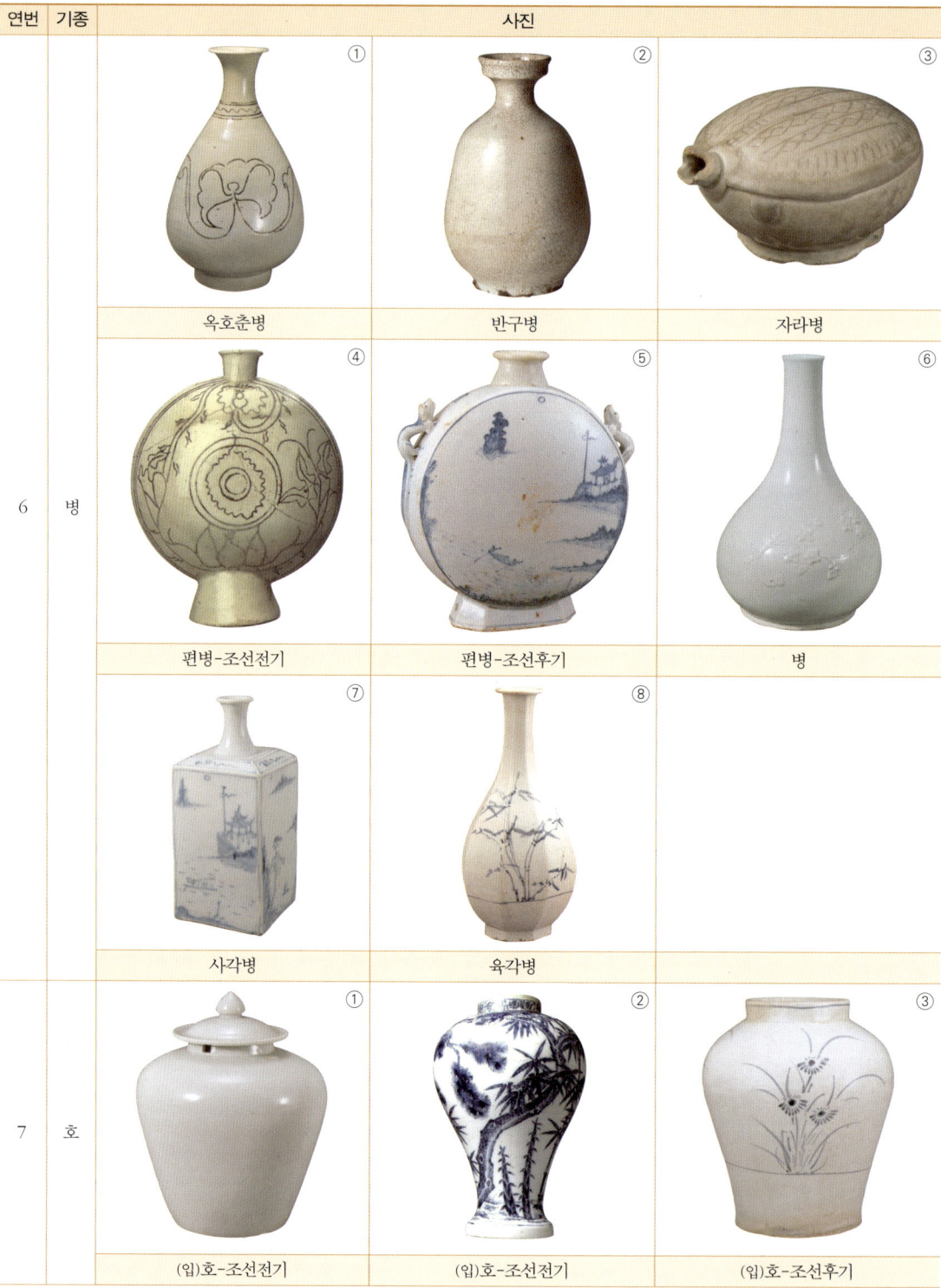

연번	기종	사진		
7	호	④ (원)호-조선전기	⑤ (원)호-조선후기	⑥ 태호
		⑦ 떡메병		
8	의식기류	명기	지석	제기
		보	궤	작
		희준	향로	

연번	기종	사진		
9	기타	연적	필가	필세
		필통	수분	화분
		곰방대	베갯모	주자
		장군	타구	떡살
		의자[墩]		

도자기의 명칭 부여 방법

명칭 부여 순서

일반적으로 도자기를 비롯한 목칠기木漆器·나전칠기螺鈿漆器·옥기玉器·유리기琉璃器 등 다양한 공예품의 명칭은 재질·장식기법·문양·기종의 순서로 이름을 부여하는 것을 원칙으로 한다.

도자기의 경우, 재질은 청자·분청사기[110]·백자·흑유자기 등으로 구분된다. 그중에서 청자는 일반적으로 고려시대에 만들어진 것을 지칭하지만, 조선시대에 별도로 제작된 조선 청자와 흑유자기에 대해 살펴보도록 하자.

조선시대에 만들어진 청자는 회색의 청자 태토胎土에 청자 유약을 씌워서 제작된 고려시대의 청자와 동일한 계통(표 4-①)과 흰색의 백자 태토에 청자 유약을 씌워서 제작된 소위 백태청유자白胎靑釉磁라고 하는 새로운 계통 두 가지로 분류된다(표 4-②).

백자 태토와 청자 유약으로 제작된 조선 청자는 경기도 광주 건업리(표 5-①), 우산리 9호(표 5-②), 도마리 1호(표 5-③), 선동리 2호(표 5-④) 등 관요官窯를 중심으로 생산되었고, 창덕궁(표 5-⑤)이나 동대문 운동장 유적(표 5-⑥) 등에서 조선 청자 편이 확인되었으며, 그 제작 시기는 15세기부터 17세기 후반까지로 추정된다.

세조世祖는 조선왕실의 위계질서 확립을 공고히 하고자, 왕과 세자, 대신들간의 사용하는 그릇에 차등을 두고자 하였으며,[111] 이에

[110] 분청사기는 일본 茶人에 의해 명명되었던 미시마테[三島手]라는 용어보다는 청자의 연장선 상에서 변화한 청자가 산화번조로 회청색을 띠고 백토분장수법이 가미되어 제작되었다는 의미로 '粉粧灰靑沙器'라는 단어를 우현 고유섭이 제안을 하였고, 현재는 그 줄임말로 '粉靑沙器'로 사용하고 있다. 高裕燮, 「고려도자와 조선도자」, 『朝鮮美術史 下 各論篇』, 又玄 高裕燮 全集 2, 悅話堂, 2007, pp. 371~375.

[111] 『세조실록』 권29, 세조 8년 (1462) 11월 30일 조
"사정전에 나아가서 상참을 받고 정사를 보고 2품 이상에게 입시하기를 명하여 술자리를 베풀었다. 임금이 예조 판서 이극배에게 이르기를, "명분을 엄하게 하지 아니할 수 없거늘, 어제 사옹원에서 진선하는 데에 세자의 기명을 섞어 썼으니 심히 불가하다. 만약 이렇게 한다면 아비와 아들이 그릇을 같이하고 임금과 신하가 그릇을 같이 하며 주인과 종이 그릇을 같이 하는 것이니, 명분이 어디에 있으며 야인들과 무엇이 다르겠는가? 세자도 또한 어선의 일을 보살피는데, 무엇이 어선보다 더 크겠는가? 사옹원 별좌의 죄가 더욱 중하니 정녕코 타일러 경계하도록 하는 것이 마땅하다." 하였다(御思政殿, 受常參, 視事. 命二品

표 4 조선 청자의 종류

① 청자 음각 운문 '사옹(司饔)'명 발 조선, 15세기, 높이 7.9cm, 개인소장[1]	② 청자 음각 운문 '령(靈)'명 완 조선, 15세기, 입지름 14.3cm, 국립중앙박물관[2]

표 5 　유적 출토 조선 청자

① 건업리 출토 청자편[3]	② 우산리 9호 출토 청자편[4]	③ 도마리 출토 청자편[5]

④ 선동리 2호 출토 청자편[6]	⑤ 청자 음각 '殿'명 접시 편 창덕궁 출토[7]	⑥ 청자 음각 '大'명 저부편 동대문운동장 축구장부지 출토[8]

以上入侍, 設酌, 上謂禮曹判書李克培曰: "名分不可不嚴, 昨日司饔院進膳, 雜用世子器皿, 甚不可, 若是則父子同器, 君臣同器, 奴主同器矣, 名何居? 與野人奚擇焉? 世子尙且視膳, 事孰大於御膳乎? 其司饔別坐罪尤重焉, 當丁寧告戒之)."

112 『광해군실록』 권102, 광해군 8년(1616) 4월 23일 조
"사옹원의 사기에 이르러서는 대전 백자기를 쓰고 동궁은 청자기를 쓰며 내자시·내섬시·예빈시에서 쓰는 것은 모두 예전 규례대로 청홍아리를 씁니다(至於司饔院沙器, 大殿則用白磁器, 東宮則用靑磁器, 如內資, 內贍, 禮賓寺所用, 則竝依舊例, 用靑紅阿里)."

113 김영미, 「朝鮮時代 官窯 靑磁 硏究」, 『美術史學硏究』, 제266

따라 대전大殿에서는 백자를 사용하고, 세자가 머무는 동궁東宮은 청자를 사용하게 하였다.[112] 동궁의 그릇으로 청색의 자기를 택한 이유는 조선왕조가 유교를 건국이념으로 삼은 것에서도 그 이유를 찾을 수 있다. 유교의 원리인 음양오행에 따르면 왕이 될 인물인 세자는 새벽을 상징하기 때문에 해가 떠오르는 동쪽에 그가 머무르는 처소를 둔 것이며, 세자의 의복 색상은 동방의 빛인 청색을 따르는 것도 이와 관련이 있는 것이다.[113] 또한, 『조선왕조실록朝鮮王朝實錄』에서는 세자가 머무는 동궁을 청궁靑宮, 세자궁世子宮 등으로 기록하고 있어 청색과 세자의 생활과의 관계를 짐작할 수 있다.

흑유자기의 경우, 연구자에 따라 흑유자, 흑자, 흑갈유자기 등으로 사용되고 있다.[114] 흑유자기는 유약에 산화철 성분이 많이 포함되어 있어 유약의 발색이 흑색 또는 흑갈색을 띠는 자기를 지칭한다. 이러한 흑유자기는 고려 초기부터 남서부지역에서 초기 청자와

함께 생산되기 시작하여 조선시대까지 지속적으로 제작되었다.

고려시대에 제작된 흑유자기의 경우, 태토가 청자의 것과 동일하고 유색이 흑갈색을 띠는 자기가 다수를 점하고 있어 이는 흑유자기라는 단어보다는 철분이 많이 포함된 유약이 시유된 청자라는 뜻으로 철유청자鐵釉靑瓷라고 부르는 것이 더 합당할 것이라고 판단된다.115

조선시대에 제작된 흑유자기의 경우, 백자의 태토를 사용한 경우와 분청사기나 도기의 태토를 사용하고 흑유를 시유한 두 가지 경우가 확인된다.116 백자의 태토(백토)를 사용하고 흑유를 시유하여 제작한 것은 오자烏瓷라고 불렸던 것이 문헌의 기록으로 확인되었다.117 분청사기나 도기의 태토(회색토)와 유사한 태토를 사용하고 흑유를 시유한 경우는 흑유자기로 부르는 것이 좋을 듯하다. 태토의 성분 분석을 통해, 백자와 거의 동일한 온도에서 번조되었다는 점에서 자기의 재질을 가지고 있다고 생각된다.118 따라서 본 글에서는 고려시대에 제작된 흑유자기는 철유청자로, 조선시대에 백토로 제작한 것은 오자, 회색토로 제작한 것은 흑유자기로 설명하도록 하겠다.

장식기법 및 문양은 재질에 따라 다양한 방법이 사용되었기 때문에 다음 장에서 각각의 재질에 따라 상세하게 설명하도록 하겠다. 다만, 문양의 경우 내면이나 외면의 한 쪽면에만 문양이 있는 상황에는 명칭을 부여하는 것이 무리가 없지만 내면과 외면에 모두 문양이 있는 경우에는 좀 더 시기적 특징을 잘 반영하고 있는 문양을 명칭으로 사용하도록 해야 한다.

예를 들어, 명종 지릉에서 출토된 〈청자 상감 여지문 발〉(사진 110)의 경우를 생각해 보자. 이 청자 발의 내면에는 5개의 여지가 달린 나뭇가지가 다섯 군데로 포치되어 상감기법으로 표현되어 있고, 외면에는 두 겹의 원 안에 모란절지문이 있으며, 그 주변으로 당초문

호, 한국미술사학회, 2010.6, pp. 98~103.

114 서지영은 문헌기록과 발굴조사된 유물을 분석하여 청자·백자와 명칭의 통일성을 위해 번조된 후 발색된 유면이 담갈색에서 흑갈색을 띠는 자기를 흑자로 정의하였다. 서지영, 「朝鮮時代 黑磁의 製作樣相과 性格」, 『美術史學研究』 제270호, 한국미술사학회, 2011.6, pp. 160~161 각주 2 참조; 이종민, 「고려시대 흑자의 생산양상과 제작방식」, 『흑자의 멋 茶와 만나다』, 한성백제박물관, 2018, p. 269; 김세진, 「고려시대 흑유자기의 생산과 유통」, 『흑자: 익숙하고도 낯선, 오烏』, 경기도자박물관, pp. 96~97.

115 고려시대에 제작된 흑유자기 중에서 태토의 질이 상당히 조잡한 경우도 확인되나 이는 고려 중기에 등장하는 소위 녹청자와 같은 조질 청자의 태토를 사용한 것으로 생각된다. 결국 고려시대의 흑유자기는 청자의 태토를 사용하고 산화철 성분이 많은 유약을 시유한 철유청자로 보는 것이 타당할 것으로 판단된다.

116 서지영은 백토와 분청사기의 태토를 사용하고 외면에 흑유가 시유된 것을 모두 흑유자기라고 정의하였다. 서지영, 위의 논문(2011.6), pp. 166~168.

117 남진주, 「朝鮮時代 烏瓷의 개념과 특징」, 『역사와 담론』 제56집, 호서사학회, 2010, pp. 440~444.

118 서지영, 위의 논문(2011.6), pp. 166~169.

사진 110　청자 상감 여지문 발 내면·외면
고려, 1202년 또는 1255년, 높이 8.4cm, 명종 지릉 출토, 국립중앙박물관

　이 역상감기법으로 장식되어 있다. 우리는 내면의 여지문과 외면의 모란절지문과 당초문 중에서 좀 더 특징적인 것을 중심 문양으로 선별해야 한다. 외면에 보이는 문양 구성은 고려 후기의 대표적인 표지 유물인 간지명 청자에서도 확인되는 문양으로 문양이 사용된 기간이 상당히 길기 때문에 정확한 특징을 제안할 수 없다. 이러한 경우는 내면의 여지문을 중심 문양으로 선정하여 명칭에 사용하도록 한다. 다만, 기형의 대부분이 파손되어 문양을 알아볼 수 있는 부분이 극히 한정적이라면 문양이 좀 더 선명하게 남아 있는 경우를 명칭으로 사용하는 것이 좋다.

　마지막으로 기종은 동일한 기형일지라도 시대마다 다른 명칭을 부여하는 경우가 종종 있으므로 청자·분청사기·백자 등으로 구분하여 살펴보아야 할 것이다.[119] 예컨대, 고려시대의 매병과 조선시대의 입호는 외관상으로는 유사한 기형을 띠고 있지만, 시대에 따라 부르는 명칭을 달리하고 있으므로 이 점은 주의해야 한다.

　유물을 기술할 때에는 재질, 장식기법, 문양, 기종의 순서로 명칭을 부여한 다음 유물의 완형 여부를 판단해야 한다. 특히, 발굴조사를 통해 출토되는 유물은 그릇의 완전한 형태가 남아 있는 경우도 있지만, 대부분이 유물의 일부만 남아 있는 파편이다. 따라서 일정한 부분이 남아 있지 않은 그릇에는 '편(片:조각)'이라는 단어를 붙

[119]　II장의 도자기의 재질별 기종 참조.

여 완형이 아니라는 것을 표기해 두어야 한다. 즉, 그릇의 대부분이 결실되어 굽과 바닥면만 남아 있는 경우, 구연부와 몸통의 1/2 이상이 결실되어 있는 경우, 구연부는 일부 남아 있지만 그릇의 2/5 이상이 결실되어 있는 경우에는 그릇 명칭의 마지막에 '편'이라는 단어를 붙이는 것이 바람직하다. 예를 들어 〈표 6-①〉은 '청자 상감 국화문 발 편'으로, 〈표 6-②〉는 '청자 발 편'으로, 〈표 6-③〉은 '청자 잔 편'으로 명칭을 제시하고자 한다. 또한, 〈표 6-④〉는 '청자 상감 국화문 접시 편'으로, 〈표 6-⑤〉는 '청자 발 편'으로, 〈표 6-⑥〉은 '청자 화형접시 편'으로 명칭을 부여할 수 있다.

표 6   일부가 결실된 유적 출토 도자기-①

대부분이 결실되어 굽과 바닥면만 있는 경우	구연과 몸통의 1/2 이상이 결실되어 있는 경우	완형의 그릇에서 2/5 이상이 결실된 경우
①	②	③
④	⑤	⑥

그릇의 대부분이 파손되어 극히 일부만 남아 있는 경우에는 구연부 편, 동체부 편, 저부 편이라는 용어를 사용하여 표현하도록 한다. 예를 들면 〈표 7-①〉은 '청자 압출양각 모란문 발 구연부 편'으로, 〈표 7-②〉는 '청자 상감 국화절지문 병 동체부 편'으로, 〈표 7-③〉은 '청자 접시 저부 편'으로 명칭을 제시하고자 한다. 그러나 기종의 판단이 어려울 경우 기종은 제시하지 않아도 무방하다.

표 7 일부만 남아 있는 유적 출토 도자기-②

① 구연부 편	② 동체부 편	③ 저부 편

반대로 그릇의 극히 일부만 결실된 경우에는 '편'이라는 단어를 붙이지 않아야 명칭에서 오는 오해를 줄일 수 있다. 예를 들어 〈표 8〉에 제시된 유적 출토 도자기는 구연부의 일부가 결실되었으나 결실된 부분이 극히 적으므로 〈표 8-①〉은 '청자 접시'로, 〈표 8-②〉는 '청자 잔'으로, 〈표 8-③〉은 '청자 상감 선문 접시'로 명칭을 제시하고자 한다.

표 8 극히 일부만 결실된 유적 출토 도자기

마지막으로 명칭에 들어갈 수 있는 것은 초벌구이[初燔] 여부이다. 고려청자가 처음 제작되었던 중서부지방에서는 초번품[初燔品]이 제작되지 않았으나 남서부지방으로 청자의 중심지가 이동한 뒤, 재벌구이[再燔]가 이루어지면서 유약의 색이 푸른색을 띠는 청자가 제작되기 시작하였다.

도자기는 원료(태토, 유약 등) 준비 - 성형 - 건조 - 문양 장식 - 초벌구이 - 시유 - 재벌구이 - 불량품 선별 등의 과정으로 제작된다. 초벌구이는 유약을 바르지 않은 상태에서 약 800~900℃ 온도의 가마에서 구워내는 과정으로, 이러한 과정에서 만들어진 초번품은 전체적으로 밝은 살구색 또는 옅은 갈색을 띤다(표 9).

예를 들어 〈표 9-①〉의 이름은 '음각 앵무문 접시 초번 편'으로, 〈표 9-②〉는 '압출양각 모란당초문 접시 초번 편'으로, 〈표 9-③〉은 '상감 운봉문 발 초번 편'으로 명칭을 제시하고자 한다.

다만, 살구색이나 옅은 갈색을 띠는 유적 출토 도자기 중에서는 유약이 제대로 녹지 못했거나 유약이 모두 날아가 버려 마치 초번품과 유사하게 보일 수 있는 것도 있으므로 주의해야 한다(표 10).

표 9 유적 출토 도자기 중 초번품

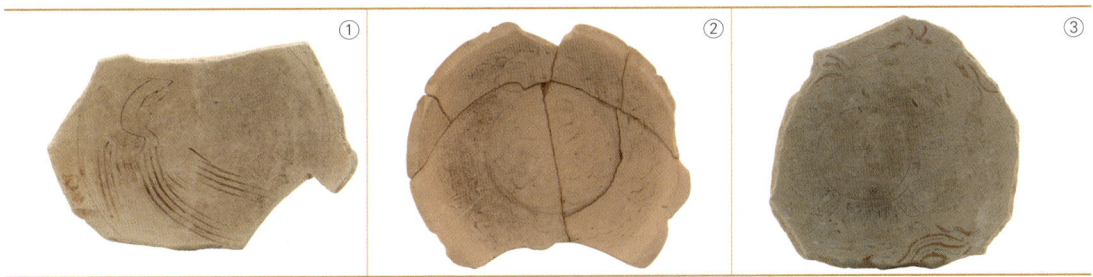

표 10 유약의 용융상태에 따른 유적 출토 도자기

① 유약이 제대로 녹지 않은 경우	② 유약이 날아가 버린 경우

〈표 10-①〉은 겉으로 봤을 때 초벌품과 비슷한 색상을 띠고 있으나, 가마 안에서 유약이 제대로 녹지 못하여 유층에 작은 기포가 보이며, 부분적으로 유약이 뭉쳐있는 것을 확인할 수 있다. 또한, 깨진 단면을 살펴보면, 유약을 시유한 층을 확인할 수 있어 초벌품과 유사한 색상을 띠고 있지만 주의해야 할 부분이다. 〈표 10-②〉는 유약을 시유하였으나 가마 안의 온도가 높아 시유된 유약이 완전 용융되어버린 상태의 도자기이다. 이러한 경우도 전체적인 색상이 초벌품과 비슷하지만, 도자기의 표면을 살펴보면 유약이 시유되었던 흔적이 남아 있어 초벌품과는 구분해야 한다.

발(鉢)과 대접(大楪)의 용어 통일

발과 대접은 정확한 개념이 제시되지 않은 채 현재 한국도자사학계에서 혼용하고 있다. 따라서 발과 대접이라는 명칭을 알아보고, 올바르게 사용하기 위한 방안을 제시하고자 한다. 발鉢이란 국어사전에서는 ①승려의 밥그릇, ②사기로 만든 국그릇이나 밥그릇, ③승려가 되는 일, ④대대로 전하는 것 등이라는 의미로 기록되어 있다. 반면, 대접大楪은 ①위가 넓적하고 운두가 낮으며 뚜껑이 없는 그릇, ②국이나 물 따위를 담아 세는 분량의 단위 등으로 기술되어 있다.

국어사전적 의미를 살펴보았을 때, 기형의 측면에서 접근해 본다면, 발은 승려의 밥그릇인 발우를 의미하거나 사기로 만든 국그릇이나 밥그릇을 지칭하는 용어로, 대접은 구연이 넓고 높이가 낮으며, 뚜껑이 없는 그릇을 말하는 것을 알 수 있다. 그렇다면, 우리는 역사상 지속적으로 이러한 뜻으로 발과 대접이라는 용어를 사용한 것일까. 조선시대의 사료를 비롯한 근대 자료를 통해 발과 대접에 대한 용례를 살펴보도록 하자.

발鉢에 관한 기록은 『조선왕조실록』을 비롯한 고려 및 조선시대의 문헌 자료에 보이지 않으며, 아사카와 다쿠미[淺川巧]의 『조선도자명고朝鮮陶磁名考』에서 그 용례가 확인된다.

사발 沙鉢(Sapal, 반자완 飯磁盌) 사진 111

사발은 반용飯用의 완用으로써 조선朝鮮에서는 일식일완一食一盌으로써 관계상 비교적 대형인 것이다. 더욱이 같은 사발에도 대·중·소의 구별이 있어 대사발大沙鉢·중사발中沙鉢·소사발小沙鉢이라고 부른다. 사발에 해당되는 한자는 완盌이며 또 완椀, 碗, 塊같은 자도 있다.[120]

사진 111 『조선도자명고』의 사발

바라기(Paraki, 평완 平盌) 사진 112

사발에는 나팔꽃 같이 아가리를 넓힌 것을 바라기라고 한다.[121]

사진 112 『조선도자명고』의 바라기

아사카와 다쿠미가 정의한 발은 밥그릇으로 사용되는 그릇의 일종으로 비교적 크기가 크며, 측사면이 곡선을 이루다 곧게 선 구연으로 이어지는 형태로 뚜껑이 있는 것을 말하며, 구연이 외반하는 것은 바라기라는 용어로 지칭하고 있다.

도자기의 원류 국가인 중국에서는 발이라고 하면, 승려들이 사용하는 식기를 말하며, 도기나 자기로 만든 것으로 구연은 내만하며 몸통은 풍만하고 저부는 편평한 것을 지칭한다.[122] 도기로 만든 발은 신석기시대부터 제작되었고, 동한東漢(25~220년)에서 남북조시대南北朝時代(420~589년)에 이르러 자기로 제작된 발이 다양하게 생산되었으며, 이러한 발의 기형은 금속기의 영향을 받아 제작되었다.

『조선도자명고』와 중국의 자료를 확인해 본 결과, 발(사발)이라고 하는 것은 다른 그릇에 비해 깊이감이 있는 그릇으로 굽이 있는 비교적 큰 그릇이라는 점을 알 수 있다.[123]

---

[120] 淺川巧 著, 鄭明鎬 譯, 『朝鮮陶磁名考』, 景仁文化社, 2004, pp. 20~21.

[121] 淺川巧 著, 鄭明鎬 譯, 위의 책(2004), p. 22.

[122] 馮先銘 主編, 中國古陶瓷圖典 編輯委員會 編, 『中國古陶瓷圖典』, 文物出版社, 2002, pp. 156~157.

[123] 이러한 점에서 접근한다면, 발과 발우(鉢盂)는 다소 차이점이 있다. 발우는 구연이 내만하고 측사면이 곡선을 이루며, 별도의 굽을 제작하지 않은 형태로 승려들의 식기가 발우임을 알 수 있다. 따라서 발과 발우는 구별된다.

표 11 『조선왕조실록』에서 확인되는 대접 관련 기사

연번	기사 내용
1	세종 46권, 11년(1429) 11월 1일 (갑진) 2번째기사 임금이 왕세자와 백관을 거느리고 태평관에 거동하여 하마연(下馬宴)을 베푸니, 사신이 백자 청화 대접(白磁靑花大楪) 4벌을 바쳤다.[124]
2	문종 3권, 즉위년(1450) 8월 6일 (정축) 3번째기사 윤봉(尹鳳)이 금서마류대(錦犀瑪瑠帶) 1요(腰), 단자(段子) 2필, 청화백종(靑畫白鍾) 5사(事), 자색종(紫色鍾) 6사(事), 화완자(畫碗子) 10사(事), 순청소완자(純靑小碗子) 10사(事), 순청주자(純靑酒注) 1사(事), 대접(大楪)·중접(中楪)·소접(小楪) 60사(事), 청화사반(靑畫沙盤) 9사(事), 청화대잔(靑畫臺盞) 1사(事), 양(羊) 27두(頭)를 바치고, …[125]
3	성종 6권, 1년(1470) 7월 6일 (임오) 6번째기사 …양인(良人) 강유련(姜有連)·한치강(韓致江)·한치명(韓致明)·고석숭(高石崇)은 김정광에게 당등대(唐甑坮) 1벌(事), 괴석(怪石) 1개, 유대로(鍮大爐) 1개, 유접자(鍮楪子) 20개, 유대접(鍮大楪) 10개와 유로(鍮爐)로서 보통 것·작은 것 아울러 3벌(事)을 뇌물로 주고 추포(麤布) 38필을 바쳤고, 양인(良人) 홍검동(洪檢同)은 김정광에게 유접자(鍮楪子) 10개, 은종(銀鍾) 1벌(事), 은채고(銀釵股) 1매(枚)와 어물(魚物)을 뇌물로 주고 추포(麤布) 23필을 바쳤고, …[126]
4	연산 54권, 10년(1504) 6월 3일 (임술) 12번째기사 명하여 유대접(鍮大楪)·은대접 각 1죽(竹)을 들이게 하였다.[127]
5	영조 127권, 52년(1776) 3월 6일 (정축) 8번째기사 하령하기를, "빈전(殯殿)의 은기(銀器) 세 가지 밖의 것은 다 대내(大內)에서 장만하는 것이니, 이 세 가지는 상방(尙方)에서 대령하라." 하고, 또 하령하기를, "세 가지 가운데에서 개대접(蓋大楪) 한 가지만을 대령하라." 하였다.[128]

124 『세종실록』권46, 세종 11년 (1429) 11월 1일 조
上率王世子及百官, 幸太平館, 設下馬宴. 使臣進白磁靑花大楪四事.

125 『문종실록』권3, 문종 즉위년 (1450) 8월 6일 조
尹鳳, 進錦犀瑪瑠帶一腰, 段子二匹, 靑畫白鍾五事, 紫色鍾六事, 畫碗子十事, 純靑小碗子十事, 純靑酒注一事, 大中小楪六十事, 靑畫沙盤九事, 靑畫臺盞一事, 羊二十七頭.

126 『성종실록』권6, 성종 1년 (1470) 7월 6일 조
良人姜有連, 韓致江, 韓致明, 高石崇, 賂廷光, 唐甑坐一事, 怪石一箇, 鍮大爐一, 鍮楪子二十箇, 鍮大楪十箇, 鍮爐巳·中·小幷三事, 納麤布三十八匹; 良人洪檢同賂廷光, 鍮楪子十箇, 銀鍾一事, 銀釵段一枚及魚物, 納麤布二十三匹.

127 『연산군일기』권54, 연산군 10년(1504) 6월 3일 조
命入鍮大楪, 銀大楪各一竹.

128 『영조실록』권127, 영조 52년 (1776) 3월 6일 조
令曰: "殯殿銀器三件外, 皆是內備, 此三件, 自尙方待令." 又令曰: "三件中, 只以蓋大楪一件待令.".

129 馮先銘 主編, 앞의 책(2002), pp. 157~158.

대접이라는 용어는 『조선왕조실록』과 『조선도자명고』에서 각각 그 용례를 찾을 수 있다. 『조선왕조실록』에 등장하는 대접과 관련된 용어를 정리하면 〈표 11〉과 같다.

〈표 11〉에서 확인할 수 있듯이 『조선왕조실록』에는 대접이라는 용어가 총 5회 등장하며, 자기를 비롯한 유기의 기종을 설명하는 용어로 사용되고 있다. 특히, 문종 즉위년의 기록을 보면, 대접·중접·소접이라는 용어가 함께 사용되고 있는 것을 보아 접楪이라는 기종에서 크기에 따라 대·중·소로 나누어 불렀던 것으로 확인된다.

접楪이라는 한자의 뜻을 살펴보면 ①마루, ②평상, ③접다 등 넓고 편평한 것을 의미하는 것을 알 수 있다. 중국에서는 접이라는 글자를 거의 사용하지 않고 반盤이라는 단어로 접시와 같이 넓고 납작한 그릇을 표현하는 것이 일반적이다.[129] 즉, 접은 명皿이나 반盤과

같은 넓고 납작한 형태의 그릇을 지칭하는 것으로 파악할 수 있으며, 조선 전기에는 그것을 세분화하여 크기에 따라 대접·중접·소접이라는 용어를 사용하고 있었던 것으로 확인된다.

『조선도자명고』에는 대접과 관련된 그림과 설명이 수록되어 있다. 그 내용은 다음과 같다.

대접 大接(Taichop, 정발 井鉢) **사진 113**

사발보다 더 크며 갱羹(국)이나 국수 등을 담는 것을 대접이라고 한다. 또는 대첩大貼으로도 쓰인다. 높이 세치[三寸, 9cm], 구경 여섯치[六寸, 18cm]되는 비교적 대형의 발로써 평상에는 식후에 마시는 숭늉을 담는다.[130]

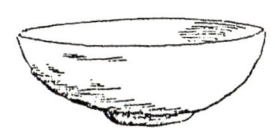

사진 113 『조선도자명고』의 대접

아사카와 다쿠미가 정의한 대접은 사발에 비해 크기가 더 큰 형태의 것으로 국그릇으로 사용된 것으로 정의하고 있다. 현재 국어사전에 나와 있는 의미와 유사한 듯하지만, 아사카와 다쿠미는 결론적으로 대접을 대형의 발鉢로 정의함으로써 발의 종류 중 하나로 표현하고 있는 것이다.

『조선왕조실록』과 『조선도자명고』에서의 대접은 각각 접시와 발의 일종으로 설명되어 그 연원을 정확하게 찾을 수 없었으나, 중국의 사례와 한자의 용례를 따져 보았을 때, 대접은 접시와 유사하게 높이가 낮고 깊이감이 얕은 형태의 그릇이라는 점은 판단할 수 있을 것이다.

현재의 문헌자료와 중국의 자료만으로 발과 대접을 구분하기에는 아직 미흡한 상황이다. 일부 연구자의 의견처럼 발은 측사면이 곧게 올라가 구연이 살짝 내만하는 형태로 밥그릇에 해당하며, 대접은 측사면이 밖으로 벌어지면서 올라가 구연이 외반하며, 발에 비해 높이가 낮은 형태로 국그릇으로 정의하기도 한다. 그러나 이

130 淺川巧 著, 鄭明鎬 譯, 앞의 책(2004), pp. 23, 25.

러한 구분법은 정확한 근거자료가 부족한 현재의 시점에서는 너무 애매모호한 점이 많다.

따라서 현재, 발과 대접을 정확하게 기형적으로 구분하여 부르기에는 어려운 실정이지만, 본 글에서는 높이가 다소 높고 깊이감이 있는 용기容器를 지칭할 때는 접시와의 유사한 뜻을 내포하고 있는 대접보다는 발鉢이라는 용어를 사용하고자 한다.

화형 발과 화형 접시의 분류

화형구연花形口緣은 그릇의 구연 부분을 꽃모양으로 장식하고 있는 형태를 말하며, 청자를 비롯하여 분청사기, 백자 등에서도 확인되는 구연의 형태이다. 화형구연을 하고 있는 경우에는 그릇의 명칭에 화형花形이라는 단어를 넣어주는 것이 일반적이다. 그중에서 고려청자에 보이는 화형구연의 모습이 다양한 편이다.[131] 청자에서의 화형구연은 발과 접시·잔·병 등에서 확인되며, 특히, 발과 접시에서는 여러 가지 모습으로 나타난다. 고려청자 중 화형구연이 가장

131 조선시대에 생산된 분청사기와 백자에서도 화형구연의 모습이 확인되지만, 더 다양한 형태가 고려청자에 나타나므로 고려청자를 예로 들어 설명하기로 한다.

표 12 고려시대의 화형 발과 화형 접시

기종 \ 특징	① 기벽을 누른 것	② 구연을 많이 오린 것	③ 구연을 작게 오린 것	④ 틀로 찍은 것
화형 발				
화형 접시				
시기	고려 초기	고려 중기		고려 후기

많이 제작된 발과 접시를 정리하면 〈표 12〉와 같다.

〈표 12〉에서 볼 수 있듯이, 청자로 제작된 화형 발과 화형 접시는 측사면과 구연의 깎음새에 따라 크게 4가지로 구분할 수 있다. 첫 번째는 외면을 세로 방향으로 납작한 도구로 누르거나 기벽을 도구로 눌러 요철을 생기게 하는 형태로 고려 초기에 많이 제작된 특징이 있으며, 발과 접시 모두 제작되었다. 두 번째는 구연을 여러 개의 꽃잎으로 크게 오려내어 활짝 핀 꽃모양으로 만든 형태로 고려 중기에 들어서면서 새롭게 등장하는 요소이다. 이러한 형태의 화형구연은 대부분 청자 접시로 제작된 특징이 있다. 세 번째는 구연의 극히 일부분만 잘라내어 꽃모양으로 표현하는 방법으로 고려 중기에 청자 발과 청자 접시 등에 많이 사용되었다. 네 번째는 틀[陶範]을 이용하여 꽃모양의 접시를 찍어내는 형태로 고려 후기에 청자 접시에서 그 사례를 많이 찾아볼 수 있다. 즉, 고려시대의 도자기에서 보이는 화형구연은 발과 접시에서 다수 확인되며, 〈표 12〉에서 알 수 있듯이 고려 초기부터 고려 후기까지 지속적으로 제작되었지만, 시기에 따라 각각의 특색을 갖추고 있다.

유적 출토 도자기의 재질별 기술

도자기의 상태에 대한 설명은 제작자(장인)가 생산할 당시의 제작 순서를 잘 파악하여 그것을 중심으로 기술하되, 만들어지는 과정에서의 변화 및 결과에 대해서는 뒤에 기술하는 것이 좋다. 재질별 기술은 청자, 분청사기, 백자 등으로 설명하겠다.

청자

잔존 상태

유물의 남아 있는 상태를 고려하여 굽과 측사면[몸통], 구연부의 상황에 대해 기술하며, 번조시 떨어진 이물질이 붙어 있는 경우나 다른 그릇이 포개어 구워져 있는 경우는 그 뒤에 병기하도록 한다. 그러면 유적 출토 도자기의 잔존 상태에 따라 그 사례를 살펴보도록 하겠다(표 13).

일부 유물의 경우는 구연과 몸통, 굽을 포함한 바닥면이 모두 남아 있는 경우가 있으나 잔존 상태에 따라 정확한 잔존 상황을 기록해 두도록 한다(표 14).

도자기가 구워지는 과정에서 불순물이 붙은 경우나 포개어 구워진 경우는 잔존 상태를 설명한 뒤, 기타 상황에 대한 내용을 추가적으로 기술하도록 한다(표 15).

기형

기형에 대한 설명은 제작자가 그릇을 물레에서 만드는 과정에 맞추어 그릇의 내저면에서 측사면[몸통], 구연으로 올라가는 순서로 기술하도록 하며, 내저면·측사면·구연 등의 세부 명칭을 사용하여

표 13 잔존 상태에 따른 유적 출토 도자기 기술 사례-①

연번	사 진	유물의 잔존 상태 및 유물 기술 내용
1		완전한 형태로 잔존하는 경우 청자상감모란문접시(靑瓷象嵌牡丹文楪匙)는 완전한 형태로 남아 있다.
2		구연의 극히 일부만 결실된 경우 청자접시(靑瓷楪匙)는 구연과 몸통의 극히 일부만 결실되어 있다.
3		굽이 있는 바닥면과 몸통의 일부만 잔존하는 경우 청자음각앵무문발편(靑瓷陰刻鸚鵡文鉢片)은 대부분 파손되어 굽을 포함한 바닥면과 몸통의 일부만 남아 있다.
4		구연 부분과 몸통의 일부만 잔존하는 경우 청자양각연판문접시편(靑瓷陽刻蓮瓣文楪匙片)은 대부분 파손되어 구연부와 몸통의 일부가 남아 있다.
5		몸통의 일부만 잔존하는 경우 청자상감연판문편(靑瓷象嵌蓮瓣文片)은 대부분 파손되어 몸통의 일부만 남아 있다.
6		굽이 있는 바닥면의 일부만 잔존하는 경우 청자압출양각어문접시편(靑瓷壓出陽刻魚文楪匙片)은 대부분 파손되어 굽을 포함한 바닥면만 남아 있다.

표 14 잔존 상태에 따른 유적 출토 도자기 기술 사례-②

연번	사 진	유물의 잔존 상태 및 유물 기술 내용
1		전체의 1/2 가량만 남아 있는 경우 청자음각선문접시편(靑瓷陰刻線文楪匙片)은 파손되어 전체의 1/2 가량만 남아 있다.
2		전체의 2/5 가량만 남아 있는 경우 청자양각연판문발편(靑瓷陽刻蓮瓣文鉢片)은 대부분 파손되어 전체의 2/5 가량만 남아 있다.
3		전체의 1/4 가량만 남아 있는 경우 청자철화선문접시편(靑瓷鐵畵線文楪匙片)은 대부분 파손되어 전체의 1/4 가량만 남아 있다.

표 15 이물질 및 포개구이에 따른 유적 출토 도자기 기술 사례

연번	사 진	유물의 이물질 부착 여부 및 유물 기술 내용
1		가마의 벽체가 붙어서 구워진 경우 청자상감운봉문발편(靑瓷象嵌雲鳳文鉢片)은 대부분 파손되어 굽을 포함한 바닥면과 몸통의 일부가 남아 있다. 내저면에는 가마의 벽체 일부가 붙어 있다.
2		가마 안에서 불순물이 붙은 경우 청자압출양각연화문시편(靑瓷壓出陽刻蓮花文楪匙片)은 대부분 파손되어 바닥만 남아 있다. 내저면에는 가마 안에서 떨어진 불순물이 붙어 있다.
3		똑같은 기종이 여러 개 포개어 구워진 경우 청자음각선문접시편(靑瓷陰刻線文楪匙片)은 굽을 포함한 바닥면과 몸통의 일부만 남아 있다. 동일한 형태의 청자접시 3점이 포개어 구워졌다.
4		다른 기종이 여러 개 포개어 구워진 경우 청자음각선문발편(靑瓷陰刻線文鉢片)은 대부분 파손되어 전체의 1/2 가량만 남아 있다. 동일한 형태의 청자발 4점과 청자잔(靑瓷盞) 1점이 포개어 구워졌다.

상태에 대한 정확한 표현으로 설명하여야 한다.

내저면의 경우, 내저원각(內底圓刻)이 있는 경우에는 별도로 그 도자기에 대해 설명하는 것이 좋다. 내저원각이란 그릇의 안쪽 바닥면을 둥글게 깎아낸 흔적을 말하는 것(표 16-①)으로 일반적으로 발·완(碗) 등에서만 확인된다. 주의할 점은 발이나 접시의 경우, 편평한 내저면의 가장자리에 음각기법으로 선을 두른 것(표 16-②)은 안쪽 바닥면을 의도적으로 파낸 흔적이라고 볼 수 없으므로 내저원각이라고 서술하여서는 안 되며, 음각기법의 선문이 둘러져 있다고 기술하여야 한다.

표 16 내저원각의 유무에 따른 유적 출토 도자기

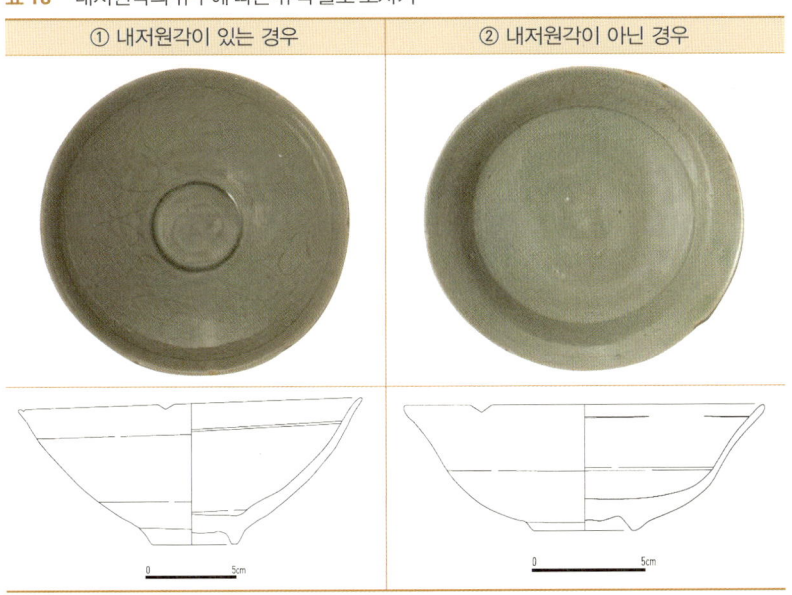

측사면의 경우는 곡선으로 굴곡져 올라가는지, 사선으로 뻗어 올라가는지, 곡선으로 올라가다가 직립하는지 여부에 관해 상세한 표현으로 서술하도록 한다. 구연의 경우는 꺾임의 정도에 따라 내만(內灣)·직립(直立)·외반(外班)·수평 꺾임·반구형(盤口形) 등으로 구분할 수 있다(표 17). 내만 구연의 경우는 구연의 끝부분이 그릇의 안쪽으

로 살짝 오므라드는 형태를 하고 있으며(표 17-①), 직립 구연의 경우는 구연의 끝부분이 측사면에서 그대로 뻗어 곧게 선 형태를 말한다(표 17-②). 외반 구연의 경우는 구연의 끝부분이 그릇의 바깥으로 벌어지는 형태이며(표 17-③), 수평 꺾임 구연은 소위 전접시의 형태로 측면에서 보았을 때, 구연이 지면과 수평을 유지하는 상태로 꺾여 있는 형태를 가리킨다(표 17-④). 마지막으로 반구형 구연은 마치 접시를 올려놓은 듯이 구연이 수직으로 꺾여 올라가는 형태를 말한다(표 17-⑤).

그러면 내저면·측사면·구연의 기본적인 정보를 바탕으로 여러 사례의 유물에 대해 기술해 보도록 하자(표 18).

일반적이지 않은 특수 기형의 경우는 그 만듦새에 대한 상세한 설명을 추가적으로 적어두도록 한다(표 19).

표 17 구연의 꺾임 정도

① 내만(內灣)	② 직립(直立)	③ 외반(外班)	④ 수평 꺾임	⑤ 반구(盤口)

표 18 기형과 관련한 유적 출토 도자기 기술 사례

연번	사진	유물의 기형 및 유물 기술 내용
1		내저원각이 있는 바닥면과 몸통, 구연이 남아 있는 경우 그릇의 내저면은 내저원각(內底圓刻)이 있고, 측사면은 바닥부터 완만한 곡선을 이루며 올라가 내만하는 구연으로 이어진다.

연번	사 진	유물의 기형 및 유물 기술 내용
2		편평한 바닥면과 몸통이 남아 있는 경우 그릇의 내저면은 편평하며, 측사면은 바닥부터 완만한 곡선을 이루며 올라가는 형태이다.
3		내저원각이 있는 바닥면과 몸통이 남아 있는 경우 그릇의 내저면에는 내저원각(內底圓刻)이 있고, 측사면은 바닥부터 사선으로 벌어져 올라가는 형태이다.
4		몸통과 구연 부분만 남아 있는 경우 그릇의 측사면은 곡선을 이루며 올라가 직립하는 구연으로 연결된다.

표 19 　특수 기형과 관련한 유적 출토 도자기 기술 사례

연번	사 진	유물의 기형 및 유물 기술 내용
1		팔각접시 : 청자상감국화문팔각접시편 그릇의 내저면은 편평하며, 측사면은 사선으로 뻗어 올라가 곧게 선 구연으로 연결된다. 그릇의 몸통을 8개의 면으로 나누어 전체가 팔각(八角)을 이루는 팔각접시이다.
2		화형 접시 : 청자압출양각어의두문화형접시 그릇의 내저면은 편평하며, 측사면은 바닥부터 곡선을 이루며 올라가 수평으로 꺾이는 구연으로 이어진다. 구연의 가장자리를 일정한 간격으로 오려내어 꽃과 같은 형상으로 마무리한 화형접시라고 한다.
3		과형병 : 청자음각연화절지문과형병동체부편 그릇의 측사면은 곡선을 이루며 올라가며, 일정한 간격을 두고 세로 방향으로 골을 내어 마치 참외모양과 같이 만들어져 과형병이라고 한다.

연번	사 진	유물의 기형 및 유물 기술 내용
4		매병 : 청자상감운학문매병 그릇의 몸통은 완만한 S자형 곡선을 띠며 올라와 풍만한 어깨로 이어지고, 점차 오므라들어 짧은 목으로 이어져 반구형 구연으로 연결된다.
5		잔탁 : 청자잔탁 팔자(八子)로 뻗은 높은 굽 위로 완만한 곡선을 이루는 넓은 전이 있고, 저부가 뚫린 잔 모양 잔좌(盞臺)가 올라간 형태이다.
6		잔탁 : 청자상감화엽문 '왕'명잔탁 팔자(八子)로 뻗은 높은 굽 위로 사선으로 벌어져 올라가 단을 이루는 넓은 전이 있고, 그 중앙에는 잔을 올려놓을 수 있는 원통형의 잔좌(盞臺)가 올라 있다.
7		뚜껑 : 청자뚜껑편 그릇의 몸통은 곡선을 이루며 내려와 바깥으로 뻗은 드림턱으로 연결되며, 그 아래로 내만하는 구연으로 이어진다. 뚜껑의 윗면 중앙에는 꼭지가 붙어 있던 흔적이 있다.

132 조선백자에서 음각기법이 단독으로 사용된 경우는 조선 전기인 15세기로 그 수량은 많지 않다. 조선 후기에 들어 음각기법으로 문양을 장식한 후 그 위에 청화 안료를 바르는 청채기법으로 마무리한 음각청채백자가 제작된 사례가 있다.

133 압출양각기법은 하나의 도범(陶範)으로 동일한 규격 및 문양의 그릇을 제작할 수 있고, 도범을 이

장식기법 및 문양

청자에 표현된 장식기법은 음각·양각·압출양각·투각·상감·백화·철화·동화·철백화·철채기법 등으로 다양하게 나타난다.

① 장식기법

· 음각기법(陰刻技法)

음각기법은 그릇의 표면에 뾰족한 도구를 이용하여 선을 파내어 문양

을 표현하는 기법으로 인류가 문양을 장식하는 것에 있어 가장 오래된 방법 중 하나이다. 일반적으로 토기·도기·청자 등과 같은 태토가 짙은 도자기에서 많이 사용되며, 조선시대 백자에서는 극히 드물게 사용되었다.[132]

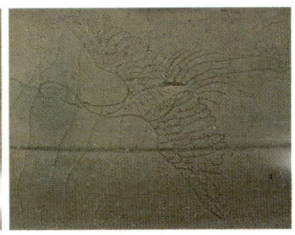

사진 114 음각기법

· 양각기법(陽刻技法)

양각기법은 그릇의 표면에 문양을 장식하고, 문양의 바깥부분을 깎아내어 도드라지게 표현하는 기법으로 12세기부터 애용되던 문양 장식 방법 중 하나이다(사진 115-①). 양각기법 중에는 조각칼을 뉘어 비스듬히 깎아내어 문양의 윤곽선에 입체감을 주는 방법이 있으며, 이를 편절조片切彫 기법이라고 한다(사진 115-②).

사진 115 양각기법

· 압출양각기법(壓出陽刻技法)

압출양각기법은 문양이 새겨진 틀[陶範]을 이용하여 문양이 도드라지게 표현하는 기

사진 116 압출양각기법

법으로 12세기부터 사용되어 13세기에 들어 지방에서의 청자 생산에 획기적인 기여를 한 방법으로 알려져 있다.[133] 고려의 압출양각청자는 중국 섬서성陝西省의 요주요耀州窯와 하북성河北省의 정요定窯에서 생산된 자기의 영향을 받아 제작되었다.[134]

압출양각기법은 연구자에 따라 양각·양인각陽印刻·압인양각壓印陽刻기법 등 다양하게 부르고 있다. 문양이 도드라져 있다는 점은 양각기법과 차이는 없으나 틀을 이용하여 눌러서[壓] 문양이 도드라지게[出] 표현된다는 점에서 압출양각기법으로 부르고자 한다.

용하여 제작 과정이 간단해지며, 도범을 이용한 대량생산이 가능하여 생산효율이 높다는 점에서 고려 중기에 애용되었던 문양 장식 방법이었다. 당시 전남 강진과 전북 부안 지역을 중심으로 이루어지던 고려청자의 생산은 압출양각기법의 전래를 통해 지방에서도 많은 양의 청자를 생산할 수 있는 기반을 마련해주었다. 장남원, 「고려중기 압출양각 청자의 성격」, 『美術史學研究』 제242·243호, 한국미술사학회, 2004.

134 박지영,「고려 양각청자의 성격」,『강좌미술사』제29권, 한국미술사연구소, 2007; 유진현,「高麗 時代 陽印刻靑磁 硏究」, 홍익대학교 대학원 미술사학과 석사학위논문, 2006; 이희관,「高麗 翡色靑磁의 出現과 초벌구이(素燒)」,『對外 交涉으로 본 高麗靑磁』, 강진청자자료박물관, 2003.

· 투각기법(透刻技法)

투각기법은 그릇의 표면에 문양을 장식한 뒤, 문양을 남기고 그 배경이 되는 부분을 도려내어 문양만 남겨 표현하는 장식기법으로 고려 중기에 사용되었던 가장 화려하고 정세한 방법으로 알려져 있다. 투각청자는 일반적인 생활용기보다는 베개[枕], 향로, 의자[墩] 등 특수기종에 많이 활용되었다.

사진 117　투각기법

· 상감기법(象嵌技法)

상감기법은 그릇의 표면에 도구를 이용하여 문양을 파낸 후, 그곳에 백토白土와 자토赭土(구웠을 때, 검은색을 띰)를 채워 넣는 기법으로 목기의 평탈기법平脫技法과 금속기의 금입金 혹은 은입사방법銀入絲方法에서 유래되었다고 알려져 있다. 이러한 상감기법은 고려청자의 진수를 보여주며, 문양을 선으로 표현한 선상감기법, 문양을 면으로 파낸 면상감기법, 문양의 배경을 파내어 백토를 감입하는 역상감기법 등 다양한 방법으로 응용되어 사용되었다.

사진 118　상감기법

· 철화기법(鐵畵技法)

철화기법은 물에 풀어낸 산화철 안료를 붓에 묻혀 그릇의 표면에 붓으로 그려 문양을 표현하는 장식기법으로 환원 분위기로 번조하였을 때, 흑갈색 또는 흑색 계열로 발색되는 특징이 있다. 이러한 철화기법은 고려 초기 청자에서 극소수 확인되며,[135] 고려

사진 119　철화기법

중기에 많이 제작되었다.

· 백화기법(白畫技法)

백화기법은 물에 풀어낸 백토白土를 붓에 묻혀 그릇의 표면에 붓으로 그려 문양을 표현하는 장식기법으로 육안으로 보았을 때, 백상감기법白象嵌技法과 유사하게 보이나 문양이 살짝 도드라져 있는 점이 특징적이다.

사진 120 백화기법

이러한 특징에 착안하여 백화기법은 퇴화기법堆花技法으로 불리어 왔다. 퇴堆는 ①쌓이다, ②도드라지다 등의 뜻을 가지고 있어 그릇이 완성된 다음, 문양의 상태에 대한 표현을 기법의 명칭으로 활용한 것이다. 그러나 백토를 이용하여 붓으로 표현하는 방법이라는 점에서 이 책에서는 철화기법, 동화기법 등처럼 원료와 시문 방법의 차원에서 접근하여 백화기법으로 부르고자 한다.

135 중서부지역의 초기청자 가마터인 황해도 배천 원산리, 경기도 시흥 방산동, 용인 서리 중덕과 상반마을 등에서 소량의 철화청자편이 확인된 사례가 있으며, 남서부지역의 초기청자 가마터가 집중되어 있는 전남 고흥과 해남 지역에서도 철화청자편이 출토되었다. 특히, 최근 발굴조사가 진행된 해남 신덕리 20호와 진산리 64호에서는 초기청자와 함께 흑유자기가 확인되었다. 김세진, 앞의 논문(2022), pp. 98~100.

· 동화기법(銅畫技法)

동화기법은 물에 풀어낸 산화동 안료를 붓에 묻혀 그릇의 표면에 붓으로 그려 문양을 표현하는 장식기법으로 환원 분위기로 번조하였을 때 붉은색 계열로 발색되며, 산화 분위기로 번조되었을 때에는 녹색 계열로 발색되는 특징이 있다.

사진 121 동화기법

동화기법은 진사기법辰砂技法이라는 단어로 사용되기도 하였으나, 진사는 동화기법에 사용하는 원료의 명칭을 지칭하는 것이기 때문에 이 책에서는 철화기법, 백화기법 등 원료와 시문 방법이 결합된 명칭과 통일하는 차원에서 동화기법으로 부르고자 한다.

사진 122   철백화기법

- 철백화기법(鐵白畵技法)

철백화기법은 철화기법과 백화기법이 동시에 사용된 장식기법으로 산화철 안료와 백토를 물에 풀어 그릇의 표면에 붓으로 그려 문양을 표현하는 방법이다. 철백화기법은 흑백상감기법과 유사하게 보이기도 하지만, 그릇의 표면에 붓으로 그린 문양으로서 도드라진 모습이 특징이다.

사진 123   철채기법

- 철채기법(鐵彩技法)

철채기법은 산화철 안료를 물에 풀어 그릇의 표면 전체에 빈틈없이 바른 후, 그 위에 청자 유약을 시유하여 번조하는 방법이다. 이러한 철채기법은 고려 중기에 나타나는 방법으로 철유청자(鐵釉靑瓷)와 혼동될 수 있다. 철유청자는 산화철 성분이 많은 유약을 시유한 청자로 깨진 단면을 보았을 때, 그릇의 표면 위로 철유 한층만 씌워진 것을 확인할 수 있다. 반면, 철채청자는 산화철 안료를 표면에 바르고 유약을 한 번 더 시유하기 때문에 깨진 단면에서 산화철 안료와 유약층으로 두 개의 층이 확인되어 각각의 차이를 관찰할 수 있다.

② 문양

고려청자에서 확인되는 48개의 문양은 사진으로 표를 만들어 소개한다. 고려청자의 문양은 식물문·동물문·기하문·복합문 등으로 분류할 수 있다.

식물문에는 국화꽃을 단독으로 시문한 국화문(표 20-1), 국화꽃을 감싸고 있는 넝쿨과 함께 시문한 국화당초문(표 20-2), 국화꽃과 줄기가 함께 표현된 국화절지문(표 20-3), 넝쿨을 시문한 당초문(표 20-4), 모란꽃을 단독으로 시문한 모란문(표 20-5), 모란꽃을 감싸고 있는 넝

표 20 고려청자에 확인되는 문양-①

연번	문양	사진		연번	문양	사진	
1	국화문			7	모란절지문		
2	국화당초문			8	연엽문		
3	국화절지문			9	여지문		
4	당초문			10	연판문		
5	모란문			11	연화문		
6	모란당초문			12	연화당초문		

쿨과 함께 표현한 모란당초문(표 20-6), 모란꽃과 줄기가 함께 표현된 모란절지문(표 20-7), 연꽃의 잎사귀를 시문한 연엽문(표 20-8), 열대 과일인 여지荔支와 줄기를 함께 시문한 여지문(표 20-9), 연꽃잎을 도식화하여 표현한 연판문(표 20-10), 연꽃을 단독으로 시문한 연화문

표 21 고려청자에 확인되는 문양-②

연번	문양	사진		연번	문양	사진	
1	연화절지문			7	화엽문		
2	작약문			8	황촉규문		
3	초화문			9	교룡문		
4	초엽문			10	도철문		
5	죽문			11	동자문		
6	파초문			12	봉황문		

(표 20-11), 연꽃을 감싸고 있는 넝쿨과 함께 표현한 연화당초문(표 20-12), 연꽃과 줄기가 함께 표현된 연화절지문(표 21-1), 작약꽃 한 송이가 크게 장식되는 작약문(표 21-2), 꽃과 풀잎이 같이 장식된 초화문(표 21-3), 풀잎이 표현된 초엽문(표 21-4), 대나무와 잎사귀를 표현한 죽문(표 21-5), 잎이 넓은 활엽수인 파초를 시문한 파초문(표 21-6), 꽃잎을 크게 표현한 화엽문(표 21-7), 촉규꽃을 장식한 황촉규문(표 21-8) 등이 있다.

동물문에는 뿔이 없고 몸통이 얇은 용의 모습을 한 교룡문(표 21-9), 뇌문雷文 또는 만자문卍字文의 바탕에 짐승의 얼굴을 대칭적으로 표현한 도철문(표 21-10), 연꽃가지나 실타래를 들고 있는 어린아이의 모습을 표현한 동자문(표 21-11), 날아가는 봉황의 모습을 시문한 봉황문(표 21-12), 긴 꼬리를 가진 앵무새를 표현한 앵무문(표 22-1), 물고기를 시문한 (쌍)어문(표 22-2), 날아가는 용의 모습을 표현한 용문(표 22-3), 인물문(표 22-4), 원숭이문(표 22-5), 학문(표 22-6) 등이 있다.

기하문이란 직선이나 곡선이 교차하면서 생기는 추상적인 문양이나 원·삼각형 등의 각종 도형을 규칙적으로 배열하는 문양으로 구름을 표현한 운문(표 22-7), 영지버섯과 닮은 불교 의례도구인 여의如意의 머리모양을 시문한 여의두문(표 22-8), 선문(표 22-9), 파도문(표 22-10), 번개무늬를 표현한 뇌문(표 22-11), 구연부를 따라 넝쿨무늬를 표현한 팔메트문(표 22-12) 등이 있다.

복합문이란 식물문이나 동물문 등의 문양소재가 두 가지 이상 결합되어 나타나는 문양의 형태로 매화와 대나무문이 결합한 매죽문(표 23-1), 모란넝쿨 사이를 날아다닌 봉황새를 시문한 봉황모란당초문(표 23-2), 연꽃이 피어있는 연못에 물오리가 헤엄치는 모습을 표현한 연지수금문(표 23-3), 구름 사이를 날아다니는 용을 시문한 운룡문(표 23-4), 구름 사이를 날아다니는 봉황을 표현한 운봉문(표 23-5), 구름 사이를 날아다니는 학을 시문한 운학문(표 23-6), 버드나무와 갈

표 22 고려청자에 확인되는 문양-③

연번	문양	사 진		연번	문양	사 진	
1	앵무문			7	운문		
2	(쌍)어문			8	여의두문		
3	용문			9	선문		
4	인물문			10	파도문		
5	원숭이문			11	뇌문		
6	학문			12	팔메트문		

대가 있는 물가에 물오리가 헤엄치는 풍경을 표현한 유로수금문(표 23-7), 갈대와 물새가 등장하는 위로수금문(표 23-8), 파도 사이를 헤엄치는 물고기를 나타낸 파도어문(표 23-9), 포도 넝쿨 사이를 뛰어노

표 23 고려청자에 확인되는 문양-④

연번	문양	사진	연번	문양	사진
1	매죽문		7	유로수금문	
2	봉황모란당초문		8	위로수금문	
3	연지수금문		9	파도어문	
4	운룡문		10	포도동자문	
5	운봉문		11	화접문	
6	운학문		12	화조문	

는 어린아이의 모습을 시문한 포도동자문(표 23-10), 꽃과 나비를 표현한 화접문(표 23-11), 꽃과 새를 함께 장식한 화조문(표 23-12) 등이 있다.

문양이 없는 경우는 장식기법과 문양에 대한 설명을 하지 않아도 되지만, 문양이 있는 경우에는 그것에 대해 상세하게 기술하도록 한다. 문양이 내면이나 외면의 한 곳에만 있는 경우도 있으나 내면과 외면의 두 곳에 함께 있는 경우에는 내면의 중심문양을 먼저 설명하는 것이 좋다.

그러면 장식기법과 문양의 기본적인 정보를 바탕으로 여러 사례의 유물에 대해 기술해 보도록 하자(표 24).

표 24 장식기법과 문양에 따른 유적 출토 도자기 기술 사례

연번	사 진	장식기법과 문양 및 유물 기술 내용
1		**문양이 없는 경우** : **청자완** 내면과 외면에는 문양이 없다. 내면과 외면에는 문양이 장식되어 있지 않다.
2		**내면에만 문양이 있는 경우** : **청자음각모란당초문발** 내면에는 음각기법으로 모란당초문이 장식되어 있고, 외면에는 문양이 없다.
3		**외면에만 문양이 있는 경우** : **청자양각연판문발** 외면에는 양각기법으로 연판문이 장식되어 있으며, 꽃잎의 중앙에는 능을 세워 입체적으로 표현하였다. 내면에는 문양이 없다.
4		**외면에만 문양이 있는 경우** : **청자음각양각연판문발** 외면에는 음각기법으로 이중의 연판문이 장식되어 있으며, 연꽃잎의 뾰족한 가장자리를 따라 외곽을 깎아내어 양각기법으로 마무리하였다. 내면에는 문양이 없다.
5		**내면과 외면에 같은 장식기법의 문양이 있는 경우** : **청자상감국화문접시편** 내지면에는 상감기법으로 두 겹의 원 안에 국화문이 장식되어 있고, 그 주위로 여의두문과 선문이 둘러져 있다. 외면에는 상감기법으로 연주문대가 둘러져 있다.

연번	사 진	장식기법과 문양 및 유물 기술 내용
6		내면과 외면에 다른 장식기법의 문양이 있는 경우 : 청자압출양각초화문팔각접시편 내저면에는 압출양각기법으로 여의두문과 연주문대가 둘러져 있고, 측면에는 초화문이 장식되어 있으며, 구연 아래로 뇌문대가 둘러져 있다. 외면에는 음각기법으로 구연 아래에 한 줄의 선문이 둘러져 있다.

태토

청자의 태토는 암반에서부터 물과 바람에 의한 풍화·침식을 거쳐 잘게 부서져 떠내려가 산골짜기나 논바닥·해안가 등에 침전된 것으로 입자가 곱고 가소성이 풍부하며, 철분 또는 유기질을 다량 함유하고 있다. 태토의 준비과정에서 태토 안에 있는 불순물이나 유기질 물질을 걸러내는 과정을 거치면 잘 정제된 태토를 얻게 된다(표 25-①). 반면, 수비과정에서 불순물과 모래 알갱이를 잘 걸러 내지 않으면 조잡한 태토를 사용하기도 한다(표 25-②). 태토에 대한 기술은 〈표 25〉에서 제시한 바대로, 정선도精選度에 대한 상황에서 모래 알갱이와 기포의 포함 정도에 대해 서술하도록 한다.

태토의 색조는 일반적으로 환원번조가 잘 이루어질 때에는 밝은 회색, 회색 등을 띠게 되지만(표 26-①), 가마 내 번조분위기가 좋지 못하여 태토가 제대로 익지 못한 경우에는 밝은 갈색이나 살구색 계통을 띠기도 한다(표 26-②).

표 25 정선도에 따른 태토의 차이

① 정선(精選)된 태토		② 조잡한 태토	

표 26 가마 분위기에 따른 태토의 색조

| ① 일반적인 환원번조 | ② 제대로 환원되지 못한 경우 |

태토의 기술은 색조·정선도·자화도磁化度 등의 순서에 따라 설명하고자 한다. 그러면 태토의 기본적인 정보를 바탕으로 여러 사례의 유물에 대해 기술해 보도록 하자(표 27).

표 27 태토에 따른 유적 출토 도자기 기술 사례

연번	사 진	태토 및 유물 기술 내용
1		정선된 태토를 사용한 경우 태토(胎土)는 밝은 회색을 띠며, 비교적 잘 정제(精製)되어 정선된 점토를 사용하였으나 작은 기포(氣泡)가 약간 포함되어 있다.
2		조잡한 태토를 사용한 경우 태토(胎土)는 회색을 띠며, 가는 모래 알갱이와 기포(氣泡)가 다량 포함되어 다소 조잡한 편이다.
3		태토가 제대로 익지 않은 경우 태토(胎土)는 제대로 익지 않아 살구색을 띠며, 비교적 잘 정제(精製)된 편이나 가는 모래 알갱이와 기포(氣泡)가 약간 포함되어 있다.

유약

유약釉藥은 도자기의 표면에 얇게 씌우는 물질로 높은 온도를 가하면 광택이 나는 유리질로 바뀌고 표면을 매끄럽게 해준다. 이러한 유약은 도자기 자체의 강도를 강하게 해줘 제품의 품질을 향상시켜 줄 뿐만 아니라 유약의 다양한 색상 표현은 도자기의 공예적인 아름다움을 더욱 증가시켜주는 장점이 있다.

유약의 색조에 대한 설명은 관찰자의 주관적인 견해가 가장 많이 반영되는 부분이다. 그중에서 현재 국어사전에 등록되어 있는 색조를 중심으로 청자의 유색에 대해 정리하면 〈표 28〉과 같다.

청자의 유색은 환원번조되면서 녹색계열을 띠는 것(표 29-①)이 일반적이나 가마 분위기에 따라 산화번조되면 황색이나 갈색계열

표 28 청자의 유색(釉色)

유색	담청색	담녹색	회녹색	청회색
사진				|//
유색	녹갈색	녹회색	녹황색	담황색
사진				

표 29 가마 분위기에 따른 유약의 색조

① 환원번조된 청자 유색	② 산화번조된 청자 유색	③ 산화·환원번조된 청자 유색

을 띠기도 하며(표 29-②), 한 그릇에서도 가마 안에서 불의 영향에 따라 여러 가지 색을 띠기도 한다(표 29-③).

시유방법은 지역 간의 차이가 있고, 또 한 가마 안에서도 방법을 달리한 경우가 확인된다. 그릇의 내·외면에 빠짐없이 시유한 것은 전면全面 시유라고 하며(표 30-①), 굽이나 일부분을 제외하고 시유한 것은 부분 시유라고 부른다(표 30-②). 다만 굽 접지면에만 유약이 없는 경우는 유약을 전면 시유한 후, 굽 접지면의 유약을 닦아낸 것이기 때문에 부분 시유라고 볼 수 없다(표 30-③).

유약의 표면에 대한 서술은 빙렬氷裂, 기포의 유무 등에 대해 설명하도록 한다. 빙렬이란 도자기의 유약 표면에 생긴 작은 금과 같은 것으로 식은태라고도 부른다(표 31-①). 도자기에 유약을 씌워 가마에 넣고 구울 때, 가마 내부의 온도가 높아지면서 도자기의 표면에 있는 유약이 녹아 액체 상태로 변화된다. 도자기의 표면에 액체 상태로 녹아 있는 유약은 가마의 불을 뺀 뒤에 가마 안의 온도가 갑자기 낮아지면서 그릇의 표면에 금이 생기기 시작한다. 이때 가마

표 30 청자의 여러 가지 시유방법

① 전면 시유	② 부분시유	③ 굽 접지면의 유약을 닦아낸 경우

표 31　유약의 용융정도에 따른 청자 표면의 변화

| ① 빙렬 | ② 유약이 제대로 녹지 않은 경우 | ③ 유약이 끓어오른 경우 |

안의 온도가 빨리 떨어질수록 굵은 금이 나타나게 된다.

또한, 가마 안의 온도가 유약이 녹을 수 있는 온도까지 올라가지 못하면 유약이 제대로 녹지 못하거나(표 31-②) 끓어오르는 시점까지만 도달하면 유약의 표면에 기포 자국이 남게 된다(표 31-③).

유약에 대한 서술은 색조, 시유 상태(전면·부분시유), 빙렬 여부 등 확인할 수 있는 상황에 대해 선택적으로 기술하면 된다. 그러면 유약의 기본적인 정보를 바탕으로 여러 사례의 유물에 대해 기술해 보도록 하자(표 32).

표 32　유약에 따른 유적 출토 도자기 기술 사례

연번	사 진		유약 및 유물 기술 내용
1			전면 시유된 경우 유약(釉藥)은 녹회색을 띠며, 굽을 포함한 전면에 고르게 씌워져 있다. 그릇의 전면에 가는 빙렬이 퍼져 있다.
2			부분 시유된 경우 유약(釉藥)은 녹회색을 띠며, 굽을 제외한 전면에 씌워져 있다. 그릇의 전면에 가는 빙렬이 확인된다.

연번	사진		유약 및 유물 기술 내용
3			굽 접지면의 유약을 닦아낸 경우 유약(釉藥)은 청회색으로 전면에 씌워져 있으나, 굽 접지면과 굽 안바닥의 일부를 닦아낸 흔적이 있다. 그릇의 전면에는 가는 빙렬이 확인되며, 외면에는 유약이 제대로 녹지 않아 다소 탁한 회황색을 띠는 부분도 있다.
4			산화·환원번조가 함께 있는 경우 유약(釉藥)은 청회색으로 전면에 씌워져 있으나 외면의 일부는 유약이 제대로 녹지 않고, 산화번조되어 녹황색을 띠는 부분도 있다. 그릇의 전면에는 가는 빙렬이 확인된다.

굽

청자에서 확인되는 굽의 형태는 크게 해무리굽·다리굽·안굽·평굽(또는 평저) 등으로 구분할 수 있다. 이러한 굽의 명칭은 각 연구자마다 다소 차이가 있을 수 있어 도면과 사진을 제시하여 설명하고자 한다.

해무리굽은 굽의 접지면이 옥벽玉璧과 같이 넓은 형태를 말하는 것으로 고려 초기 청자에 많이 등장하는 굽의 형태이다(사진 124). 이러한 해무리굽은 선해무리굽 - 중국식 해무리굽 - 한국식 해무리굽 - 퇴화 해무리굽의 단계(표 33)로 시간의 흐름에 따라 변화되며, 각각의 특징이 있다. 일반적으로 중국식 해무리굽의 경우는 옥벽저玉璧底라고 하며 내저원각이 없다. 현재 발굴조사 현장 중 가마터나 소비지 유적에서는 한국식 해무리굽과 퇴화 해무리굽으로 제작된 청자 완의 출토 사례가 가장 많으며, 해무리굽으로 총칭하여 기술하는 것이 무방하다. 해무리굽의 다양한 사

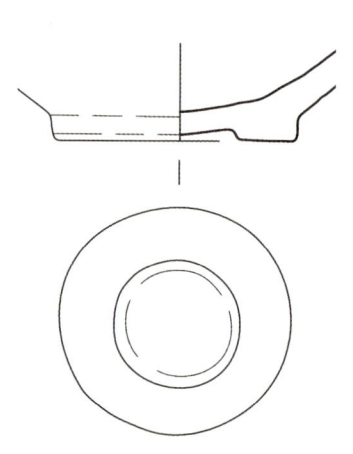

사진 124   해무리굽

례를 정리하면 〈표 34〉와 같다.

　다리굽은 고려청자에서 일반적으로 가장 많이 확인되는 굽의 형태로 굽의 외면이 수직으로 정연하게 마무리되어 있으며 굽 안바닥을 일정하게 깎아낸 모양의 굽을 말한다(표 35-①·②). 다리굽의 경우, 굽과 몸통의 경계부분에 굽칼로 깎아낸 흔적이 있는 경우가 있다(표

표 33　해무리굽의 변화 단계

① 선해무리굽	② 중국식 해무리굽	③ 한국식 해무리굽	④ 퇴화 해무리굽

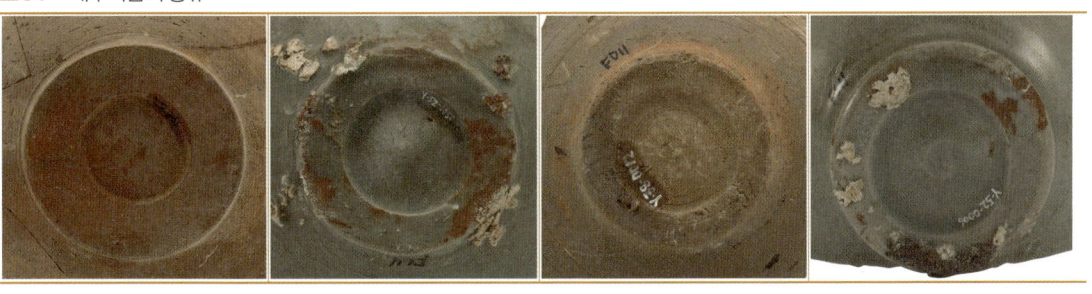

표 34　해무리굽의 종류

표 35　청자의 다리굽

① 도면	② 사진	③ 굽칼로 몸통의 경계부분을 깎아낸 경우	

35-③).

그 외에 안굽과 평굽이 있다. 안굽은 외면에서는 굽의 형태가 보이지 않고, 굽 안바닥만 깎아낸 형태의 굽을 말하며(표 36-①), 평굽은 별도의 굽을 제작하지 않아 바닥면이 편평한 상태를 말한다(표 36-②).

굽의 형태를 파악한 다음에는 굽의 제작 상태에 대한 내용을 기술하도록 한다. 마무리가 깔끔하게 되었는지(표 37-①), 조잡하게 마무리되었는지(표 37-②), 제작 당시에 완전히 건조되지 않은 상태에서 굽칼로 굽을 깎아 내어 뭉그러졌는지(표 37-③), 또는 굽 안바닥의 정리 방법 등에 대한 설명도 선택적으로 추가한다.

표 36 청자의 안굽과 평굽

표 37 청자의 굽 마무리 상태

굽에 대한 서술은 형태, 마무리 상황 등을 확인할 수 있는 상황에서 선택적으로 기술하면 된다. 그러면 굽의 기본적인 정보를 바탕으로 여러 사례의 유물에 대해 기술해 보도록 하자(표 38).

표 38 굽에 따른 유적 출토 도자기 기술 사례

연번	사 진		굽 및 유물 기술 내용
1			**해무리굽** 굽은 굽 접지면이 넓은 해무리굽이며, 마무리가 비교적 깔끔한 편이다. 굽과 몸통의 경계부분에는 굽칼로 돌려 깎은 흔적이 희미하게 남아 있다.
2			**다리굽** 굽은 다리굽이며, 마무리가 정연한 편이다. 굽 접지면이 비교적 좁으며, 굽 안바닥을 다소 얕게 깎아 내었다.
3			**안굽** 굽은 안굽이며, 굽 안바닥을 얕게 깎아 내었다.
4			**평굽** 굽은 별도로 제작하지 않아 바닥면이 편평한 평굽의 모습을 하고 있다.

번조받침

청자에서 확인되는 번조받침은 내화토빚음 받침·규석 받침·내화토모래빚음 받침·가는 모래 받침·굵은 모래 받침 등으로 구분할 수 있다(표 39).

내화토빚음 받침(표 39-①)은 높은 온도에서 잘 견디는 성질이 강한 흙으로 빚어 그릇의 굽 접지면이나 굽 안바닥에 여러 개 붙이는 형태로, 유약이 녹아 바닥에 달라붙은 현상을 방지하기 위함이다. 내화토빚음 받침은 백색 또는 미황색을 띠며, 고려 초기 청자부터 사용되기 시작하여 12세기까지 지속적으로 사용된 번조받침 방법이다. 초기 청자의 내화토빚음 받침은 손톱으로 긁었을 때 쉽게 긁혀지는 특징이 있으며(표 39-①-좌), 12세기에 접어들면 태안 대섬 출수품에서 확인된 것처럼 백색의 내화토빚음 안에 작은 모래 알갱이가 포함되어 있어 손톱으로 긁어도 긁히지 않는 단단한 형태(표 39-①-우)로 변화된다.

규석 받침(표 39-②)은 흰색과 검은색의 규석이라고 하는 돌을 깨어 그릇의 안쪽 바닥면에 받치는 것으로, 그릇과 번조받침의 달라붙는 면적을 최소화하기 위해 사용된 것이다. 이러한 규석 받침은 주로 고급 청자의 생산에 사용한 방법으로 12세기에 들어 사용되기

표 39 청자에 사용된 번조받침의 종류

시작하여 14세기 간지명 청자의 제작에까지 지속적으로 사용된 방법이다.

내화토모래빚음 받침(표 39-③)은 갈색계통을 띠는 고온에 잘 견디는 성질이 강한 흙에 모래 알갱이를 함께 넣고 빚어 그릇의 접지면이나 굽 안바닥에 여러 개 붙이는 형태로, 내화토빚음 받침과 마찬가지로 유약이 녹아 바닥에 달라붙은 현상을 방지하기 위해 사용되었다. 내화토모래빚음 받침은 모래 섞인 내화토빚음 받침이라는 용어로도 많이 사용되고 있다. 내화토모래빚음 받침은 고려 중기 청자에서 많이 사용된 번조받침 중 하나이다.

가는 모래 받침(표 39-④)과 굵은 모래 받침(표 39-⑤)은 모래 알갱이의 차이만 있을 뿐 모래 받침을 굽 접지면이나 굽 안바닥에 받친 형태로, 13세기 이후에 새롭게 등장하는 방법이다. 굵은 모래 받침의 경우는 가마의 바닥면에 놓고 번조한 그릇일 경우가 가장 많으며, 특히, 14세기 말기 상감청자에서 많이 확인된다.

번조받침에 대한 서술은 사용된 번조받침의 위치와 함께 번법燔法 등에 대해 선택적으로 기술하면 된다. 그러면 번조받침의 기본적인 정보를 바탕으로 여러 사례의 유물에 대해 기술해 보도록 하자(표 40).

표 40 청자 번조받침에 따른 유적 출토 도자기 기술 사례

연번	사 진	번조받침 및 유물 기술 내용
1		내화토빚음 받침 내저면과 굽 접지면에는 백색의 내화토빚음 받침을 각각 3개씩 받쳐 포개어 구운 흔적이 있다.
2		규석 받침 굽 안바닥에는 3개의 규석 받침을 받쳐 구운 흔적이 있다.

연번	사 진		번조받침 및 유물 기술 내용
3			내화토모래빚음 받침 내저면과 굽 접지면에는 내화토모래빚음 받침을 각각 3개씩 받쳐 포개어 구운 흔적이 있다.
4			굵은 모래 받침 바깥쪽 바닥면에는 굵은 모래 받침을 받쳐 구운 흔적이 있다.

명문(銘文)

고려 후기 청자에 표기된 명문은 크게 간지명干支銘과 관사명官司銘, 왕실 관련 명문, 도교 관련 명문, 유교 의례 관련 명문 등이 있다.[136] 명문이 새겨진 고려 후기 청자는 기물의 제작 연대는 물론 유적의 편년을 결정하는 기준을 제공한다. 명문의 내용을 살펴보면 다음과 같다.

① 간지명干支銘

고려 후기 청자에 표기된 간지명은 기사(己巳, 1329), 경오(庚午, 1330), 임신(壬申, 1332), 계유(癸酉, 1333), 갑술(甲戌, 1334), 신사(辛巳, 1341), 임오(壬午, 1342), 갑신(甲申, 1344), 을유(乙酉, 1345), 정해(丁亥, 1347), 을미(乙未, 1355), 기사(己巳, 1389) 등이 있다(표 41). 이러한 간지명은 대부분 상감기법으로 표기되어 있으며, 기물의 내저면 가운데나 내저원각의 중앙에 필각筆刻 또는 인각印刻으로 새겨진 경우가 일반적이다.[137] 간지명 청자는 당시 매년 납부하였던 공물貢物인 청자를 관리하기 위한 목적으로 제작된 것으로 연구자 간에 60년의 견해 차이가 존재하나 현재는 14세기설이 인정받고 있다. 전

---

136 고려청자에는 초기부터 명문이 확인되지만, 정확한 연대를 추정할 수 있는 명문은 고려 후기에 집중되어 있다. 따라서 이 책에서는 고려 후기 청자에 새겨져 있는 명문을 중심으로 소개하고자 한다. 본 서의 내용은 金允貞, 앞의 논문(2011)의 내용을 참고하여 작성하였다.

137 명문을 표현한 방법 중 필각(筆刻)은 조각도와 같이 뾰족한 것으로 글자를 새기는 방법을 말하고, 인각(印刻)은 명문을 도장처럼 만들어 찍어내는 방법을 뜻하며, 필(筆)은 붓으로 글자를 표기한 방법을 의미한다.

표 41 　간지명 청자

'기사(己巳, 1329)'명 청자 	'경오(庚午, 1330)'명 청자 	'임신(壬申, 1332)'명 청자 	'계유(癸酉, 1333)'명 청자 
'갑술(甲戌, 1334)'명 청자 	'신사(辛巳, 1341)'명 청자	'임오(壬午, 1342)'명 청자 	'갑신(甲申, 1344)'명 청자
'을유(乙酉, 1345)'명 청자 	'정해(丁亥, 1347)'명 청자 	'을미(乙未, 1355)'명 청자 	'기사(己巳, 1389)'명 청자 

남 강진 사당리에서 '정해'명 청자와 함께 '지정至正'명 청자(사진 125)가 출토됨에 따라 간지명 청자의 14세기 제작설에 힘을 실어주었다. 지정至正은 공민왕대 사용하던 원나라의 연호로 1341~1367년에 해당한다. 1356년 공민왕은 원의 연호와 관제를 폐지함을 공헌하고 있어 '지정'명 청자가 만들어진 시기는 1341~1356년까지로 추정된다. '지정'명 청자 중 연대가 확실한 '지정십일년至正十一年'명 청자(사진 126)도 확인된다.

간지명 청자는 대부분 동일한 규격으로 생산된 것이 특징이며, 발과 접시 등에서 집중적으로 확인된다. 내면에는 주로

사진 125 　청자 상감 여의두문 '지정(至正)'명 편
고려, 1341~1356년, 전남 강진 사당리 청자가마터 출토, 국립중앙박물관

163

사진 126 청자 상감 유로수금문 '지정십일년(至正十一年)'명 발
고려, 1351년, 오사카동양도자미술관

사진 127 청자 상감 모란당초문 '기사(己巳)'명 발
고려, 1329년, 높이 8.2cm, 국립중앙박물관

사진 128 청자 상감 여의두문 '임오(壬午)'명 편
고려, 1342년, 전북 부안 유천리 12호 청자가마터 출토, 국립중앙박물관

유로수금문, 모란당초문, 화훼초충문, 국화문, 여지문, 운학문 등이 시문되어 있으며, 외면에는 이중 원권 안에 국화문 또는 모란문을 배치하고 그 주변으로 간략화된 넓은 당초문대를 두르는 것이 일반적이다(사진 127). 이러한 간지명 청자는 전남 강진 사당리에서 제작된 것으로 알려져 있으며, 최근 전북 부안 유천리에서 '임오壬午'명이 새겨진 청자편 1점이 수습되기도 하였다(사진 128).

② 관사명官司銘

고려 후기 청자에 확인되는 관사명은 덕천고德泉庫, 의성고義成庫, 보원고寶源庫, 내內, 준비색準備色, 연례색宴禮色, 사온서司醞署, 양온서良醞署 등이 있다(표 42). 이러한 관사명은 대부분 상감기법으로 표기

표 42 관사명 청자

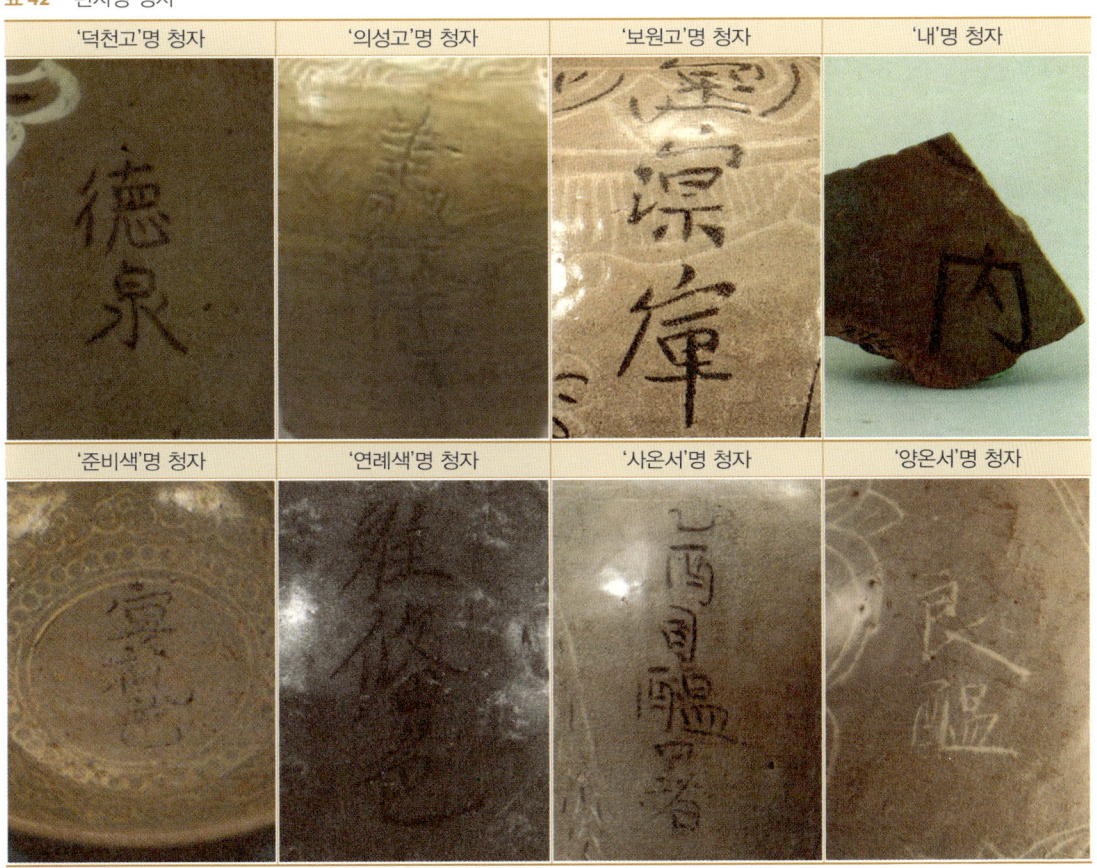

되어 있으며, 필각筆刻이나 인각印刻, 필筆 또는 두 가지 방법이 결합되어 새겨진 경우도 확인되며, 몸통의 외면, 내저면, 어깨(매병) 등에 새겨져 있다. 관사명 청자의 경우, 간지와 관사명이 결합되어 새겨진 경우도 있으며(乙酉司醞署), 관사명을 한 글자(準備色: 準) 또는 두 글자를 표기하는 경우(準備色: 準備, 寶源庫: 寶源, 宴禮色: 宴禮)도 확인된다. 관사명 청자에 새겨진 명문을 통해, 사료에 기록되어 있는 각 관사의 운영 기간, 이름의 변경 시기를 확인할 수 있어 고려 후기 청자의 제작 시기를 추정하는데 중요한 기준이 될 뿐만 아니라 사용처와 용도, 사용계층까지 살펴볼 수 있다. 이러한 고려 후기 관사명 청자는 궁궐 내의 각 관사와 왕실에서 주관하는 각종 행사에 사용된 것으로 추정된다.

덕천고德泉庫는 1325년 덕천창德泉倉에서 개칭되었고, 왕실 재정과 관련된 창고의 역할과 함께 관청의 성격도 가지고 있다. 명문은 필각筆刻+상감기법(흑상감, 백상감), 인각印刻+상감기법(흑상감), 필筆+철화기법으로 '덕천고德泉庫'를 상징하는 덕천德泉이라는 명문이 표기되어 있다. '덕천'명 청자는 구형球形 몸통의 청자매병이 대부분으로 몸체의 중앙에 '德泉'이라는 명문이 새겨져 있으며, 청자발의 경우 내저면에 명문이 표기되어 있다.

보원고寶源庫는 1342년 이후에 설치되어 1369~1370년경에 '보원해전고'로 개편되었고, 고가의 왕실 물품을 관리하는 왕실 재정 관련 기관의 하나이다. 명문은 필각筆刻+흑상감기법으로 '보원고寶源庫'를 의미하는 '宝源庫', '宝源'이 표기되어 있다. '보원고'명 청자는 매병과 병으로 제작되었으며, 매병에는 어깨 부분에, 병에는 몸통에 명문이 표기되어 있다.

연례색宴禮色은 사신을 맞이하거나 그 접대 의식을 담당하기 위해 임시로 설치되었던 기구로 알려져 있으며, 정확한 운영 시기는 알 수 없지만, 1304년 충선왕이 내린 즉위 교서에서 당시 연례색을 비롯한 여러 관리의 폐단을 지적하는 기록이 있어 충선왕 즉위 이전부터 존재하였음을 알 수 있다. 명문은 필각筆刻+흑상감기법으로 '연례색宴禮色'을 뜻하는 '宴礼色', '宴礼'로 표기되어 있다. '연례색'명 청자는 발과 접시에서 확인되며, 내저면의 중앙에 명문이 표기되어 있다.

사온서司醞署는 여러 번 명칭이 개칭되었다가 1372년에 사온서로 확정되었고, 술과 감주 등의 공급을 관장하던 곳이다. 명문은 간지+필각筆刻+흑상감기법으로 '乙酉司醞署'로 표기되어 있다. 을유乙酉는 사온서가 운영되었던 시기로 추정해 보았을 때, 1345년을 의미한다. '사온서'명 청자는 매병만 확인되며, 몸통 중앙에 명문이 표기되어 있다.

양온서良醞署는 1098년 장례서掌醴署에서 개칭되었으며, 술과 감주 등의 공급을 담당하던 곳이다. 1308년 사온서로 통폐합된 뒤 작은 개편이 있었다. 명문은 필각筆刻+백상감기법으로 '양온서良醞署'를 상징하는 '良醞'으로 표기하거나 필각+흑상감기법으로 '良醞納'으로 표기되어 있다. '양온'명 청자는 편병과 병으로 제작되었으며, 대부분 어깨 부분에 명문이 시문되어 있다.

③ 왕실 관련 명문

고려 후기 청자에 확인되는 왕실 관련 명문은 내시內侍, 홀지忽只, 순마巡馬 등이 있다(표 43). 이러한 왕실 관련 명문은 상감기법으로 표기되어 있으며, 대부분 필각으로 기물의 몸통 외면에 쓰여져 있는 것이 일반적이다. 왕실 관련 명문인 내시內侍, 홀지忽只, 순마巡馬 등은 국왕의 측근 세력을 의미하면서 충렬왕대(1274~1308년)에 제작되었을 가능성이 높다. 이러한 왕실 관련 명문 청자는 왕실 의례에 사용되었던 기물을 왕실의 측근들이 왕에게 진헌하기 위해 제작되었던 물품으로 추정된다.

표 43 왕실 관련 명문 청자

| '내시'명 청자 | '내시'명 청자 | '홀(지)'명 청자 |

고려시대의 내시는 조선시대와 달리 환관宦官이 아닌 일반 관리로, 국왕이 직접 임명하는 국왕의 근시직近侍職이자 시봉侍奉 및 호종扈從 등의 일을 맡아 왕명을 수행하면서 왕실 의례나 재정 전반을 책임지는 역할을 하였다. '내시內侍'명 청자의 명문은 필각筆刻+흑상감기법으로 '向上員房內侍左番', '向上員房內侍右番', '上內侍右番屛章房'이 표기되어 있다. 명문의 내용에서 첫머리에 나오는 '上'이나 '向'은 "~께 올린다." 또는 "~께 바친다."는 의미로 추정됨에 따라 "내시우번병장방에서 (왕에게) 올린다.", "상원방내시우번[내시좌번]에서 (왕에게) 바친다."라고 해석할 수 있다. 즉, '내시'명 청자는 왕실 의례에서 내시들이 왕에게 진헌하기 위해 제작되었던 물품일 가능성이 높다. 이러한 '내시'명 청자는 대부분 배杯의 몸통에 명문이 시문되어 있으며, 이중원문과 결합된 글자와 단독 글자가 교대로 표시된 것이 특징이다.

홀지忽只는 홀치[忽赤]라고도 하며, 충렬왕 즉위 이후 원元에서부터 자신을 시종했던 의관자제衣冠子弟 출신의 독로화(禿魯花, 인질)로 번番을 나눈 숙위군宿衛軍을 의미한다. 순마巡馬는 원의 주현포도州縣捕盜 기관으로 충렬왕 3년(1277) 경에 설치되어 조선 태조 연간까지 지속되었다. 순마소는 충렬왕대 많은 권한과 권세가 부여되었던 기구이자 왕의 측근 세력으로 왕권과 밀착되어 있었음을 알 수 있다. 이러한 '홀지'명 청자와 '순마'명 청자는 충렬왕대 왕의 측근들이 왕에게 진헌하기 위해 만들어진 물품일 가능성이 높다. 그중 '홀지'명 청자는 몸통의 외면에 필각筆刻+흑상감기법으로 납입소納入所를 의미하는 '忽只初燔'이라는 명문이 이중원문과 결합되어 단독으로 배치되어 있다. '순마'명 청자는 필각筆刻+흑상감기법로 '巡馬'가 새겨져 있다고 한다.

④ 도교 관련 명문

고려 후기의 청자에 확인되는 도교 관련 명문은 소전색燒錢色, 십일요전배十日曜前排, 칠원전배七元前排, 천황전배天皇前排, 삼관三官, 지地, 천天, 귀鬼, 왕王 등이 있다(표 44). 이러한 도교 관련 명문은 상감기법과 철화기법으로 표기되어 있으며, 필각筆刻과 필筆, 인각印刻 등으로 몸통의 외면이나 내저면 등에 새겨져 있다. 도교 관련 명문은 도교 의례를 준비하는 관사의 명칭도 있지만 대부분 도교 의례나 신과 관련된 명문이 주류를 이루고 있어, 기물의 제작 목적이나 사용처를 추정할 수 있다. 그중 십일요전배十日曜前排, 칠원전배七元前排, 천황전배天皇前排는 도교신이자 의례의 명칭이기도 하며 공통적으로 "~앞에 진설한다."는 의미의 '전배前排'가 붙어 있어 십일요, 칠원, 천황 앞에 진설되었던 제기임을 알 수 있다. 이러한 도교 관련 명문 청자는 기형, 제작 수법, 유색, 번조 받침 등에서 일정한 형식을 보이고 있어 고려 후기에 집중적으로 제작되었을 것으로 추정된다.

소전색燒錢色은 도교 의례에서 사용되는 초주醮酒를 전청傳請하여 공설하고, 초제醮祭를 지내는 일을 담당하였던 임시기구이다. 명문은 필筆+철화기법으로 '燒錢色'을, 필각筆刻+흑상감기법 또는 음각

표 44 도교 관련 명문 청자

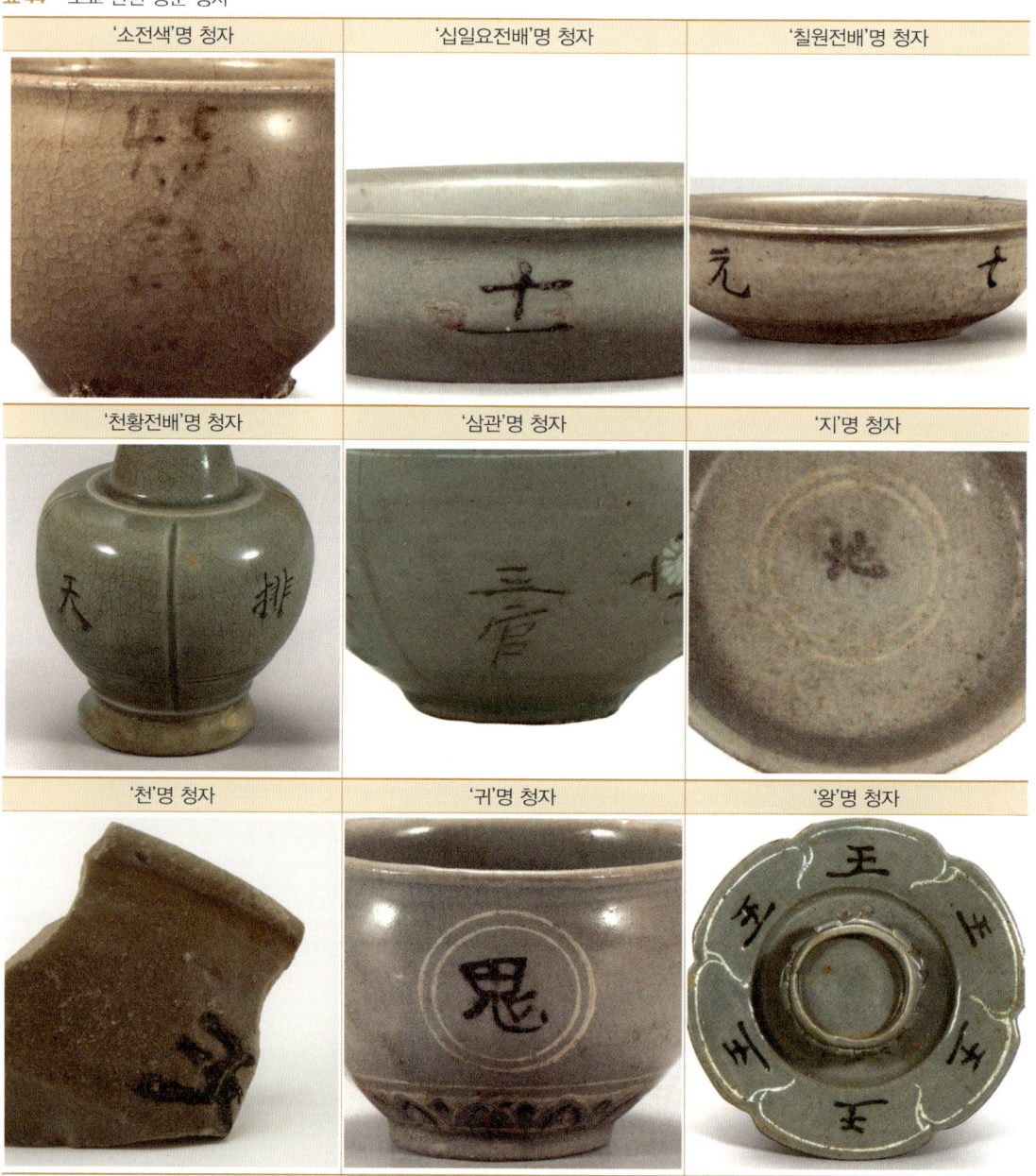

기법으로 '燒錢'을 표기하였다. '소전색'명 청자는 대부분 청자잔으로 제작되었으며, 몸통의 외면에 고려 후기의 도교 기관의 명칭인 '燒錢色' 또는 '燒錢'이라는 명문이 시문되어 있다. 잔탁의 경우, 잔

받침 아래에 명문이 표기된 경우도 있다.

십일요十一曜는 화火·수水·목木·금金·토성土星의 오성에 일日·월月을 더해서 칠요七曜가 되고, 계도計都·나후羅睺를 합하면 구요九曜·월패月孛·자기紫氣까지 합해서 11개의 별자리를 의미한다. 도교에서 십일요는 중요한 천체를 모두 포함하는 성숙의 대표이며, 십일요에 제례를 드리는 것이 십일요초이다. '십일요전배十一曜前排'명 청자는 '십일요전배十一曜前排'라는 도교 제례를 위해 제작되었던 기명으로 추측된다. 명문은 필각筆刻+흑상감기법으로 '十一曜前排'를 한 글자씩 표기하였다. '십일요전배'명 청자는 전접시만 확인되며, 몸통의 외면에 명문이 표기되어 있다.

칠원七元은 일반적으로 북두칠성으로 알고 있는 '북두대성北斗大聖 칠원성군七元星君'을 의미하며, 사람의 운명과 죽음을 관장하는 최상위 신을 뜻한다. '칠원전배七元前排'명 청자는 '칠원전배七元前排'라는 도교 제례에서 사용된 기물로 판단된다. 명문은 필각筆刻+흑상감기법으로 '七元前排'를 한 글자씩 등간격으로 표기하였다. '칠원전배'명 청자는 주로 전접시로 제작되었으며, 몸통의 외면에 명문이 시문되어 있다.

천황天皇은 북두北斗의 별 중에 중앙에 위치하는 하늘의 고위 성신이다. 고려에는 천황당이라는 초소醮所가 따로 있어 1227년 전쟁의 승리를 기원하는 초제醮祭가 거행되기도 하였다. '천황전배天皇前排'명 청자는 '천황전배天皇前排'라는 도교 제례에 쓰였던 기명을 의미한다. 명문은 필각筆刻+흑상감기법으로 '天皇前排'를 한 글자씩 등간격으로 표기하였다. '천황전배'명 청자는 과형병으로 제작되었으며, 몸통 각각의 면에 한 글자씩 명문이 시문되어 있다.

이 밖에도 지地를 비롯한 천天, 귀鬼라는 명문은 지계地界·천계天界·인계人界를 의미하는 삼계초三界醮나 삼원三元과 관련된 가능성이 높다. 명문은 인각印刻 또는 필각筆刻+흑상감기법으로 '地'를 표기하였으며, 인각印刻의 경우가 많은 편이다. '지地'명 청자는 접시와 잔으로 제작되었으며, 몸통의 외면과 내저면의 중앙에 명문이 시문되어 있다. '귀鬼'명 청자는 잔과 접시로 제작되었으며, 인각印刻+흑상감기법으로 몸통 외면과 내저면 중앙에 명문이 표기되어 있다.

도교 의례시, 헌관이 각각의 도교신들에게 차나 술 등을 올린다는 조선 초의 기록을 참고한다면, 천관·지관·수관과 같은 도교상이 '왕王'을 의미하므로, '왕王'명 청자는 이들에게 차나 술을 올리기 위한 의례기로 사용되었을 가능성이 있다. 명문은 인각+흑상감기법으로 '王'을 등간격으로 표기하였다. '왕王'명 청자는 잔이나 잔탁, 발 등으로 제작되었으며, 잔이나 발은 몸통의 외면에, 잔탁은 전부분에 명문이 시문되어 있다. '왕'명 청자 중에는 명문과 이중원문이 결합되어 표기된 경우도 확인된다.

⑤ 유교 의례 관련 명문

고려 후기의 청자에서 확인되는 유교 의례 관련 명문은 정릉正陵, 능실陵室 등 유교 의례와 관련된 명문이 새겨져 있다(표 45). 이러한 유교 의례 관련 명문은 대부분 백상감기법으로 표기되어 있으며, 필각筆刻, 인각印刻 등으로 기물의 내저면 중앙에 새겨져 있다. 정릉

표 45 유교 의례 관련 명문 청자

'정릉'명 청자	'정릉'명 청자	'능실'명 청자

과 능실이라는 명문은 왕실과 직접적인 관련이 있는 것으로 14세기 후반 청자를 편년하는데 중요한 기준 자료로 활용된다. 이러한 유교 의례 관련 청자는 일반적인 청자의 기형에 명문을 표기하여 유교 제례의 제기로 사용되었다.

정릉正陵은 노국대장공주의 능호陵號를 의미하는 것으로 노국대장공주의 몰년沒年인 1365년부터 공민왕 몰년인 1374년 사이에 제작된 것으로 추정된다. 명문은 인각印刻+백상감기법, 필각筆刻+백상감기법 또는 흑상감기법으로 '正陵'을 표기하였다. '정릉'명 청자는 발, 접시, 통형 용기 등 일상 기명으로 제작된 특징이 있으며, 명문은 대부분 내저면 중앙에 표기되어 있다.

'능실'陵室명 청자는 실제 산릉에서 행해지는 여러 가지 유교적 의례와 관련된 것으로 추정되며, 능실에서의 여러 의례가 상례화되는 1365년 경에 주로 제작되었던 것으로 파악된다. 명문은 필각筆刻+상감기법으로 '陵室'을 표기하였다. '능실'명 청자는 팔각접시가 확인되며, 명문은 그릇의 내저면에 새겨져 있다.

청자의 명문에 대한 서술은 명문의 위치와 사용된 기법 등에 대해 기술하면 된다. 그러면 청자 명문의 기본적인 정보를 바탕으로 간지명, 관사명, 왕실·도교·유교의례 관련 명문 등 여러 사례의 유물에 대해 기술해 보도록 하자(표 46).

표 46 청자 명문에 따른 도자기 유물 기술 사례

연번	사 진	명문관련 유물 기술 내용
1		그릇의 내저면에 있는 경우 접시의 내저면 가운데에는 기사(己巳)라는 명문을 찍어 흑상감기법으로 마무리하였다. 기사명 청자는 간지명 청자 중 가장 이른 시기의 것으로 그 제작 시기는 1329년으로 추정된다.

연번	사 진	명문관련 유물 기술 내용
2		그릇의 외면에 있는 경우 매병의 어깨에는 '보원고(宝源庫)'라는 명문을 세로로 필각하여 흑상감기법으로 표기하였다. 보원고는 고가의 왕실 물품을 관리하는 왕실 재정 관련 기관의 하나이다.
3		그릇의 외면에 구획하여 있는 경우 잔의 외면에는 두 글자에 하나씩 이중 원문을 배치하여 '향상원방내시좌번(向上員房內侍左番)'이라는 명문을 흑상감기법으로 새겼다. 명문의 내용은 내수우번 병장방에서 왕에게 올린다는 뜻으로, 이러한 내시명 청자는 왕실 의례에서 내시들이 왕에게 진헌하기 위해 제작된 물품일 가능성이 있다.
4		그릇의 외면에 있는 경우 잔의 외면에는 세로로 철화기법으로 소전색(燒錢色)이라는 고려 후기의 도교 기관 명칭이 쓰여져 있다. 소전색은 도교 의례에서 사용되는 초주(醮酒)를 전청(傳請)하여 공설하고, 초제(醮祭)를 지내는 일을 담당하였던 임시기구이다.
5		그릇의 내저원각에 있는 경우 내저원각의 중앙에는 정릉(正陵)이라는 명문을 도장으로 찍고 백상감기법으로 마무리하였다. 정릉은 노국대장공주의 능호를 의미한다.

분청사기

장식기법 및 문양

분청사기에 표현된 장식기법은 상감·인화·조화·박지·철화·귀얄·덤벙 등이 있다.

① 장식기법

· 상감기법(象嵌技法)

상감기법은 그릇의 표면에 도구를 이용하여 문양을 파낸 후, 그곳에 백토白土와 자토赭土(구웠을 때, 검은색을 띰)를 채워 넣는 기법으로 목기의 평탈기법과 금속기의 금 혹은 은입사방법에서 유래되었다고 알려져 있다. 상감분청사기는 말기 상감청자의 전통을 바탕으로 조선 초기부터 제작되기 시작하여 15세기 중반 경까지 제작되었으며, 선상감기법(사진 129-①)과 면상감기법(사진 129-②)이 동시에 활용되었다.

사진 129　상감기법

- 인화기법(印花技法)

인화기법은 도장과 같은 도구(사진 130-①)를 만들어 문양을 새긴 후, 그릇의 표면에 반복하여 문양을 찍은 뒤, 그 위에 백토를 채워 넣는 기법이다. 인화기법의 표면장식은 통일신라시대에 제작된 인화문도기(사진 130-②)가 대표적인 사례이다. 이러한 인화기법은 고려 중·후기에 생산된 상감청자(사진 130-③)에도 사용되었으나, 조선시대에 제작된 분청사기에서 가장 절정을 이루게 된다(사진 130-④).

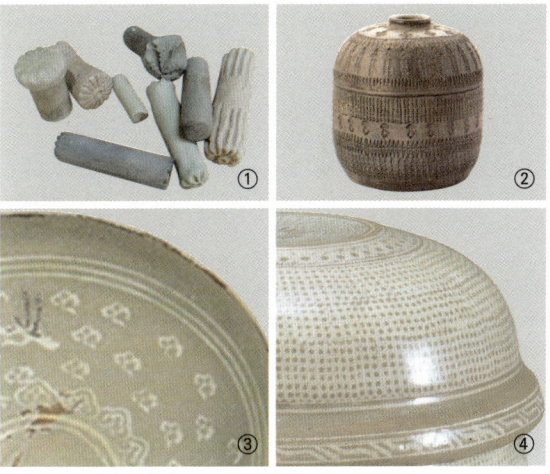

사진 130　인화기법

　인화분청사기의 문양은 초기에는 다소 성글게 장식되다가 세종 연간(1418~1450년)에 들어 점차 빼곡하게 장식되는 경향으로 변화되며, 이러한 현상은 당시 백자에 대한 선호사상과도 관련이 있을 것으로 생각된다. 인화분청사기는 조선 초기부터 제작되기 시작하여 15세기 3/4분기에 집중적으로 생산되었다.

- 조화기법(彫花技法)

조화기법은 그릇의 표면에 흰색의 화장토를 바르고, 그 위에 장식

사진 131 조화기법

할 문양의 밑그림을 그린 뒤, 뾰족한 도구를 이용하여 문양의 윤곽선을 파내는 방법(사진 131-①)으로 백토의 화장토 부분만이 선각되므로 음각기법과는 차이가 있다. 이러한 조화분청사기는 전라도지방을 중심으로 생산되었으며, 박지기법과 함께 제작된 사례가 많다.

사진 132 박지기법

· 박지기법(剝地技法)

박지기법은 그릇의 표면에 흰색의 화장토를 바르고, 그 위에 장식할 문양의 밑그림을 그린 뒤, 뾰족한 도구를 이용하여 문양 윤곽선의 바깥 부분을 파내는 방법(사진 132-①)으로 중국 하북성河北省의 자주요磁州窯에서 제작된 자기와 유사하다. 박지분청사기는 조화기법과 함께 표현되는 경우가 많으며, 전라도지방을 중심으로 제작되었다.

사진 133 철화기법

· 철화기법(鐵畵技法)

철화기법은 그릇의 표면에 흰색의 화장토를 바르고, 물에 풀어낸 산화철 안료를 붓에 묻혀 그릇의 표면에 회화풍으로 문양을 그리는 장식기법으로 환원 분위기로 번조하였을 때, 흑갈색 또는 흑색 계열로 발색되는 특징이 있다. 분청사기의 철화기법은 그릇의 표면에 화장토를 먼저 바르고 장식하기 때문에 청자나 백자처럼 표면에 바로 문양을 그리는 기법과는 과정 상의 차이가 있다. 철화분청사기는 충남 공주시 학봉리 분청사기가마터에서 생산된 것이 유명하며, 일명 계룡산분청사기라고 부른다.

• 귀얄기법

귀얄기법은 그릇의 표면에 귀얄이라고 하는 거친 붓을 사용하여 화장토를 바르는 기법(사진 134-①)으로 붓의 움직임에 따라 다양한 모습으로 표현된다. 귀얄기법은 15세기 3/4분기부터 제작되기 시작하여 16세기 전반 경까지 제작되었다.

사진 134 귀얄기법

• 덤벙기법

덤벙기법은 그릇의 일부분을 잡고 화장토를 풀어 놓은 통에 그대로 담그는 기법(사진 135-①)으로 분장기법이라고 부르기도 한다. 이러한 덤벙기법은 백자의 선호사상에 대한 반영으로 그릇의 일부만 화장토에 담그기도 하고 또는 그릇의 전체를 화장토에 담궈 마치 백자처럼 제작하기도 하였다. 덤벙기법은 15세기 3/4분기경에 시작하여 16세기 전반 경까지 사용된 장식기법이다.

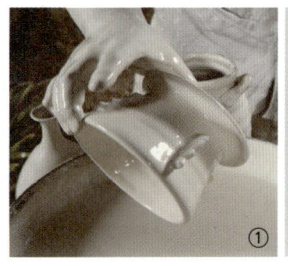 

사진 135 덤벙기법

② 문양

분청사기에서 확인되는 30개의 문양은 사진으로 표를 만들어 소개한다. 분청사기의 문양은 식물문·동물문·기하문·복합문 등으로 분류할 수 있다.

식물문에는 국화꽃을 단독으로 시문한 국화문(표 47-1), 국화꽃과 줄기가 함께 표현된 국화절지문(표 47-2), 넝쿨을 시문한 당초문(표 47-3), 모란꽃을 단독으로 시문한 모란문(표 47-4), 모란꽃을 감싸고 있는 넝쿨과 함께 표현한 모란당초문(표 47-5), 모란꽃과 줄기가 함께 표현된 모란절지문(표 47-6), 물 속에 핀 물풀을 그린 수초문(표 47-7), 연꽃을 단독으로 시문한 연화문(표 47-8), 연꽃을 감싸고 있는 넝쿨과

표 47 분청사기에 확인되는 문양-①

연번	문양	사진		연번	문양	사진	
1	국화문			7	수초문		
2	국화절지문			8	연화문		
3	당초문			9	연화당초문		
4	모란문			10	연화절지문		
5	모란당초문			11	연판문		
6	모란절지문			12	초문		

함께 표현한 연화당초문(표 47-9), 연꽃과 줄기가 함께 표현된 연화절지문(표 47-10), 연꽃잎을 도식화하여 표현한 연판문(표 47-11), 지표면에 핀 풀을 표현한 초문(표 47-12), 꽃과 풀잎이 같이 장식된 초화문(표

표 48 분청사기에 확인되는 문양-②

연번	문양	사진	연번	문양	사진
1	초화문		7	뇌문	
2	(쌍)어문		8	선문	
3	용문		9	육·팔원문	
4	접문		10	여의두문	
5	곡선문		11	연주문	
6	귀갑문		12	집단연권문	

48-1) 등이 있다.

　동물문에는 물고기를 시문한 (쌍)어문(표 48-2), 날아가는 용의 모습을 표현한 용문(표 48-3), 나비의 모습을 나타낸 접문(표 48-4) 등이 있다.

기하문에는 길게 뻗은 곡선을 나란히 표현한 곡선문(표 48-5), 거북이 등껍질을 형상화한 육각형을 장식한 귀갑문(표 48-6), 번개무늬를 표현한 뇌문(표 48-7), 선문(표 48-8), 여섯 개 또는 여덟 개의 원이 연결되어 있는 육원문 또는 팔원문(표 48-9), 영지버섯과 닮은 불교의례도구인 여의如意의 머리모양을 시문한 여의두문(표 48-10), 원문을 연결하여 마치 꿰어져 있는 구슬처럼 보이는 연주문(표 48-11), 도구를 이용해서 연속된 원문 또는 국화문을 찍은 집단연권문(표 48-12), 넘실거리는 파도의 모습을 형상화한 파도문(표 49-1) 등이 있다.

복합문에는 연못가에 핀 연꽃을 표현한 연지문(표 49-2), 연못가에 핀 연꽃과 헤엄치는 물고기를 나타낸 연지어문(표 49-3), 구름 사이를 날아다니는 학을 시문한 운학문(표 49-4), 파도 사이를 헤엄치는 물고기의 모습을 표현한 파도어문(표 49-5), 꽃과 새를 함께 장식한 화조문(표 49-6) 등이 있다.

표 49 　분청사기에 확인되는 문양-③

연번	문양	사진	연번	문양	사진
1	파도문		4	운학문	
2	연지문		5	파도어문	
3	연지어문		6	화조문	

유약

분청사기의 유색은 화장토를 발라 분장한 부분은 대부분 연황색을 띠고, 분장을 하지 않은 부분은 가마 분위기에 따라 회녹색·녹청색·녹황색·녹갈색·회색·갈회색·진회색 등을 띤다(표 50).

분청사기 역시 청자에서처럼 유약에 대한 서술은 색조, 시유 상태(전면·부분시유), 빙렬氷裂 여부 등을 확인할 수 있는 상황에 대해 선택적으로 기술하면 된다. 그러면 유약의 기본적인 정보를 바탕으로 여러 사례의 유물에 대해 기술해 보도록 하자(표 51).

표 50   분청사기의 유색

유색	회녹색	회청색	녹황색	녹갈색
사진				
유색	연황색	회색	갈회색	진회색
사진				

표 51   유약에 따른 도자기 유물 기술 사례

연번	사 진		유약 및 유물 기술 내용
1			전면 시유된 경우 유약(釉藥)은 회청색을 띠며, 굽 안바닥까지 전면 시유하였다. 일부는 짙은 녹청색을 띠는 곳도 있다. 그릇의 전면에 가는 빙렬이 퍼져 있다.
2			부분 시유된 경우 유약(釉藥)은 회청색을 띠며, 굽과 그 주변을 제외하고 시유하였다. 그릇의 전면에 가는 빙렬이 확인된다.

연번	사 진		유약 및 유물 기술 내용
3			굽 접지면의 유약을 닦아낸 경우 유약(釉藥)은 회색으로 전면에 씌워져 있으나, 굽 접지면을 닦아낸 흔적이 있다. 외면에는 시유상태가 고르지 못하여 부분적으로 유약이 시유되지 않았거나 뭉쳐 있는 곳도 있다. 그릇의 전면에는 가는 빙렬이 확인된다.
4			산화·환원번조가 함께 있는 경우 유약(釉藥)은 회녹색으로 전면에 씌워져 있으나 전체적으로 산화번조되어 갈회색을 띠는 부분이 많으며, 회녹색을 띠는 부분은 유약이 제대로 녹지 않아 표면에 기포가 있다. 그릇의 전면에는 가는 빙렬이 확인된다.

굽

분청사기에서 확인되는 굽의 형태는 크게 죽절굽·수직굽·역삼각형굽 등으로 구분할 수 있다. 이러한 굽의 명칭은 각 연구자들마다 차이가 있을 수 있어 도면과 사진을 제시하여 대강의 윤곽을 제시하고자 한다.

죽절굽은 말 그대로 대나무 마디[竹節]의 모양을 하고 있는 굽의 형태로 14세기 말부터 등장하여 조선 전기 분청사기와 백자에서 가장 많이 확인되는 굽의 모습이다(표 52-①·②). 죽절굽의 경우, 굽과 몸통의 경계부분을 넓게 깎아낸 경우도 자주 확인된다(표 52-③).

죽절굽은 정확하게 대나무 마디의 모습을 하고 있는 것도 있으나, 도공陶工의 숙련도나 도공마다 굽칼의 사용 방향에 따라 좀 더 거친 형태를 띠고 있는 것도 있어 이러한 굽 형태도 넓은 의미에서 죽절굽이라고 칭하고자 한다(표 53).

죽절굽에 비해 깔끔한 형태를 갖추고 있는 것이 수직굽과 역삼각형굽이다. 수직굽은 굽의 외면이 접지면과 대체로 직각을 이루는 형태이며, 단면이 'ㄴ'의 모습을 하고 있다(표 54-①). 역삼각형굽은 굽의 단면이 '▽'의 형태로, 뒤집어진 삼각형의 모습을 하고 있어 붙

표 52 분청사기의 죽절굽

① 도면	② 사진	③ 굽칼로 몸통의 경계부분을 깎아낸 경우	

표 53 분청사기의 죽절굽 유형

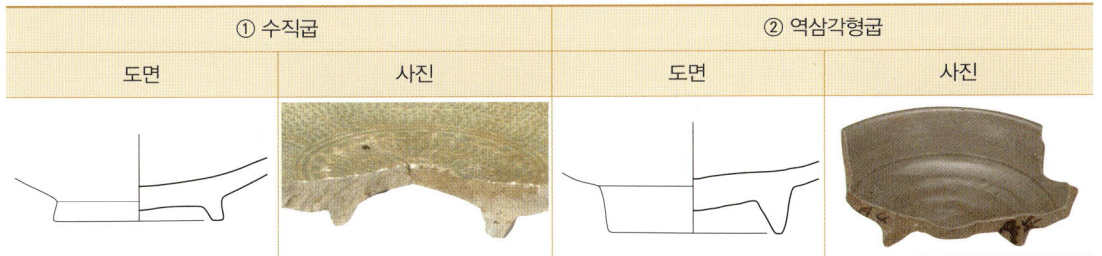

표 54 분청사기의 수직굽과 역삼각형굽

① 수직굽		② 역삼각형굽	
도면	사진	도면	사진

여진 이름이며, 굽 접지면이 상당히 좁은 것이 특징이다(표 54-②). 이 두 가지 굽은 조선 전기 백자에서도 확인되는 형태로, 특히, 관요에서 제작된 양질의 백자에서 많이 볼 수 있다. 분청사기의 수직굽과 역삼각형굽 역시, 공납용 자기였던 관사명 분청사기 중 잘 만들어진 양질의 분청사기의 굽에서 확인되는 경우가 많다.

굽에 대한 서술은 형태, 마무리 상황 등을 확인할 수 있는 상황에서 선택적으로 기술하면 된다. 그러면 굽의 기본적인 정보를 바탕으로 분청사기의 굽에 대해 기술해 보도록 하자(표 55).

표 55 굽에 따른 도자기 유물 기술 사례

연번	사진	굽 및 유물 기술 내용
1		죽절굽 굽은 죽절굽이며, 마무리가 다소 깔끔하지 못하다. 굽 외면은 굴곡이 져 있으며 굽 접지면의 너비는 좁은 편이다.
2		수직굽 굽은 수직굽이며, 마무리가 정연한 편이다. 굽 접지면의 너비가 일정하며, 굽 안바닥에는 굽칼로 돌려깎은 흔적이 남아 있다.
3		역삼각형굽 굽은 깔끔하게 정리된 역삼각형굽이다. 굽 안바닥은 마무리가 조잡하고 요철이 있다.

번조받침

분청사기에서 확인되는 번조받침은 가는 모래 받침·굵은 모래 받침·태토빚음 받침·내화토모래빚음 받침·내화토빚음 받침 등으로 구분할 수 있다(표 56).

가는 모래 받침(표 56-①)과 굵은 모래 받침(표 56-②)은 청자에서도 사용되었던 번조 받침으로 모래 알갱이의 차이만 있을 뿐 굽 접지면에 모래를 받친 형태이다. 모래 받침의 경우, 대부분 가마 바닥면에 놓고 번조하는 그릇의 경우가 많다. 태토빚음 받침(표 56-③)은 그릇을 만드는 태토를 동그랗게 빚은 뒤, 굽 접지면이나 굽 안바닥에 일정한 개수를 붙이는 형태로 번조 후에는 받침을 떼어낸 후 사용한다. 이러한 태토빚음 받침은 14세기 말부터 15세기에 유행하는 번조받침으로 백자에서도 동일한 방법으로 사용되었다.[138] 내화토모래빚음 받침은 갈색계통을 띠는 고온에서 잘 견디는 성질이 강

138 다만, 전라도의 경우는 조선 중기까지 태토빚음 받침 사용 사례가 확인된다.

한 흙에 모래 알갱이를 함께 넣고 빚어 굽 접지면이나 굽 안바닥에 여러 개를 붙이는 형태로, 유약이 녹아 바닥에 달라붙는 현상을 방지하기 위해 사용되었다(표 56-④). 이러한 내화토모래빚음 받침은 고려청자에서도 사용된 번조 받침이나 고려시대의 것보다 재질이 좀 더 단단하며, 검은색 모래 알갱이가 적은 편이다. 내화토빚음 받침은 미황색을 띠며 고온에서 잘 견디는 성질이 강한 흙을 빚어 굽 접지면이나 굽 안바닥에 여러 개를 붙이는 형태로 내화토모래빚음 받침처럼 유약이 녹아 바닥에 달라붙는 현상을 방지하기 위해 사용된 번조 받침이다(표 56-⑤). 이러한 내화토빚음 받침은 고려 초기부터 12세기까지 사용되었던 것으로 조선 전기에 다시 등장한다. 모래빚음 받침은 작은 모래 알갱이를 빚어 굽 접지면이나 굽 안바닥에 여러 개를 붙이는 방법으로 일부 내화토가 섞여 있기도 하다(표 56-⑥).

표 56 분청사기에 사용된 번조받침의 종류

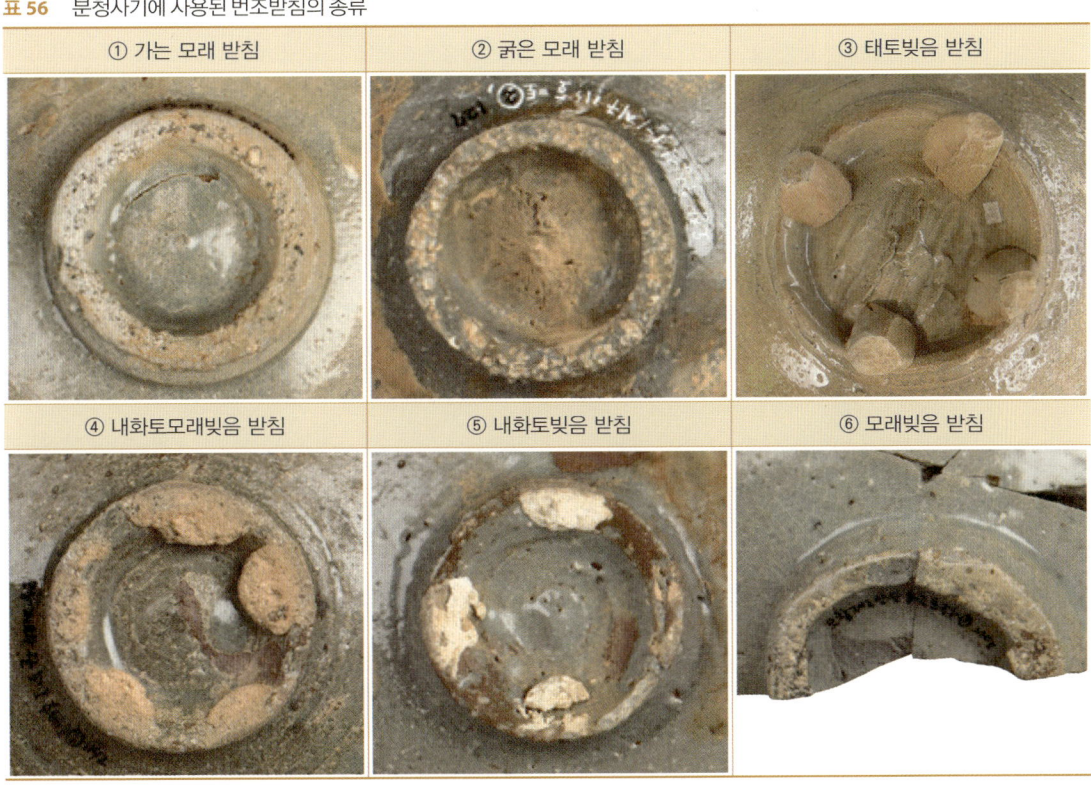

한 가지 재질의 번조받침만을 이용하는 경우가 가장 많으나, 내저면과 굽 접지면의 번조받침을 달리하여 받친 경우도 있다. 그 예로 내저면에는 태토빚음 받침을, 굽 접지면에는 가는 모래 받침을 받치거나(표 57-①), 내저면에는 태토빚음 받침을, 굽 접지면에는 모래빚음 받침을 받친 경우(표 57-②)를 들 수 있다. 이렇게 두 가지 번조받침을 사용한 경우의 대부분은 포개구이의 가장 하단에 위치하는 것으로 가마의 바닥면에 놓이는 그릇에 해당한다.

번조받침에 대한 서술은 사용된 번조받침의 위치와 함께 번법燔法 등에 대해 선택적으로 기술하면 된다. 그러면 번조받침의 기본적인 정보를 바탕으로 여러 사례의 유물에 대해 기술해 보도록 하자(표 58).

표 57 2가지 번조받침이 사용된 경우

| ① 태토빚음+가는 모래 받침 | ② 태토빚음+모래빚음 받침 |

표 58 분청사기 번조받침에 따른 도자기 유물 기술 사례

연번	사 진	번조받침 및 유물 기술 내용
1		가는 모래 받침 굽 접지면에는 가는 모래 받침을 받쳐 구운 흔적이 남아 있다.
2		굵은 모래 받침 내저면과 굽 접지면에는 굵은 모래 받침을 받쳐 포개어 구운 흔적이 남아 있다.

연번	사진		번조받침 및 유물 기술 내용
3			태토 빚음 받침 굽 접지면에는 4개의 태토빚음 받침을 받쳐 구운 흔적이 남아 있다.
4			내화토모래빚음 받침 굽 접지면과 굽 안바닥에는 6개의 내화토모래빚음 받침을 받쳐 구운 흔적이 남아 있다.
5			내화토빚음 받침 굽 접지면과 굽 안바닥에는 4개의 내화토빚음 받침을 받쳐 구운 흔적이 남아 있다.
6			태토빚음+가는 모래 받침 내저면에는 3개의 태토빚음 받침을 받치고, 굽 접지면에는 가는 모래 받침을 받쳐 포개어 구운 흔적이 있다.
7			태토빚음+모래빚음 받침 내저면에는 태토빚음 받침을 받치고, 굽 접지면에는 모래빚음 받침을 받쳐 포개어 구운 흔적이 있다.

명문(銘文)

분청사기에서 나타나는 명문은 ① 관사명官司銘, ② 지명地名+관사명官司銘, ③ 장인명匠人銘 등으로 구분할 수 있다. 명문이 새겨진 분청사기는 유적의 편년을 결정하는데 기준을 제공한다. 명문의 내용을 살펴보면 다음과 같다.

① 관사명(官司銘)

분청사기에서 확인되는 관사명은 공안부恭安府·경승부敬承府·인녕부仁寧府·덕녕부德寧府·내자시內資寺·내섬시內贍寺·예빈시禮賓寺·사선서司膳署·장흥고長興庫·국흥고國興庫[139]·사옹원司饔院 등이 있으며,[140] 관사의 성격에 따라 임시관청과 상설관청으로 나눌 수 있다. 관사명 분청사기는 관사명 외에도 다른 글자와 조합하는 경우가 있으며, 이를 정리하면 〈표 59〉와 같다.

표 59 관사명 분청사기의 종류 및 명문 표기 내용

연번	관사명		명문의 예	존속기간(년)
1	임시관청	공안부	恭安, 恭安府	1400~1420
2		경승부	敬承府	1402~1418
3		인녕부	仁寧府	1400~1421
4		인수부	仁壽, 仁壽府, 仁壽府執用, 地名+仁壽, 地名+仁壽府, 地名+仁壽府納	1400 / 1418~1455 / 1457~1461
5		덕녕부	德寧府	1455~1457
6	상설관청	내섬시	內贍, 內贍寺, 內贍執用, 內贍寺執用, 地名+內贍	1403~1800
7		내자시	內資, 內資寺, 內資內用, 內資執用	1403~1882
8		예빈시	禮, 禮賓, 禮賓寺, 禮賓執用	921~1894
9		사선서	司, 司膳, 司膳署	1372~1466
10		장흥고	長, 長興, 長興庫, 興庫, 長興(庫)執用, 地名+長興(庫), 地名+長興執用, 地名+長興庫納	1392~

[139] 국흥고와 같은 관사명은 문헌기록에서는 찾을 수 없으나 실례가 전하는 경우이다. 호암미술관, 『粉靑沙器名品展 II-한국미의 원형을 찾아서』, 2001, p. 88.

[140] 박경자, 「粉靑沙器 銘文 硏究」, 『강좌미술사』 25호, 한국불교미술사학회, 2005, p. 262.

[141] 강경숙, 『韓國 陶磁史』, 예경, 2012, p. 335.

[142] '공안부'명 분청사기는 현재 지표조사 및 발굴조사를 통해 확인된 경우가 없다. 〈표 60〉에 제시된 ① 청자 상감 모란당초문 '공안'명 발, ② 분청사기 인화 국화문 '공안부'명 발 이외에도 부산대학교박물관에 소장된 〈분청사기 인화 국화문 '공안부'명 접시〉가 있다.

공안부恭安府는 정종을 위해 정종 2년(1400)부터 세종 2년(1420)까지 존속되었던 상왕부上王府로, 정종이 몰한 이듬해인 1420년 3월 인녕부仁寧府에 병합되어 폐지된 관청이다.[141] '공안부'명 분청사기는 그릇의 내저면이나 외면에 '恭安'(표 60-①) 또는 '恭安府'(표 60-②)라는 명문이 상감기법으로 새겨져 있다. 지금까지 확인된 '공안부'명 분청사기는 전세품이 대부분이며, 지표조사나 발굴조사를 통해 알려진 것은 없다.[142] 다만, 강원도 양구지역의 지표조사

표 60 '공안부'명 청자·분청사기 및 백자

① 청자 상감 모란당초문 '공안'명 발 조선, 1400~1420년, 높이 6cm, 호림박물관	② 분청사기 인화 국화문 '공안부'명 발 조선, 1400~1420년, 높이 7.8~9.4cm, 국립중앙박물관	③ 백자 '공안부'명 접시 편 조선, 1400~1420년, 높이 3.5cm, 강원도 양구군 방산면 송현리, 명지대학교박물관

중 방산면 송현리 5호 가마터 주변에서 접시의 굽 주변에 압인으로 '恭'·'安'·'府'라는 글자가 새겨져 있는 백자 접시 편(표 60-③)이 확인되어 '공안부'명 분청사기와 함께 '공안부'명 백자도 제작되었던 것을 알 수 있다.[143]

경승부敬承府는 태종 2년(1402) 양녕대군 이제李禔의 원자부로 출발하여, 태종 4년 세자로 책봉되면서 세자부가 되었고, 태종 18년 (1418) 양녕대군을 세자에서 폐하고, 충녕대군 이도李祹를 세자로 삼은 후 순승부順承府로 바뀌면서 폐지된 관청이다.[144] '경승부'명 분청사기는 그릇의 외면에 등간격으로 3개의 원을 배치한 다음 원 안에 '敬'·'承'·'府'를 한 글자씩 새겨 넣었으며(표 61-①·②), 최근 경남 합천군 가회면 장대리 분청사기가마터 발굴조사 현장에서 분청사기 인화 국화문 '경승부'명 발 편(표 61-③)이 확인되어 전세품으로 전해지는 '경승부'명 분청사기의 제작지로 주목된다.[145]

인녕부仁寧府는 정종 2년(1400)에 공안부와 함께 중궁부로 세워져 세종 3년(1421) 경순부慶順府로 변화됨으로써 폐지된 관청이다.[146] '인녕부'가 새겨진 분청사기는 사카이 슈이치로[笠井周一郎]가 소개한 〈분청사기 인화 국화문 '인녕부'명 발 편〉 1점이 알려져 있

[143] 박정민, 「麗末鮮初 陽口 方山가마와 관사명 공납백자」, 『양구방산백자 600년의 빛』, 방산자기박물관, 2007, pp. 106~112.

[144] 강경숙, 앞의 책(2012), pp. 337~338.

[145] 동서문물연구원·합천군, 『陜川 將臺里陶窯址』, 2012.

[146] 강경숙, 위의 책(2012), p. 337.

표 61 '경승부'명 분청사기

① 분청사기 인화 국화문 '경승부'명 접시 조선, 1402~1418년, 높이 3.6cm, 이화여자대학교박물관	② 분청사기 인화 국화문 '경승부'명 접시 조선, 1402~1418년, 높이 3.1cm, 호림박물관	③ 분청사기 인화 국화문 '경승부'명 접시 편 조선, 1402~1418년, 경남 합천군 가회면 장대리 분청사기가마터

표 62 분청사기 인화 국화문 '인녕부'명 발 편

다(표 62).¹⁴⁷ 내저면의 중앙에 인녕부가 새겨져 있으며, 그 주변으로 국화문을 장식한 형태이다.

　　인수부仁壽府는 정종 2년(1400) 2월에서 11월까지 태종을 위한 세자부로 9개월간 존속하였지만, 태종 이방원이 임금이 된 1401년 이후 인수부와 관련된 기록을 찾을 수 없다. 다만, 태종 18년(1418) 6월부터 8월까지 세종이 2개월간 세자로 있을 때, 세자부는 순승부였고, 세종이 임금으로 즉위하자 순승부는 인수부로 개칭되어 상왕전(공안부) 아래로 소속되었다. 따라서 일종의 상왕부와 같은 성격을 지녔기 때문에 단종을 상왕으로 봉한 단종 3년(1455)에, 인수부를 덕녕부德寧府로 개칭하여 상왕부의 역할을 관장하게 한 것도 이와

147　강경숙, 앞의 책(2012), p. 337 각주 12 참조.

같은 맥락에서였다.¹⁴⁸ 그러나 단종이 죽자 덕녕부는 바로 인수부로 개칭되었고, 인수부 역시 1457년에서 1461년 사이 어느 해에 혁파된다.¹⁴⁹ 이처럼 인수부는 1422년 태종이 몰한 뒤 폐지되었어야 했음에도 불구하고 1461년경까지 상왕부로 존속되었다는 점에서 볼 때, 세종의 재위기간동안 어부로서 일정한 역할을 하였음을 알 수 있다.¹⁵⁰

'인수부'명 분청사기는 그릇의 외면에 별도의 구획 없이 새겨 넣은 것도 있지만(표 63-①), '경승부'명 분청사기처럼 외면에 등간격으로 구획된 원 안에 한 글자씩 넣어서 새겨 만든 것이 많다. '인수부'의 표현 방법은 '仁壽'·'仁壽府'·'仁壽府執用'·地名+'仁壽'·地名+'仁壽府'·地名+'仁壽府納' 등으로 확인되며, 지명에는 경상도와 관련된 지명이 많은 것이 특징적이다. 이러한 '인수부'명 분청사기는 충남 연기 금사리를 비롯하여 충북 영동 사부리와 경북 칠곡 학상리·학하리, 경북 고령 사부동, 경남 창녕 청암리, 울산 울주 하잠리, 언양 태기리 등의 지표조사를 통해 수습되었으며, 충북 영동 사부리(표 63-②)와 경북 칠곡 학하리, 경남 합천 장대리(표 63-③) 등 최근 발굴조사가 이루어진 곳에서도 출토되었다.¹⁵¹

148 강경숙, 앞의 책(2012), pp. 355~356.

149 朴敬子, 「朝鮮 15世紀 磁器 貢納에 관한 研究」, 충북대학교 대학원 사학과 박사학위논문, 2009, pp. 115~126.

150 강경숙, 위의 책(2012), p. 356.

표 63 '인수부'명 분청사기

① 분청사기 인화 집단연권문 '인수부'명 병 조선, 1400~1461년, 높이 30.7cm, 호림박물관	② 분청사기 인화 집단연권문 '김산인수부'명 발 조선, 1400~1461년, 충북 영동군 추풍령면 사부리 분청사기가마터	③ 분청사기 인화 집단연권문 '인수부'명 발 편 조선, 1400~1461년, 경남 합천군 가회면 장대리 분청사기가마터

덕녕부德寧府는 단종이 폐위되고 상왕으로 봉해진 후 1455년에서 1457년까지 약 3년간 존속한 상왕부이다. '덕녕부'명 분청사기는 그릇의 외면에 큼직하게 상감기법으로 '德寧府'를 새긴 형태(표 64-①)와 굽 안바닥에 '德寧'을 도장으로 찍어 표현한 형태(표 64-②) 두 가지가 남아 있다. 〈표 64-①〉과 같이 외면에 상감기법으로 새긴 '덕녕부'명 분청사기는 충북 영동군 사부리 황보 1호 가마터에서 수습된 바 있어, 이 관사명 분청사기의 제작지로 추정되고 있다.[152] 〈표 64-②〉는 내·외면의 문양 구성과 함께 굽 주변에 연주문을 돌린 것, 태토빚음 받침을 받쳐 번조한 점에서 미루어 보아, 광주 충효동에서 출토된 분청사기와 유사한 점이 있다. 또한, 도장을 찍어 명문을 표현한 점 역시 충효동에서 출토된 다른 명문의 양상과 닮아 있어 이 관사명 분청사기는 광주 충효동에서 만들어졌을 것으로 생각된다.[153]

내섬시內贍寺는 각 궁전에 대한 공상, 2품 이상에게 주는 술, 왜와 야인에게 주는 음식과 직조 등의 일을 맡아보던 곳으로, 고려의 덕천고가 그대로 존속되다가 태종 3년(1403)에 내섬시로 개칭되어 정조 24년(1800)까지 존속된 관청이다.[154] '내섬시'명 분청사기는 그릇의 내저면에 '內贍'·'內贍寺'·'內贍執用'·'內贍寺執用'·地名+'內贍' 등 다양한 표기방법으로 명문이 새겨져 있다. 내저면에 상감기

[151] 中央文化財研究院·韓國道路公社, 『永同 沙夫里·老斤里 陶窯址』, 2003; 嶺南文化財研究院, 『漆谷 鶴下里 粉靑沙器窯址』, 2009; 동서문물연구원, 앞의 보고서(2012).

[152] 충북대학교박물관, 『충북지방 도요지 지표조사 보고서』, 1993, pp. 418~419.

[153] 강경숙, 앞의 책(2012), p. 361.

[154] 강경숙, 위의 책(2012), p. 339.

표 64 '덕녕부'명 분청사기

① 분청사기 인화 집단연권문 '덕녕부'명 발 조선, 1455~1457년, 높이 6.1cm, 국립중앙박물관	② 분청사기 인화 집단연권문 '덕녕부'명 접시 내면·외면 조선, 1455~1457년, 높이 4cm, 개인

표 65 '내섬시'명 분청사기

① 분청사기 인화 국화문 '내섬시'명 접시 조선, 15세기, 높이 4cm, 이화여자대학교박물관	② 분청사기 인화 국화문 '내섬'명 접시 조선, 15세기, 높이 8cm, 이화여자대학교박물관	③ 분청사기 인화 국화문 '내섬'명 발 조선, 15세기, 높이 7.8cm, 호림박물관

법으로 나타낸 것이나(표 65-①) '內贍' 두 글자만을 표현한 것이 있으나(표 65-②), 대부분 도장을 여러 번 찍어 문양처럼 장식한 경우가 많다(표 65-③).

'내섬시'명 분청사기는 충남 공주 학봉리, 천안 양곡리, 전북 고창 용계리·용산리·수동리·덕암리, 전북 완주 안덕리·화심리, 전남 순천 지본리, 곡성 구성리, 광주 충효동 유적에서 수습되었다. 그중 충남 공주 학봉리,[155] 천안 양곡리,[156] 전북 고창 용계리·용산리,[157] 전북 완주 화심리,[158] 전남 곡성 구성리,[159] 광주 충효동에서는 발굴조사를 통해 '내섬시'명 분청사기가 출토되었다(표 66).[160]

내자시內資寺는 궁중에 공급되는 음식과 궁중 연회, 직조織造 등의 일을 관장하는 곳으로 고려의 의성고義成庫가 유지되다가 태종 3년(1403)에 내자시로 개칭되어 고종 19년(1882)까지 존속된 관청이다. '내자시'명 분청사기는 '內資'·'內資寺'·'內資內用'·'內資執用'(표 67-①) 등으로 표기되었으며, 충남 공주 학봉리(표 67-②),[161] 대전 구완동,[162] 전북 고창군 용산리(표 67-③)[163] 등 발굴조사를 통해 출토되었다.

특히, 충남 공주시 학봉리에서 출토된 〈표 67-②〉는 철화 안료를 이용해 붓으로 '내자시內資寺' 세 글자를 썼다. 붓으로 내자시의 관청 이름을 쓴 예는 다른 지역에서는 알려진 예가 거의 없다. 내

155 국립중앙박물관·호암미술관,『鷄龍山 鶴峯里窯址 發掘調査略報』, 1992; 국립중앙박물관,『鷄龍山 鶴峯里 二次 發掘調査略報』, 1993.

156 공주대학교박물관·(주) 에스원,『天安 陽谷里 粉靑沙器 窯址』, 1997.

157 호남문화재연구원,『高敞 龍山里窯址 Ⅰ』, 2004; 호남문화재연구원·(주)선운메이크밸리,『高敞 龍溪里窯址』, 2008.

158 전북문화재연구원·(주)오케이,『全北 花心里 遺蹟』, 2008.

159 전남문화재연구원,『곡성 구성리 도요지』, 2005.

160 국립광주박물관·광주직할시,『무등산 충효동 가마터』, 1993; 국립광주박물관,『무등산 분청사기』, 2014.

161 국립중앙박물관,『계룡산 분청사기』, 2007.

162 강경숙, 앞의 책(2005), pp. 330~334.

표 66 발굴조사된 유적 출토 '내섬시'명 분청사기

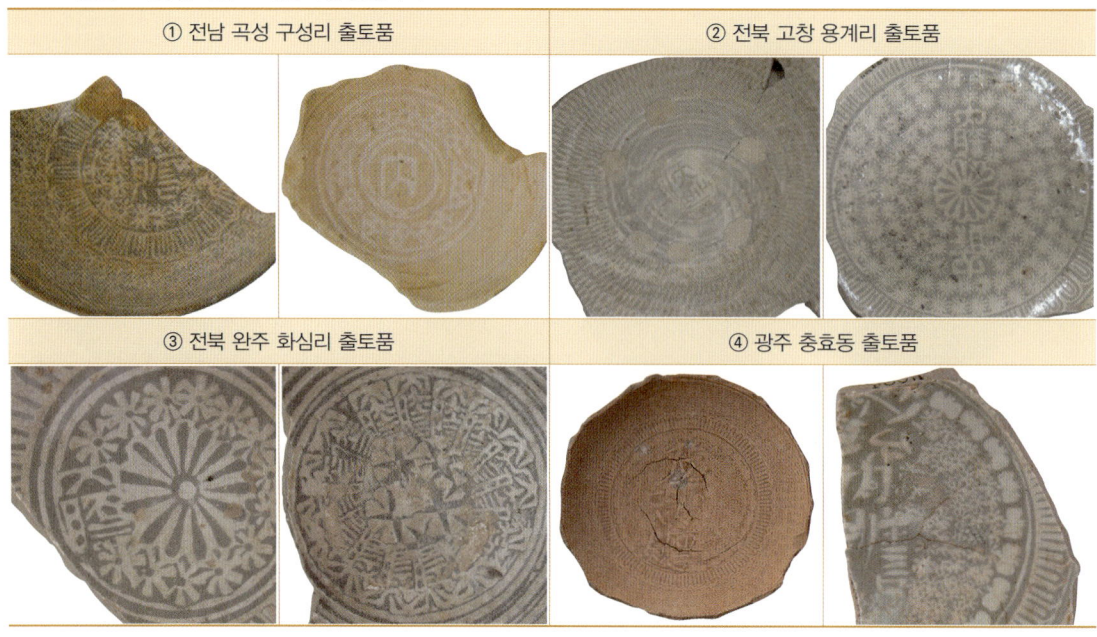

표 67 '내자시'명 분청사기

163 호남문화재연구원, 앞의 보고서(2004).

자시는 1403년부터 1882년까지 존속한 관청이지만, 분청사기의 소멸이 16세기 전반이므로 〈분청사기 인화 집단연권문 '내자시' 명 접시 편〉(표 67-②)은 16세기 후반 이후로 내려가지 않는다. 공주시 학봉리 계룡산 분청사기가마터에서는 '성화23년'(1487)·'홍치3년'(1490)·'가정15년'(1536)이 들어간 지석편 세 점이 출토되었다고 알려져 있다(사진 55~57 참조). 이들 세 점의 지석은 모두 철화 안료를 이용해서 붓으로 지석의 지문을 썼다. 따라서 발굴유적인 공주 학봉리에서 제작된 철화분청사기 파편이 수습되었을 경우, 이 유적의 편년은 성종 18년(1487)부터 중종 31년(1536) 즈음한 시기로 추정할 수 있다.

예빈시禮賓寺는 궁궐 안의 연향이나 재신들의 음식 공급 등을 관장하기 위해 설치되었던 관청으로 고종 31년(1894)까지 존속되었다. '예빈시'명 분청사기는 '禮'·'禮賓'·'禮賓寺'·'禮賓執用' 등으로 표기되었으며, 그릇의 내저면에 새기거나(표 68-①) 외면에 기재되었다. 이러한 '예빈시'명 분청사기는 충남 공주 학봉리(표 68-②), 충남 연기 금사리, 충북 영동 사부리, 전북 고창 용산리(표 68-③), 강원 양구 송현리 등에서 수습되었다.

사선서司膳署는 임금의 식사나 궁궐 안의 음식을 마련하던 관청의 이름으로 고려의 전통을 이어 1372년부터 1466년까지 존속되었다. '사선서'명 분청사기는 '司'·'司膳'(표 69-①)·'司膳署' 등으로 표기되었으며, 그릇의 내저면에 위치하는 것이 많고, 상감기법으로 표현하는 것과 도장으로 찍은 것으로 구분할 수 있다. 이러한 '사선서'명 분청사기는 충남 연기 송정리, 공주 중흥리, 전남 나주 신광리, 경북 상주 우하리, 고령 기산동, 울산 언양 태기리 등에서 수습

표 68 '예빈시'명 분청사기

① 분청사기 인화 집단연권문 '예빈'명 발	② 분청사기 인화 국화문 '예빈'명 접시 편	③ 분청사기 인화 승렴문 '예빈'명 접시 편
조선, 15세기, 높이 4cm, 이화여자대학교박물관	조선, 15세기, 충남 공주시 반포면 학봉리 분청사기가마터, 국립중앙박물관	조선, 15세기, 전북 고창군 부안면 용산리 분청사기가마터

되었으며, 그중 경북 칠곡 학하리(표 69-②), 경남 합천 장대리(표 69-③) 발굴조사를 실시한 결과, '사선서'명 분청사기가 출토되었다.

장흥고長興庫는 돗자리·유둔油芚·지지紙地 등을 관리하고 궐내 여러 관아에서 쓰는 물품을 공급하는 관청으로 관사명 분청사기 중 '장흥고'명 분청사기가 가장 많이 남아 있으며, 그 표기 방법 또한 '長'·'長興'·'長興庫'·'興庫'·'長興(庫)執用'·地名+'長興(庫)'·地名+'長興執用'·地名+'長興庫納' 등으로 가장 다양하게 표현되었다(표 70). 이러한 '장흥고'명 분청사기는 충북 영동 사부리, 충남 보령 용

표 69 '사선서'명 분청사기

① 분청사기 인화 국화문 '사선'명 접시	② 분청사기 상감 곡선문 '사선'명 접시 편	③ 분청사기 인화 국화문 '사선'명 접시 편
조선, 15세기, 높이 8.2cm, 리움미술관	조선, 15세기, 경북 칠곡군 가산면 학하리 분청사기가마터	조선, 15세기, 경남 합천군 가회면 장대리 분청사기가마터

표 70 '장흥고'명 분청사기

① 분청사기 인화 국화문 '장흥고'명 발	② 분청사기 인화 집단연권문 '김해장흥집용'명 발 내면·외면
조선, 15세기, 높이 6.5cm, 국립중앙박물관	조선, 15세기, 높이 5.5cm, 호림박물관

수리 2호·평라리, 경북 칠곡 학상리, 경산 산전리, 경주 남사리, 경주 내태리, 경남 진주 효자리, 사천 송전리, 양산 가산리, 밀양 용전리, 창녕 청암리, 진해 두동리, 울산 울주 고지평·하잠리, 언양 태기리, 전남 곡성 구성리 등의 지역에서 수습되었으며, 그중 충북 영동 사부리에서는 '金山長興庫'명 분청사기 편이,[164] 전남 곡성 구성리에서는 '長興'명 분청사기 편이,[165] 울산 고지평에서는 '蔚山長興庫'명 분청사기 편이,[166] 충남 보령 용수리 2호·평라리에서는 '長', '興'명 분청사기 편이 출토되었다.[167]

관사명 분청사기가 집중적으로 제작되게 된 것은 『태종실록太宗實錄』의 기록을 통해 확인할 수 있다. 태종 17년(1417) 호조에서는 장흥고에서 관리하는 그릇의 환수율이 낮아 이제부터 장흥고에 바치는 사목기에 대해 관청의 이름[司號]을 새기도록 하였다는 기록이 있다.[168] 즉, 장흥고뿐만 아니라 관아에 납부하는 그릇에 각각 그 관아의 이름을 새김으로써, 이후 관청의 이름이 있는 그릇을 사사로이 소유한 자는 관물을 훔친 죄로 다스려 막대한 폐해를 막고자 하였다. 이 결과, 공안부·경승부·인수부·사선서·내섬시·내자시·예빈시·장흥고 등의 이름이 새겨져 있는 분청사기가 전해지는 것이다.[169]

② 지명(地名)+관사명(官司銘)

지금까지 분청사기에 나타나는 지명은 총 40여 개의 지역으로 東萊·陜川·三加·高靈·星州·昌寧·靈山·慶山·昌原(昌元)·密陽·梁山·淸道·彦陽·蔚山·蔚珍·慶州·興海·晉州·鎭海·昆南·咸安·永川·義城·軍威·仁同·金山·善山·安東·永州·義興·宜寧·順興·禮安·光(州)·茂珍·木川·茂安·茂長·三陟·海州 등이다.[170] 지역별로는 경상도·충청도·전라도·강원도·황해도 지역 등으로 경기도와 함경도를 제외한 전국적인 분포를 보이고 있으며, 그중 31곳이 경상도 지역에 해당하는 지명이 표기되어 있어 경상도 집중 현상

164 중앙문화재연구원, 앞의 보고서(2003).

165 전남문화재연구원, 앞의 보고서(2005).

166 한국문화재보호재단, 『蔚山 高旨坪遺蹟(Ⅲ)』, 2004.

167 한국수자원공사·이화여자대학교박물관, 『陶窯址 發掘調査報告-保寧댐 水沒地域 發掘調査報告③』, 1996.

168 『태종실록』 권33, 태종 17년(1417) 4월 20일 조
戶曹上器皿除弊事宜. 啓曰: "據長興庫呈, 外貢砂木器, 以司饔房納施行, 而庫專掌捧納, 內宴及行幸時, 分納於司饔房, 司膳署, 司饔所, 故未得終始考察, 或匿或破, 還納之數, 僅至五分之一, 徵於逢年下典, 實爲積年巨弊. 願自今庫納砂木器外貢元數內, 司饔房, 司膳署, 禮賓, 典祀, 內資, 內贍寺, 恭安, 敬承府等各司, 分定上納, 各其司考察出納, 以革積弊." 戶曹又啓: "長興庫貢案付砂木器, 今後刻長興庫三字, 其他各司所納, 亦依長興庫例, 各刻司號, 造作上納. 上項有標器皿, 私藏現露者, 以盜官物坐罪, 以絶巨弊." 皆從之.

169 강경숙, 앞의 책(2012), p. 344.

170 박경자, 앞의 논문(2005), pp. 265~269.

표 71 '경상도 지명'+관사명 분청사기

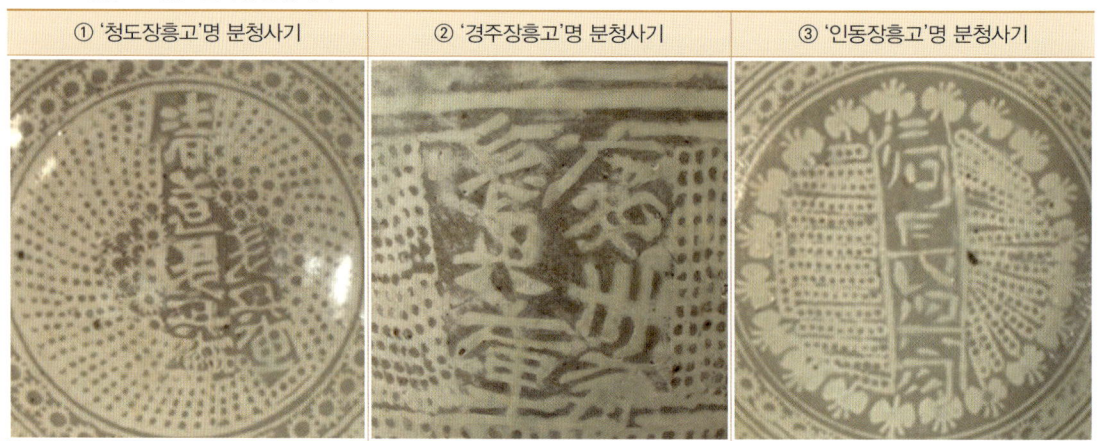

① '청도장흥고'명 분청사기 　② '경주장흥고'명 분청사기 　③ '인동장흥고'명 분청사기

이 나타난다. 경상도 지명과 관사명이 결합된 사례를 살펴보면, 〈표 71〉과 같다.

앞서 살펴본 관사명과 함께 결합된 지명은 지역별 특징을 띠고 있다. 내섬시·내자시·예빈시는 전라도·충청도·강원도에서만 제작되었으며, 광주 충효동에서 제작된 '茂珍內贍'을 제외하고는 모두 지명 없이 관사명만 표기하였다. 이와 달리 인수부·덕녕부·장흥고 등은 전라도·충청도·경상도에서 제작되었으나 충청도와 전라도 지역에서는 지명 없이 관사명만을 표기하였고, 경상도에서는 지명과 관사명을 함께 표기하였다. 즉, 내자시·내섬시·예빈시는 전라도와 충청도에서 집중적으로 제작된 반면, 경상도에서는 현재까지 그 제작지가 확인되지 않았다. 인수부와 장흥고는 전라도·충청도·경상도에서 모두 제작되었으나 전라도와 충청도에서는 지명을 표기하지 않았고, 경상도에서만 지명을 표기하고 있음을 확인할 수 있다.[171]

171 박경자는 같은 관사명일지라도 관사명만 표기하거나 관사명과 지명을 함께 표기하는 구분되는 현상은 한성부까지 운송해야하는 방법의 차이로 보고 있다. 박경자, 「15C 貢物의 운송방법과 분청사기 명문의 지역별 특징」, 『湖西史學』, 제47집, 호서사학회, 2007, pp. 221~222.

③ 장인명(匠人銘)

분청사기에 보이는 장인명은 대부분 굽 안바닥에 새겨져 있으며, 전북 완주 화심리의 경우에는 내저면에 상감기법으로 표기되어 있는 경우가 확인되었다. 분청사기에 장인의 이름이 기재되게 된 배경과 관련하여 『세종실록世宗實錄』의 기록이 있다. 세종 3년(1421)년 4월 진상하는 모든 그릇이 제대로 만들어지지 않자, 장인의 이름을 쓰게 하여 후일 그 책임을 물리도록 하겠다고 하였다.[172] 즉, 진상되는 그릇의 품질을 관리하기 위한 방편으로 공조에서는 분청사기에 장인의 이름을 표기하도록 하였고, 장인의 이름과 함께 지명을 기재함으로써 그 책임을 수령이 책임지도록 한 조처였을 것이라고 한 의견도 있다.[173]

분청사기가마터에서 장인명 명문이 새겨져 있는 분청사기가 출토된 곳은 광주 충효동을 비롯하여 울산 고지평 유적, 경기 광주 도수리, 충남 공주 중흥리, 전북 완주 화심리 등이 있다(표 72).

그중 광주 충효동에서 가장 많은 종류의 장인명이 확인되었으

[172] 『세종실록』 권11, 세종 3년 (1421) 4월 16일조
工曹啓: "凡進上器皿, 不用心堅緻造作, 緣此不久破毁. 今後於器皿底, 書造作匠名, 以憑後考, 其不用心者, 徵其器皿." 從之.

[173] 박경자, 앞의 논문(2005) ; 同著, 「조선 15세기 자기소의 성격」, 『美術史學研究』 제270호, 한국미술사학회, 2011.

[174] 박경자, 앞의 논문(2005), p. 270의 〈표 5〉를 수정·보완하였다.

표 72 가마터 출토 '장인명' 분청사기[174]

연번	유적명	장인명
1	광주광역시 충효동	朴德只, 金禾中, 得夫, 閑生, 工夫, 朴夫, 德生, 永守, 良金, 德金, 往金, 咸金, 朴文, 朴金, 朴主, 李井, 李万, 崔万, 李金, 万朴, 金万, 金水, 金朱, 閑山, 金山, 末山, 中山, 貴山, 孝山, 崔山, ○龍, 金○, 同○, 德○, 得○, 閑○, ○井, 春○, ○李, 徐, 徐万, 尹, 朴, 崔, 鄭, 知, 生, 金, 仁, 水, 无, 馬, 自, 夫, 山, 秀, 田, 孝, 天, 田, 眞 등
2	울산광역시 고지평	崔上左(万 또는 方)
3	경기 광주시 도수리	聖, 閔
4	충남 공주시 중흥리	金
5	전북 완주군 화심리	莫生, 莫三, 委釭, 全巾之(全州之), ○我万, 中○, 継生 등

표 73 발굴 조사된 가마터 출토 '장인명' 분청사기

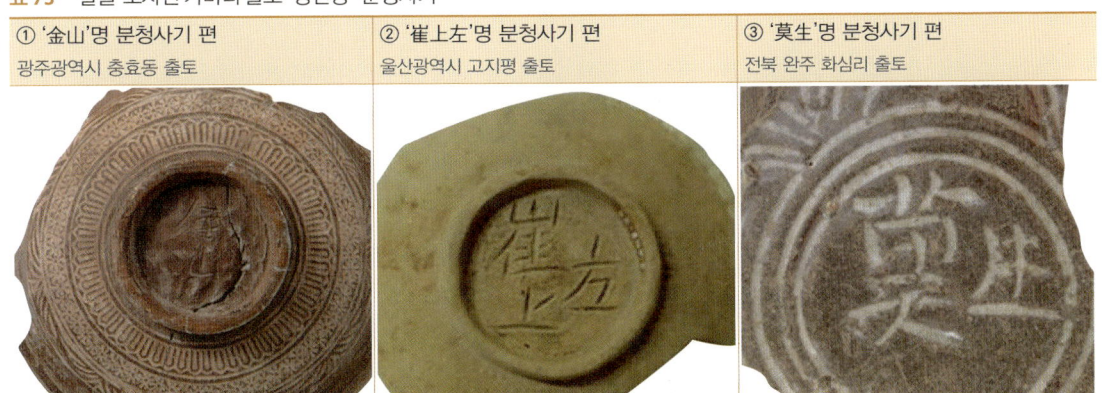

① '金山'명 분청사기 편
광주광역시 충효동 출토

② '崔上左'명 분청사기 편
울산광역시 고지평 출토

③ '莫生'명 분청사기 편
전북 완주 화심리 출토

며, 대부분 굽 안바닥에 음각기법으로 장인명을 새겨 넣었다(표 73-①). 특히, 성姓이 있는 이름도 많이 새겨져 있어 당시의 이름 표기에 대해 알 수 있는 좋은 자료로 판단된다. 전북 완주 화심리 유적에서는 장인명 명문이 그릇의 내저면에 상감기법으로 새겨진 것이 많아 (표 73-③) 광주 충효동과 같이 다른 유적에서 출토된 장인명 분청사기와는 다른 양상을 보여준다. 장인의 이름을 새기라는 국가적 조치임에도 불구하고 각 지방과 시기에 따라 각기 다른 모습으로 표현되었다는 점은 앞으로의 연구과제로 판단된다.

분청사기의 명문에 대한 서술은 명문의 위치와 사용된 기법 등에 대해 기술하면 된다. 그러면 분청사기 명문의 기본적인 정보를 바탕으로 관사명, 지명+관사명, 장인명 등 여러 사례의 유물에 대해 기술해 보도록 하자(표 74).

표 74 분청사기 명문에 따른 도자기 유물 기술 사례

연번	사 진	명문관련 유물 기술 내용
1		그릇의 내저면에 있는 경우 그릇의 내저면에는 공안(恭安)이라는 명문이 상감기법으로 새겨져 있다. 공안은 조선시대 정종의 상왕부의 기능을 했던 공안부(恭安府)를 의미한다.
2		그릇의 외면에 구획하여 있는 경우 그릇의 외면에는 원 안에 '경(敬)', '승(承)', '부(府)'를 한 글자씩 넣어 일정한 간격으로 배치하여 상감기법으로 표기하였다. 경승부(敬承府)는 양녕대군 이제의 원자부 기능을 했던 관사를 말한다.
3		굽 안바닥에 있는 경우 굽 안바닥에는 덕녕(德寧)이라는 명문이 도장으로 찍어서 표기되어 있다. 덕녕은 단종의 상왕부의 역할을 했던 덕녕부(德寧府)를 의미한다.

연번	사 진	명문관련 유물 기술 내용
4		그릇의 내저면에 여러 개로 찍은 경우 그릇의 내저면은 국화꽃을 배치하고 그 주변으로 사각형 안에 내섬(內贍)이라는 글자를 간략화하여 표현한 모서리가 둥근 사각형으로 구획된 명문을 둘러 마치 문양처럼 표현하였다. 내섬은 각 궁전의 공상과 음식, 직조 등을 맡아보던 기관인 내섬시(內贍寺)를 의미한다.
5		그릇의 내·외면에 있는 경우 그릇의 내저면 중앙에는 상감기법으로 김해(金海)라는 명문이 새겨져 있고, 외면에는 장흥집용(長興執用)이라는 명문이 한 글자씩 새겨져 있다. 김해라는 지명과 장흥고집용이라는 관사명이 함께 표기된 것으로 장흥고는 궐내의 여러 관아에서 사용하는 물품을 관리하는 장흥고를 의미한다.
6		굽 안바닥에 있는 경우 굽 안바닥의 중앙에는 김산(金山)이라는 장인의 이름이 음각기법으로 새겨져 있다.

백자

장식기법 및 문양

① 장식기법

백자에 표현된 장식기법은 음각·양각·투각·상감·청화·철화·동화·청채·동채 등으로 다양하게 나타난다.

· 음각기법(陰刻技法)

음각기법은 그릇의 표면에 뾰족한 도구를 이용하여 선을 파내어 문양을 표현하는 기법으로 인류가 문양을 장식하는 것에 있어 가장 오래된 방법 중 하나이다.

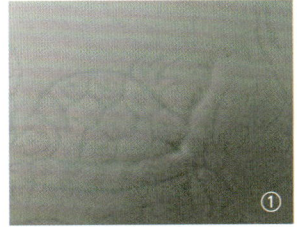 

사진 136 음각기법

조선시대에 생산된 백자에서 음각기법은 아주 희소하게 확인되며 (사진 136-①), 대부분 자기제 지석에서 많이 활용되었다. 조선 후기에는 백자에 음각기법으로 문양을 먼저 장식하고, 그 위에 산화코발트 안료를 발라 제작한 음각청채백자에서 음각기법을 찾아볼 수 있다(사진 136-②).

· 양각기법(陽刻技法)

사진 137 양각기법

양각기법은 그릇의 표면에 문양을 장식하고, 문양의 바깥부분을 깎아내어 도드라지게 표현하는 방법이 일반적이다. 조선시대의 양각백자는 문양을 별도의 틀에 찍어 만들어진 그릇의 표면에 붙여 문양이 볼록하게 튀어나오게 장식하는 양각기법을 사용하였다(사진 137-①). 이러한 양각백자는 18세기 이후 청화백자의 제작을 금지하면서부터 제작되기 시작하여, 19세기 이후부터 청화·철화·동화기법 등과 함께 사용되어 장식미를 더욱 증가시키기도 하였다(사진 137-②).

· 투각기법(透刻技法)

사진 138 투각기법

투각기법은 그릇의 표면에 문양을 장식한 뒤, 문양을 남기고 그 배경이 되는 부분을 도려내어 문양만 남겨 표현하는 장식기법이다. 조선시대의 투각기법은 남아 있는 문양 부분에 음각기법으로 정교한 선을 더 넣어 자세한 문양 처리가 특징적이다 (사진 138-①). 이러한 투각백자는 문방구인 필통에서 가장 많이 활용되었으며(사진 138-②), 조선 전기에 비해 조선 후기에 많이 제작된 경향이 있다.

· 상감기법(象嵌技法)

상감기법은 그릇의 표면에 도구를 이용하여 문양을 파낸 후 그곳에 백토白土와 자토赭土(구웠을 때, 검은색을 띰)를 채워 넣는 기법으로, 조선시대에 제작된 상감백자는 자토를 채워 넣는 흑상감기법黑象嵌技法이 주로 활용되었다. 이러한 상감백자는 경상도와 경기도 일대에서 제작되었으며, 경상도 생산품은 연질상감백자(사진 139-①), 경기도 생산품은 경질상감백자로 알려져 있다(사진 139-②).

사진 139　상감기법

175　『新增東國輿地勝覽』경기도 광주목 토산조; 成俔,『慵齋叢話』; 강경숙,「조선초기 백자의 문양과 조선 초·중기 회화와의 관계–백자청화송죽문홍치 2년명호와 이화여자대학교소장 백자청화송죽인물문호를 중심으로」,『이화사학연구』13·14, 이화사학연구소, 1983[『한국 도자사의 연구』, 시공아트, 2000에 재수록].

· 청화기법(青畵技法)

청화기법은 물에 풀어낸 산화코발트 안료를 붓에 묻혀 그릇의 내면이나 외면에 붓으로 그려 문양을 표현하는 장식기법으로 조선 전기에 처음으로 제작되기 시작하며, 도화원 소속 화원이 백자의 표면에 당시 유행한 회화작품을 그대로 표현한 것으로 알려져 있다.175 조선 중기에는 여러 전쟁으로 인해 산화코발트 안료의 수입이 이루어지지 않아 청화백자의 생산이 급격히 줄어들었으며, 조선 후기에는 수입산 산화코발트 안료가 확보되면서 많은 청화백자가 제작되었다.

사진 140　청화기법

· 철화기법(鐵畵技法)

철화기법은 물에 풀어낸 산화철 안료를 붓에 묻혀 그릇의 표면에 붓으로 그려 문

사진 141　철화기법

양을 표현하는 장식기법으로 환원 분위기로 번조하였을 때, 흑갈색 또는 흑색 계열로 발색되는 특징이 있다. 조선시대의 철화백자는 조선 전기에 일부 확인되며(사진 141-①), 조선 중기 청화백자의 대체 생산품으로 많은 양이 제작되었다. 조선 중기의 철화백자는 조선 전기의 청화백자와 비교될 만큼 당시 회화작품을 그대로 옮겨놓은 듯 한 최고 품질로 제작된 사례가 많다(사진 141-②).

· 동화기법(銅畵技法)

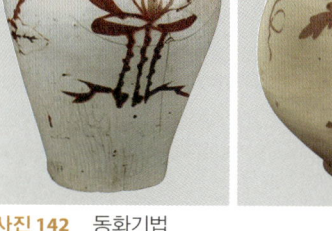

사진 142　동화기법

동화기법은 물에 풀어낸 산화동 안료를 붓에 묻혀 그릇의 표면에 붓으로 그려 문양을 표현하는 장식기법으로 환원 분위기로 번조하였을 때 붉은색 계열로 발색되며, 산화 분위기로 번조되었을 때에는 녹색 계열로 발색되는 특징이 있다. 조선시대의 동화백자는 18세기 이후에 등장하는 것으로 알려져 있으며, 그 문양이 성글고 큼직하게 표현되는 것이 특징이다. 산화동 안료는 다른 안료에 비해 휘발성이 강한 특성을 지니고 있기 때문에 문양을 그릴 때 시간을 많이 소요할 수 없다.

· 청채기법(靑彩技法)

사진 143　청채기법

청채기법은 산화코발트 안료를 물에 풀어 그릇 표면 전체에 채색하듯 바른 후 그 위에 백자 유약을 시유하여 번조하는 방법으로, 그릇의 표면이 푸른색을 띠는 자기로 표현된다. 이러한 청채기법은 조선 후기 중국에서 유입된 채색자기의 모방으로 생각되며, 청채기법만 사용한 경우도 있으나(사진 143-①), 음각·양각·투각기법 등 다른 기법과 함께 사용한 사례가 더 많은 편이다(사진 143-②).

· 동채기법(銅彩技法)

사진 144　동채기법

동채기법은 산화동 안료를 물에 풀어 그릇 표면 전체에 채색하듯 바른 후 그 위에 백자 유약을 시유하여 번조하는 방법으로, 그릇의 표면이 붉은색을 띠는 자기이다. 이러한 동채기법은 조선 후기 중국에서 유입된 채색자기의 모방으로 제작되었으며, 동채기법만 사용한 경우도 있으나, 양각기법과 함께 사용한 사례가 많은 편이다.

· 공판화기법(孔版畵技法, Stencil)

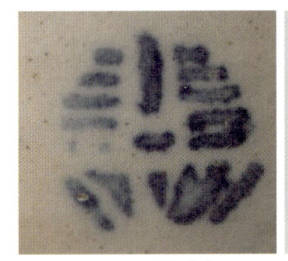 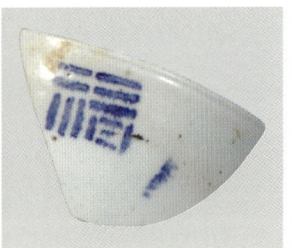

사진 145　공판화기법

공판화기법은 문양을 뚫은 종이 등을 그릇의 표면에 대고 안료를 칠하여 문양을 찍어내는 방법으로 근대부터 사용되기 시작한 장식기법이다.[176] 대부분 청화안료를 사용하여 문양을 표현한 것이 많이 확인되며, 문양을 뚫은 얇은 것을 대고 안료를 발라서 문양의 외곽선이 깔끔하지 못하고 번져있는 특징이 있다. 이러한 공판화기법은 일본자기의 유입에 따라 새롭게 등장한 장식기법이다.

[176]　근대는 1880년대부터 1945년 해방 이전까지의 시기로 보았다.

· 전사기법(轉寫技法)

사진 146　전사기법

전사기법은 문양이 장식되어 있는 수용성 필름을 그릇의 표면에 붙여 문양을 장식하는 방법이다. 즉, 수용성 필름 위에 안료를 사용하여 문양을 그린 다음 일정한 온도에서 구워낸 후, 그릇의 표면에 필름을 붙이고 문질러 필름에 있는 문양이 그릇의 표면에 부착되는 방식이다. 이 방법 역시 공판화기법과 함께 근대기에 일본자기의 영향으로 사용되기 시작한 장식기법이다. 전사기법은 사전에 문양 작업이 이루어지기 때문에 정교하게 문양이 표현되며, 빠른 시간에 문양을 장식할 수 있는 장점이 있다.

사진 147   크롬기법

· 크롬기법

크롬기법은 산화크롬 안료를 물에 풀어 붓에 묻혀 그릇의 내면이나 외면에 붓으로 그려 문양을 표현하는 장식기법으로 1900년대 이후에 사용된 방법이다. 산화크롬은 환원 분위기로 구워졌을 때, 녹색으로 발색되며, 단독으로 사용된 경우도 있으나 산화코발트 안료와 함께 사용하여 크롬기법과 청화기법이 동시에 표현된 경우도 많은 편이다.

② 문양

조선시대 백자에서 확인되는 48개의 문양은 사진으로 표를 만들어 소개한다. 백자의 문양은 식물문·동물문·기하문·복합문 등으로 분류할 수 있다.

　식물문에는 국화꽃을 단독으로 시문한 국화문(표 75-1), 국화꽃과 줄기가 함께 표현된 국화절지문(표 75-2), 넝쿨을 시문한 당초문(표 75-3), 매화꽃과 가지를 표현한 매화문(표 75-4), 모란꽃을 단독으로 시문한 모란문(표 75-5), 모란꽃을 감싸고 있는 넝쿨과 함께 표현한 모란당초문(표 75-6), 모란꽃과 줄기가 함께 표현된 모란절지문(표 75-7), 부처의 손모양과 닮아 붙여진 불수감佛手柑을 나타낸 불수감문(표 75-8), 석류를 표현한 석류문(표 75-9), 연꽃을 단독으로 시문한 연화

표 75 백자에 확인되는 문양-①

연번	문양	사 진		연번	문양	사 진	
1	국화문			7	모란절지문		
2	국화절지문			8	불수감문		
3	당초문			9	석류문		
4	매화문			10	연화문		
5	모란문			11	연화당초문		
6	모란당초문			12	연판문		

문(표 75-10), 연꽃을 감싸고 있는 넝쿨과 함께 표현한 연화당초문(표 75-11), 연꽃잎을 도식화하여 표현한 연판문(표 75-12), 영지버섯과 풀꽃을 교대로 장식한 영지화훼문(표 76-1), 대나무와 잎사귀를 표현한

표 76 백자에 확인되는 문양-②

연번	문양	사진		연번	문양	사진	
1	영지화훼문			7	구룡문		
2	죽문			8	박쥐문		
3	파초문			9	어문		
4	패랭이문			10	원숭이문		
5	포도문			11	용문		
6	초화문			12	잉어문		

죽문(표 76-2), 잎이 넓은 활엽수인 파초를 시문한 파초문(표 76-3), 지 표면을 그리고 패랭이꽃과 줄기를 표현한 패랭이문(표 76-4), 포도알

갱이와 줄기, 잎을 나타낸 포도문(표 76-5), 꽃과 풀잎을 장식한 초화문(표 76-6) 등이 있다.

　동물문에는 용의 얼굴에 거북이의 몸을 가진 구룡龜龍의 모습을 표현한 구룡문(표 76-7), 간략화된 박쥐를 나타낸 박쥐문(표 76-8), 물고기를 시문한 어문(표 76-9), 포도 넝쿨 사이를 뛰어다니는 원숭이의 모습을 나타낸 원숭이문(표 76-10), 날아가는 용의 모습을 표현한 용문(표 76-11), 수면 위를 뛰어오르는 잉어를 장식한 잉어문(표 76-12), 나비를 나타낸 접문蝶文(표 77-1), 날아오르는 학의 모습을 표현한 학문(표 77-2), 나뭇가지에 앉아 있는 까치를 바라보는 호랑이의 모습을 나타낸 호랑이문(표 77-3) 등이 있다.

　기하문에는 거북이 등껍질을 형상화한 육각형을 장식한 귀갑문(표 77-4), 철사를 꼬아놓은 듯한 사슬문(표 77-5), 선문(표 77-6), 구름을 표현한 운문(표 77-7), 영지버섯과 닮은 불교 의례도구인 여의如意의 머리모양을 시문한 여의두문(표 77-8), 길상을 상징하는 7가지 지물을 표현한 칠보문(표 77-9) 등이 있다.

　복합문에는 국화와 풀벌레·풀잎을 함께 나타낸 국화초충문(표 77-10), 매화나무 가지에 앉은 새를 표현한 매조문(표 77-11), 매화와 대나무문이 결합한 매죽문(표 77-12), 화분에 옮겨 심은 꽃나무를 표현한 분재문(표 78-1), 산과 강가의 모습을 나타낸 산수문(표 78-2), 소나무와 대나무문이 결합된 송죽문(표 78-3), 소나무 밑에 앉아 있는 인물을 표현한 송하인물문(표 78-4), 장생을 상징하는 10가지 문양을 표현한 십장생문(표 78-5), 연못가에 핀 연꽃을 표현한 연지문(표 78-6), 연꽃이 핀 연못에 헤엄치는 물고기를 장식한 연지어문(표 78-7), 구름 사이를 날아다니는 용·봉황·학을 시문한 운룡문(표 78-8)·운봉문(표 78-9)·운학문(표 78-10), 꽃과 새를 함께 장식한 화조문(표 78-11), 꽃과 나비를 표현한 화접문(표 78-12) 등이 있다.

표 77 백자에 확인되는 문양-③

연번	문양	사진		연번	문양	사진	
1	접문			7	운문		
2	학문			8	여의두문		
3	호랑이문			9	칠보문		
4	귀갑문			10	국화초충문		
5	사슬문			11	매조문		
6	선문			12	매죽문		

표 78 백자에 확인되는 문양-④

연번	문양	사진		연번	문양	사진	
1	분재문			7	연지어문		
2	산수문			8	운룡문		
3	송죽문			9	운봉문		
4	송하인물문			10	운학문		
5	십장생문			11	화조문		
6	연지문			12	화접문		

태토

백자의 태토는 청자나 분청사기의 태토와는 달리 암반에서 풍화·침식을 거친 돌의 형태로 이루어져 있으며, 이를 채취하여 곱게 파쇄한 뒤 태토 안에 있는 불순물을 제거한 후 사용한다. 태토 안의 불순물 또는 유기질 물질이 잘 걸러내어지면 백색에 가까운 태토로 변화되며(표 79-①), 수비과정에서 불순물이나 모래 알갱이 등이 잘 걸러내어지지 않으면 다소 조잡한 태토로 만들어지게 된다(표 79-②).

태토의 색조는 백색에 가까운 색이 많으나 불순물의 정제된 정도에 따라 회색이나 진회색을 띠는 경우도 있다(표 80-①). 또한, 가마 분위기에 따라 제대로 익지 못한 경우에는 백색이나 회색 계열을 띠지 않고, 연황색이나 옅은 갈색을 띠기도 한다(표 80-②).

태토에 대한 기술은 색조·정선도·자화도磁化度 등의 순서에 따라 설명하고자 한다. 그러면 태토의 기본적인 정보를 바탕으로 여러 사례의 유물에 대해 기술해 보도록 하자(표 81).

표 79 정선도에 따른 태토 사례

| ① 정선(精選)된 태토 | ② 조잡한 태토 |

표 80 가마 분위기에 따른 태토의 색조

| ① 일반적인 환원번조 | ② 제대로 익지 못한 경우 |

표 81 태토에 따른 도자기 유물 기술 사례

연번	사진	태토 및 유물 기술 내용
1		정선된 태토를 사용한 경우 태토(胎土)는 밝은 회색을 띠며, 비교적 잘 정제(精製)되어 정선된 점토를 사용하였으나 작은 기포(氣泡)가 약간 포함되어 있다.
2		조잡한 태토를 사용한 경우 태토(胎土)는 회색을 띠며, 가는 모래 알갱이와 기포(氣泡)가 다량 포함되어 다소 조잡한 편이다.
3		태토가 제대로 익지 않은 경우 태토(胎土)는 제대로 익지 않아 살구색을 띠며, 비교적 잘 정제(精製)된 편이나 가는 모래 알갱이와 기포(氣泡)가 약간 포함되어 있다.

유약

유약의 색조에 대해서는 관찰자의 주관적인 견해가 가장 많이 반영되는 부분이다. 그중에서 현재 국어사전에 등록되어 있는 색조를 중심으로 백자의 유색에 대해 정리하면 〈표 82〉와 같다.

백자의 유색은 환원번조되면서 백색계열을 띠는 것이 일반적이나(표 83-①) 가마 분위기에 따라 산화번조되면 황색이나 갈색계열을 띠기도 하며(표 83-②), 한 그릇에서도 가마 안에서 불의 영향에 따라 여러 가지 색을 띠기도 한다(표 83-③).

유약에 대한 서술은 색조·시유 상태(전면·부분시유)·빙렬氷裂 여부 등을 확인할 수 있는 상황에 대해 선택적으로 기술하면 된다. 그러면 유약의 기본적인 정보를 바탕으로 여러 사례의 유물에 대해 기술해 보도록 하자(표 84).

표 82 백자의 유색(釉色)

유색	연황색	유백색	회녹색	녹청색
사진				
유색	회백색	회색	진회색	청백색
사진				

표 83 가마 분위기에 따른 유약의 색조 사례

① 환원번조된 백자 유색	② 산화번조된 백자 유색	③ 산화·환원번조된 백자 유색

표 84 유약에 따른 도자기 유물 기술 사례

연번	사 진		유약 및 유물 기술 내용
1			전면 시유된 경우 유약(釉藥)은 회백색을 띠며, 굽 안바닥까지 전면에 고르게 씌워져 있다.
2			부분 시유된 경우 유약(釉藥)은 녹청색을 띠며, 굽과 그 주변을 제외하고 씌워져 있다. 그릇의 전면에 빙렬이 확인된다.

연번	사진	유약 및 유물 기술 내용
3		산화·환원번조가 함께 있는 경우 유약(釉藥)은 회색을 띠며, 전면에 씌워져 있으나 외면의 아랫부분에는 산화번조되어 연황색을 띤다. 그릇의 전면에 가는 빙렬이 확인된다.

굽

백자에서 확인되는 굽의 형태는 크게 죽절굽·역삼각형굽·수직굽·오목굽·넓은굽·안굽·평굽 등으로 구분할 수 있다. 이러한 굽의 명칭은 각 연구자마다 다소 차이가 있을 수 있어 도면과 사진을 제시하여 설명하고자 한다.

죽절굽은 분청사기에서 보았듯이, 대나무 마디[竹節]의 모양을 하고 있는 굽의 형태를 말하며(표 85-①), 15~16세기에 제작된 백자에서 나타난다. 죽절굽의 경우, 정확하게 대나무 마디의 모습을 하고 있는 것도 있으나, 도공(陶工)의 숙련도나 도공마다 굽칼의 사용 방향에 따라 좀 더 거친 형태를 띠고 있는 것도 있어 이러한 굽 형태도 넓은 의미에서 죽절굽이라고 칭하고자 한다.

역삼각형굽은 굽의 단면이 '▽'의 형태로, 뒤집어진 삼각형의 모습을 하고 있어 붙여진 이름이며, 굽 접지면이 상당히 좁은 것이 특징이다(표 85-②). 역삼각형굽 백자는 앞서 언급하였듯이, 관요에서 제작된 양질의 백자에서 많이 볼 수 있다.

수직굽은 굽의 외면이 접지면과 거의 직각을 이루는 형태이며, 단면이 '凵'의 모습을 하고 있다. 이러한 수직굽은 조선 전기와 조선 후기에 각각 다른 모습으로 등장한다. 조선 전기의 수직굽은 내·외면의 굽 높이가 거의 같은 형태로 대부분 1~1.2cm 정도의 높이로 제작되었다(표 85-③). 반면, 조선 후기의 수직굽은 조선 전기처럼 내·외면의 굽 높이가 거의 같지만 굽 높이가 2cm 이상으로 높은

표 85 　백자 굽의 종류

① 죽절굽		② 역삼각형굽	
도면	사진	도면	사진
③ 수직굽-1		④ 수직굽-2	
도면	사진	도면	사진
⑤ 수직굽-3		⑥ 오목굽	
도면	사진	도면	사진
⑦ 넓은굽		⑧ 안굽	
도면	사진	도면	사진
⑨ 평굽			
도면	사진		

형태가 생산되었고(표 85-④), 굽 안바닥을 깊게 깎아내어 굽의 외면의 높이가 낮고 굽 내면의 높이가 깊숙이 들어간 형태로 만들어진 경우도 있다(표 85-⑤).

오목굽은 굽의 외면이 접지면과 직각을 이루나 굽 안바닥이 오목하게 들어간 원형을 띠고 있는 형태를 말한다(표 85-⑥). 이러한 오목굽은 17~18세기의 백자에서 흔히 확인되는 굽의 모습이다.

넓은굽은 청자에서 보이는 해무리굽과 같이 굽 접지면이 0.8~1.5cm 가량으로 넓은 형태를 말한다(표 85-⑦). 이러한 넓은 굽은 17세기 관요에서 생산된 양질의 백자에서 간혹 나타나며, 굽 안바닥에 명문이 새겨져 있는 경우도 있다.[177]

안굽은 외면에는 굽의 형태가 보이지 않고, 굽 안바닥만 깎아낸 형태의 굽이며, 호나 일부 병에서 확인되는 굽의 모습이다(표 85-⑧).

평굽은 별도의 굽을 제작하지 않아 바닥면이 편평한 상태를 말한다(표 85-⑨).

굽에 대한 서술은 형태, 마무리 모습 등을 확인할 수 있는 상황에 대해 선택적으로 기술하면 된다. 그러면 굽의 기본적인 정보를 바탕으로 여러 사례의 유물에 대해 기술해 보도록 하자(표 86).

[177] 조선관요박물관, 경기도 광주시, 『광주 송정동 5·6호 백자가마터』, 2008, p. 83.

표 86 굽에 따른 도자기 유물 기술 사례

연번	사 진	굽 및 유물 기술 내용
1		죽절굽 굽은 죽절굽이며, 마무리가 비교적 깔끔한 편이다. 굽과 몸통의 경계부분에는 굽칼로 돌려 깎은 흔적이 희미하게 남아 있다.
2		역삼각형굽 굽은 역삼각형굽이며, 굽 접지면이 상당히 좁은 편이다. 전체적으로 깔끔하게 마무리되어 있다.

연번	사진	굽 및 유물 기술 내용
3		**수직굽** 굽은 수직굽이며, 마무리가 정연한 편이다. 굽 접지면이 비교적 좁으며, 굽 안바닥을 다소 얕게 깎아 내었다.
4		**수직굽** 굽은 수직굽이며, 높이가 다소 높은 편이다. 굽의 두께가 두껍고 둔중하게 깎아 내었다.
5		**수직굽** 굽은 수직굽이며, 굽 안바닥을 깊게 깎아 내었다. 굽 접지면은 비교적 좁은 편이다.
6		**오목굽** 굽은 오목굽이며, 굽 안바닥의 중앙이 돌기처럼 솟아 있다.
7		**넓은굽** 굽은 넓은굽이며, 해무리굽처럼 굽 접지면의 폭이 넓은 편이다. 굽 안바닥을 매우 얕게 깎아 내었다.
8		**안굽** 굽은 안굽이며, 굽 안바닥을 얕게 깎아 내었다.

연번	사 진	굽 및 유물 기술 내용
9		평굽 굽은 굽 안바닥을 깎아내지 않은 평굽이다. 굽 안바닥에 굽칼의 흔적이 남아 있다.

번조받침

백자에서 확인되는 번조받침은 태토빚음 받침, 가는 모래 받침, 굵은 모래 받침, 내화토빚음 받침, 모래빚음 받침, 흙물+굵음 모래 받침 등으로 구분할 수 있다(표 87).

태토빚음 받침은 그릇을 만드는 태토를 동그랗게 빚어 굽 접지면과 굽 안바닥에 일정한 개수를 붙이는 형태로 번조 후에는 받침을 떼어낸 후 사용한다(표 87-①). 이러한 태토빚음 받침은 분청사기

표 87 백자에 사용된 번조받침의 종류

① 태토빚음 받침 	② 가는 모래 받침 	③ 굵은 모래 받침 
④ 내화토빚음 받침 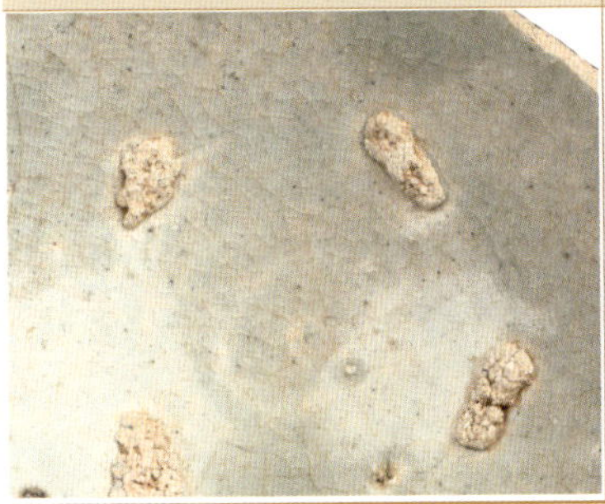	⑤ 모래빚음 받침 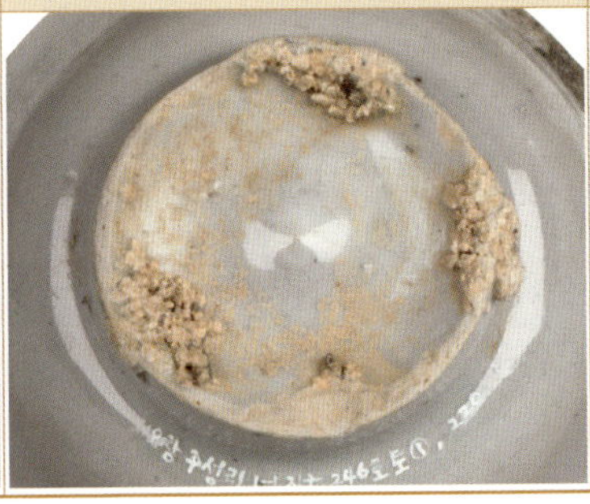	⑥ 흙물+굵은 모래 받침 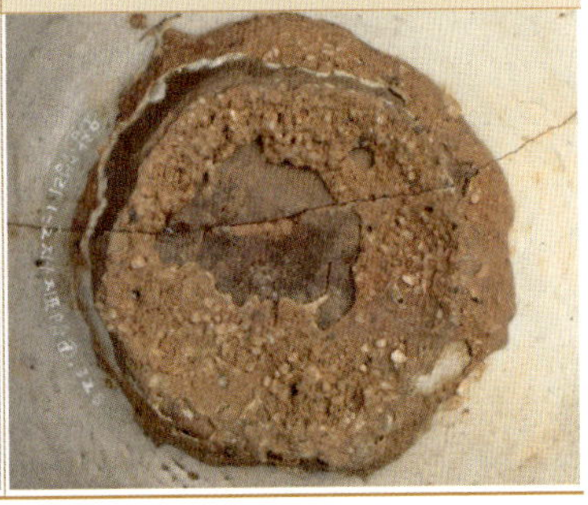

에서부터 사용되기 시작한 번조받침으로 백자에서는 15~16세기에 유행하였다. 다만, 전라도 지역에서는 17세기까지 태토빚음 받침을 사용한 백자를 생산하여 다른 지역보다 좀 더 오랜 기간 태토빚음 받침을 이용한 흔적을 찾을 수 있다.

가는 모래 받침(표 87-②)과 굵은 모래 받침(표 87-③)은 청자·분청사기에서도 사용되었던 번조 받침으로 모래 알갱이의 차이만 있을 뿐 굽 접지면에 모래를 받친 형태이다. 굵은 모래 받침의 경우는 대부분 가마 바닥면에 놓고 번조하는 그릇의 경우가 많으며, 가는 모래 받침의 경우는 대부분 양질의 백자에서 확인되는 번조받침으로 갑발 안에 작은 도침[墊餠]을 놓고 그 위에 가는 모래를 놓고 백자를 올려 번조하였다.

내화토빚음 받침은 미황색을 띠며 고온에서 잘 견디는 성질이 강한 흙을 빚어 굽 접지면이나 굽 안바닥에 여러 개를 붙이는 형태로 유약이 녹아 바닥에 달라붙는 현상을 방지하기 위해 사용된 번조 받침이다(표 87-④). 이러한 내화토빚음 받침은 고려 초기부터 중기, 분청사기에도 사용된 번조받침으로 15~16세기 지방 백자에서 확인되며, 특히, 경상도지역에서 생산된 백자에서 다수 나타난다.

모래빚음 받침은 모래를 내화토와 함께 빚어 동그랗게 만든 후, 굽 접지면이나 굽 안바닥에 여러 개를 붙이는 형태로 17세기를 즈음한 시기에 등장하여 18세기까지 사용된 번조 받침이다(표 87-⑤).

흙물+굵은 모래 받침은 다 만들어진 백자의 굽에 흙물을 묻힌 다음 굵은 모래를 찍어 묻히는 방법으로 조선 후기에 나타나는 번조받침이다(표 87-⑥). 굽 주변으로 흙물과 굵은 모래 받침이 묻어 있어 표면이 거친 단점이 있으나, 제작 공정은 다른 번조받침보다 빠르게 처리할 수 있는 장점이 있는 방법이다.

번조받침에 대한 서술은 사용된 번조받침의 위치와 함께 번법燔法 등에 대해 선택적으로 기술하면 된다. 그러면 번조받침의 기본적인 정보를 바탕으로 여러 사례의 유물에 대해 기술해 보도록 하자(표 88).

표 88 백자 번조받침에 따른 도자기 유물 기술 사례

연번	사 진	번조받침 및 유물 기술 내용
1		태토빚음 받침 내저면과 굽 접지면에는 태토빚음 받침을 각각 4개씩 받쳐 포개어 구운 흔적이 있다.
2		가는 모래 받침 굽 접지면에는 가는 모래 받침을 받쳐 구운 흔적이 남아 있다.
3		굵은 모래 받침 굽 접지면에는 굵은 모래 받침을 받쳐 구운 흔적이 있다.
4		내화토빚음 받침 내저면에는 4개의 내화토빚음 받침을 받친 흔적이 있으며, 굽 접지면에는 번조받침의 흔적이 남아 있지 않아 알 수 없다.
5		모래 빚음 받침 굽 접지면과 굽 안바닥에는 5개의 모래 빚음 받침을 받친 흔적이 남아 있다.
6		흙물+굵은 모래 받침 굽 접지면과 굽 안바닥에는 흙물을 묻힌 뒤, 굵은 모래 받침을 받쳐 구웠다.

명문(銘文)[178]

백자에서 나타나는 명문은 관요 설치 이전에는 '내용內用'·'내內'·'용用'을 비롯하여, '사司'·'인仁'·'전殿'·'귀貴'·'왕王'·'광廣'·'중中'·'대大'·'간干'·'천天' 등과 같은 한 글자 명문과 함께 '이二'·'삼三'·'오五' 등과 같은 숫자 명문 등이 확인된다. 관요 설치 이후에는 '천天·지地·현玄·황黃'과 함께 '간지+좌左·우右'의 명문이 새겨져 있다.

① 관요 설치 이전 백자 명문

관요 설치 이전 백자에 새겨진 명문은 '내용內用'·'내內'·'용用'을 비롯하여, '사司'·'인仁' 등의 명문이 출토사례가 많은 편이며, 그 외에도 '전殿'·'귀貴'·'왕王'·'광廣'·'중中'·'대大'·'간干'·'천天'·'이二'·'삼三'·'오五' 등과 같은 한 글자 명문도 소수 확인된다.

'내용內用'명 백자 편은 '내용內用'·'내內'·'용用' 등으로 확인되며, '內用'명 백자의 경우 두 개의 글자를 한꺼번에 도장으로 찍어 인각印刻한 경우로 발이나 접시·종자 등의 내저면 중앙에 찍혀 있는 경우가 대부분이다(표 89-①). '內'명 백자의 경우는 그릇의 외면이나 내저면에 각각 음각기법으로 새겨져 있는 것(표 89-②·③)이 확인된다. '內用'·'用'명 백자 편은 경기 광주시 퇴촌면 우산리 2호(표 89-①)에서만 확인되며, '內'명 백자 편은 우산리 1호(표 89-②)와 4호(표 89-③)에서 출토되었다.[179] 또한, 인정전 외행각지, 상방지, 청주 용정동 유적 등에서 '내용'명 백자가 출토되었다(표 90).

이러한 '내용'명 백자편과 관련된 『고려사高麗史』의 기록을 주목할 필요가 있다. 『고려사』 열전列傳 조준 조趙浚 條에 따르면,[180] "사옹司饔이 매년 각도에 관리를 파견하여 감독 하에 내용자기內用磁器를 번조하게 하였다."라는 기록을 통해 '내용'명 자기가 생산되고 있었음을 알 수 있다. 여기서 말하는 내용內用이란 국용國用에 대응하

---

178 명문의 경우, 조선시대 제작된 백자 외에도 백태청유자, 즉, 조선 청자에서 확인되는 명문도 포함하였다.

179 김봉준, 「銘文資料를 통해 본 廣州 牛山里 窯址群의 性格」, 『美術史學研究』제266호, 한국미술사학회, 2010.6, p. 130.

180 『고려사』 제118권 열전 제31권 조준 조
司饔每歲遣人於諸道監造內用磁器一年爲次.

표 89   생산유적 출토 '내용(內用)'명 백자 편

① 백자 '內用'명 발 편 우산리 2호 출토[9]	② 백자 '內'명 편 우산리 1호 출토[10]	③ 백자 '內'명 편 우산리 4호 출토[11]

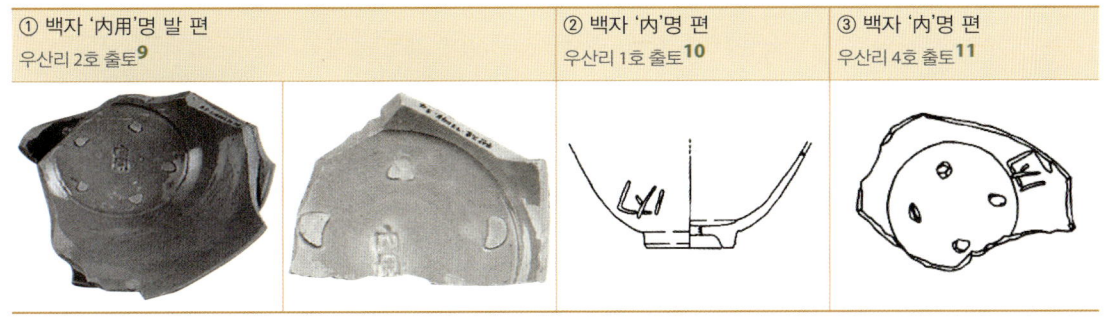

표 90   소비유적 출토 '내용(內用)'명 백자 편

① 백자 '內用'명 발 편 인정전 외행각지 출토[12] 	② 백자 '內用'명 접시 편 상방지 출토[13] 

③ 백자 '內用'명 접시, 백자 '內用'명 종자 충북 청주 용정동 출토[14]

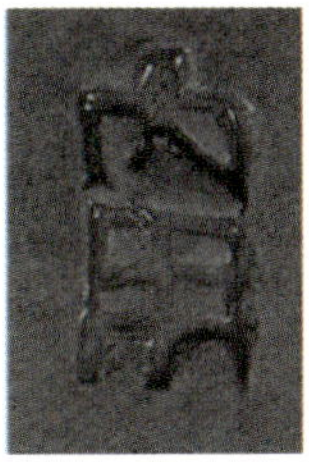

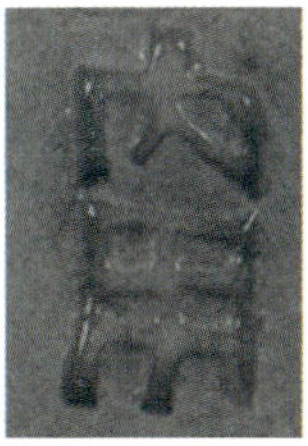

는 개념으로 국용이 국가에서 소용되는 것을 의미한다면 내용은 왕실에서 소용되는 것, 즉, 공상供上으로 왕실에 공급되는 것에 해당한다. 즉, 왕의 일상생활에 드는 비용 외에도 조상의 혼전魂殿과 빈전殯殿 및 대소제향大小祭享과 각 능陵, 궐내의 각각의 전각殿閣과 궁宮

등에 소용되는 제반의 물자에 대한 공급을 모두 포함하는 궁궐 내 소용되는 각종 물품의 공급에 해당한다고 볼 수 있다.[181] 또한, 이러한 내용 자기의 감조와 수취 업무를 사옹司饔이라 부르는 애마愛馬가 담당하였다. 그들이 수취한 '내용'자기는 현재 출토되는 양상으로 볼 때, '內用'·'內'·'用' 등 다양한 형태로 표현되어 있으며, 궁궐 내 각 전각과 궁 및 공상을 담당하는 중앙 각사 등에서 소용되는 그릇으로 1417년 이전에 제작되어 궁궐 내에 납입되었던 공납백자 중 하나로 생각된다.[182]

'사司'명 백자 편은 도장으로 인각한 경우(표 91-①·②)와 조각칼과 같은 뾰족한 도구로 새겨 넣은(표 91-③) 두 가지 유형으로 발이나 접시의 내저면 중앙에 표기되었다. 이러한 '司'명 백자 편이 출토된 곳 중 생산유적으로는 경기 광주시 퇴촌면 우산리 4호, 우산리 17호(표 91-①), 광주읍 목현리 1호 등이 있으며(표 91-②), 소비유적에서는 동대문운동장 유적 축구장 부지에서 확인되었다(표 91-③).

'사'명 백자는 앞서 살펴본 '내용'명 백자처럼 공납과 관련된 관사명官司銘이 새겨진 것으로 생각된다. 현재까지 정종의 상왕부인 '공안부'명 백자 편을 제외하고 관사명이 새겨진 백자의 발견이 거의 없는 정황으로 보아 그 사용처가 분명하진 않으나, 그릇의 내저면 중앙에 새겨진 '사'의 의미는 사선서이거나 혹은 사옹원을 의미

181 김봉준, 앞의 논문(2010), pp. 131~132.

182 김봉준, 위의 논문(2010), pp. 132~133.

183 海剛陶磁美術館, 앞의 책 (1999), pp. 89, 130.

표 91 유적 출토 '사(司)'명 백자 편

① 백자 '司'명 접시 편 우산리 17호 출토[15]	② 백자 '司'명 편 목현리 1호 출토[16]	③ 백자 '司'명 편 동대문운동장 유적 축구장부지 출토[17]

하는 것으로 생각된다.[183] 그러나 같은 시기에 제작된 분청사기와의 비교를 통해 살펴본다면, '사'명 백자는 사선서에 납입되는 '사선'명 백자로 생각할 수 있다.[184]

'인仁'명 백자 편은 그릇의 굽 안바닥 중앙에 뾰족한 도구를 이용하여 큼직하게 '仁'자를 새겼으며, 경기도 광주시 퇴촌면 우산리 4호(표 92-①), 우산리 17호(표 92-②)와 경복궁 훈국군영지(표 92-③)에서 출토되었다. '인'명 백자 편은 포개어서 번조한 조질의 백자가 아니라 하나의 그릇을 각각 번조한 것으로 정종의 비妃인 정안왕후定安王后를 위한 중궁부인 인녕부仁寧府나 또는 인수부仁壽府에 납입되었던 관사명 백자로 추정된다.[185]

[184] 충남 공주 중흥리 출토 '분청사기 인화 승렴문 '사'명 접시 편'에 새겨진 명문과 수법이 동일함에 따라 사선서에 납입되는 사선명 백자로 보는 견해가 있다. 김봉준, 위의 논문(2010), pp. 133~134.

[185] 김봉준, 앞의 논문(2010), p. 135~136.

표 92 유적 출토 '인(仁)'명 백자 편

① 백자 '仁'명 편 우산리 4호 출토[18]	② 백자 '仁'명 저부 편 우산리 17호 출토[19]	③ 백자 '仁'명 편 경복궁 훈국군영지 출토[20]

'내용內用'·'사司'·'인仁' 등 정확하진 않지만 명문의 의미를 추정할 수 있는 것 외에도 생산유적과 소비유적에서 '왕王'·'광廣'·'중中'·'대大'·'간干'·'천天'·'전殿'·'이二'·'삼三'·'오五' 등과 같은 명문 자기 편이 출토되었다(표 93). 이들 명문 자기 편은 그릇의 내저면 중앙이나 굽 안바닥에 인각이나 선각으로 명문이 표현되어 있다.

그중에서 '왕王'명 백자(표 93-①)는 경기도 광주 우산리 4호 백자 가마터에서 출토되었으며, 왕은 글자 그대로 군주를 가리키는 것으로 세종 24년(1442) 진상하는 화문석의 문양이 '왕'자와 같다는 이유로 고치게 한 사례를 통해 볼 때, '왕'자라는 명문은 함부로 쓸 수

225

표 93 유적 출토 여러 가지 명문 백자 편

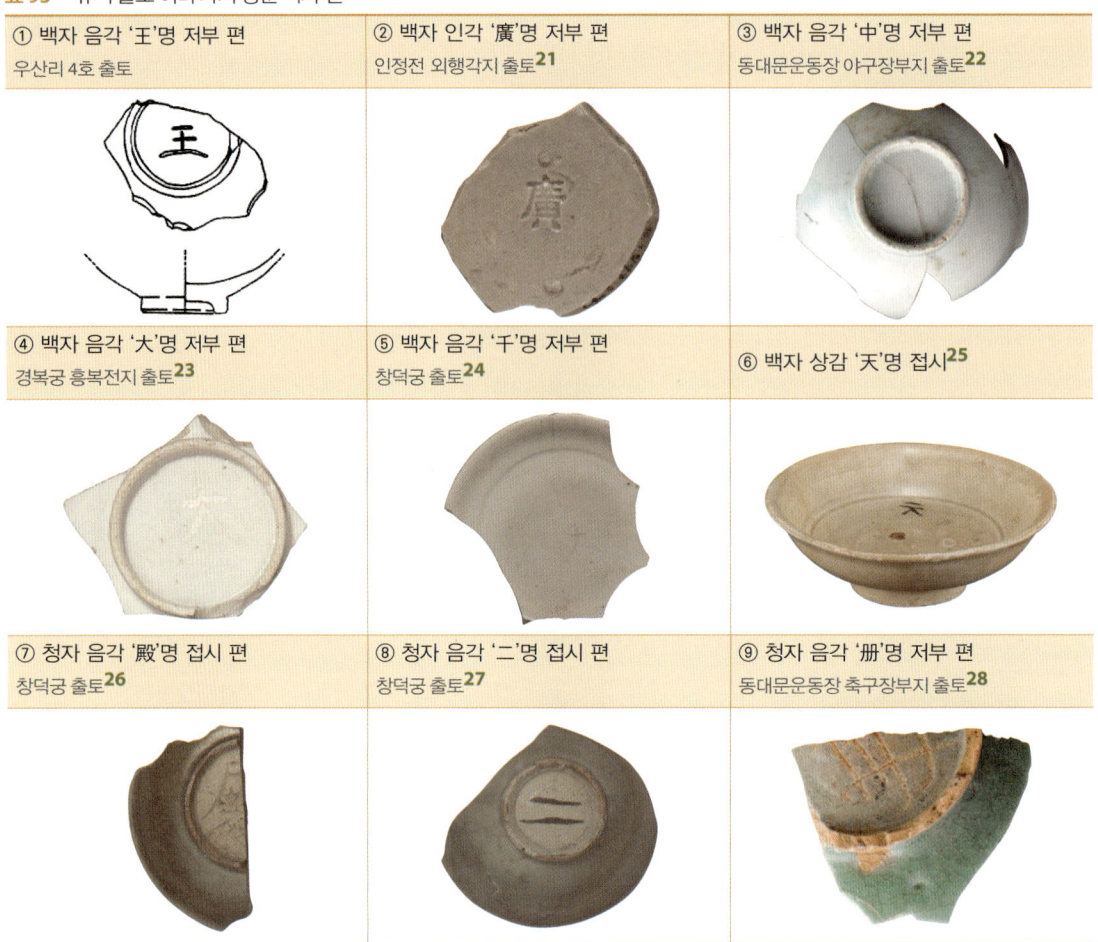

없는 임금과 관련된 명문이었던 것을 알 수 있다. 백자 편의 마무리가 예리하고 깔끔한 편이라는 점으로 볼 때, 임금이 계신 대전 또는 그 그릇을 관장하는 대전의 사용방에 납입되는 진상 자기로 보인다.[186]

'중中'명 자기(표 93-③)는 경기도 광주 우산리 4호와 동대문 운동장 야구장부지 등에서 출토되었으며, 굽 안바닥에 음각기법으로 명문이 새겨져 있다. '중'명 백자는 '內用'·'內'와 동일한 의미로 판단되나 '내용'명 백자와 품질에서 상당한 차이가 나타나지만, '왕'명

[186] 김봉준, 앞의 논문(2010), p. 137.

[187] 김봉준, 위의 논문(2010), p. 137.

자기나 '전'명 자기와 친연성을 가지고 있어 왕에 상응하는 처소인 중궁전 또는 중궁전 사옹방 등에 납입되는 기물로 보인다.[187]

'전殿'명 자기(표 93-⑦)는 조선청자나 초벌편 등으로 확인되며, 경기 광주시 우산리 4호 요지와 창덕궁 등에서 출토된 바 있다. 구체적인 전각殿閣의 명칭이 명시되어 있지 않고, '殿'자 명문만 새겨져 있어 정확한 의미는 알 수 없지만, '전'명 자기에 보이는 '전'의 의미 역시 임금을 지칭하는 것으로 추측된다. 조선시대에는 지방 관아의 객사 또는 외국 사신이 머무는 객사에 임금을 상징하는 전패殿牌의 감龕을 모셔다 두었다. 즉, 전패의 '殿'은 조선의 임금을 뜻하며, '전'명 자기에 보이는 '殿'의 역시 임금을 의미하는 것으로 생각된다. 따라서 '전'명 자기는 '왕'명 자기와 함께 임금이 계신 대전 또는 그릇의 출납을 관장하는 대전의 사옹방에 납입되는 진상 자기로 추정된다.[188]

그 밖에도 '이二(표 93-⑧)'·'삼三'·'오五' 등과 같은 숫자 명문이 확인되며, 경기도 광주 우산리 4호 요지를 비롯하여 창덕궁, 동대문 운동장 부지, 서울 종로 등에서 출토되었다. 이러한 숫자 명문은 수량을 파악하기 위한 숫자이거나 수납되는 창고의 이름, 소용처의 명칭을 대신한 것으로 판단된다.[189]

② 관요 설치 이후 백자 명문

관요 설치 이후에 확인되는 백자 명문은 '천天·지地·현玄·황黃'과 함께 '간지+좌左·우右' 등이 있다.

'천天·지地·현玄·황黃' 백자는 '천天', '지地', '현玄', '황黃'의 명문이 각각 한 글자씩 굽 안바닥에 표기되어 있으며, 초벌구이한 발, 접시(표 94-①·②) 등을 전면 시유한 다음 굽 안바닥의 유약층 만을 긁어내듯 음각기법으로 글자를 새겨 넣었다(표 94-③). 이러한 '천·지·현·황'명 백자는 경기도 광주 우산리를 비롯하여 도마리·오전리·

[188] 김봉준, 위의 논문(2010), p. 136.

[189] 김봉준, 위의 논문(2010), p. 139.

190 尹龍二,「朝鮮時代 分院의 成立과 變遷研究」,『考古美術』 149, 한국미술사학회, 1981, pp. 22~45; 同著,『韓國陶瓷史研究』, 문예출판사, 1993, p. 42.

191 姜敬淑,『韓國陶磁史』, 一志社, 1989, pp. 386~387; '천·지·현·황'의 의미를 다른 금속유물과의 비교를 통해 순서를 표현한다고 주장하였다. 전승창,「15~16世紀 朝鮮時代 京畿道 廣州 官窯研究」, 홍익대학교 미술사학과 박사학위논문, 2008, pp. 90~91; 16세기에 제작된 백자지석에 새겨진 '천·지·현·황'의 명문을 통해, 지석의 순서를 나타내는 매수를 표기한 것으로 보았다. 김세진, 앞의 논문 (2011.12), p. 87.

192 김봉준, 앞의 논문(2010), p. 139.

귀여리·번천리·무갑리·학동리·열미리 등 경기도 광주 관요를 중심으로 확인되며, 출토 사례를 정리하면 〈표 95〉와 같다.

또한, 〈표 96〉에서 볼 수 있듯이 소비유적에서 확인된 '천·지·현·황'명 백자는 경복궁 흥복전지, 함화당, 집경당 행각지, 소주방지, 경희궁, 창덕궁 등 대부분 왕실과 직접적으로 관련 있는 곳이다.

이러한 '천·지·현·황'명 명문의 의미는 확실하지 않지만, 한 가마에서 함께 출토되는 것으로 보아 구분을 위해 기재된 것으로 볼 수 있다.『용재총화慵齋叢話』의 기록에 근거하여 경복궁 근정전의 창고인 '천자고天子庫', '지자고地子庫'를 의미하는 것으로 보는 견해가 있다.190 그러나 '천·지·현·황'이란 명문은 천자문의 순서배열을 응용하면 자호로 표기한 것으로 보는 의견이 지배적이다.191 명대 왕종목王宗沐의『강서대지江西大志』에는 도자 제작과 관련하여 '천·지·현·황'의 자리 번호대로 차례로 앉힌다는 기록을 찾을 수 있어 자호의 사용이 순서배열과 관련이 있었다는 점을 뒷받침해 준다.192

표 94 '천·지·현·황'명 백자 및 명문 세부

① 백자 '天·地·玄·黃'명 발 조선, 15세기, 높이 11.1cm, 리움미술관, 국보	② 백자 '玄'명 접시 경기도자박물관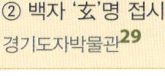
	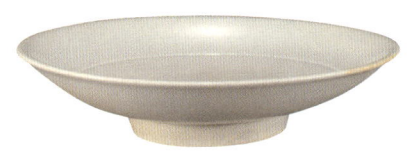

'천·지·현·황'명 백자 명문 세부

표 95 경기도 광주 관요 출토 '천·지·현·황'명 백자 편

연번	출토지	명문			
		天	地	玄	黃
1	우산리 1호	天(?)	地(?)		
2	우산리 2호[30]				
3	우산리 9호[31]				
4	도마리 1호[32]				
5	오전리 2호	天			
6	오전리 3호			玄	
7	귀여리 11호		地		黃
8	번천리 9호[33]				
9	무갑리 2호[34]		地	玄	
10	무갑리 13호	天			
11	무갑리 14호		地		
12	무갑리 17호			玄	黃
13	무갑리 21호		地		
14	학동리 14호[35]		地		
15	학동리 15호	天			
16	열미리 5호[36]				黃

'간지+좌左·우右'명 백자는 앞서 각각의 연도에 해당하는 간지와 함께 '좌左'·'우右'의 글자가 하나씩 굽 안바닥에 표기되어 있으며, 앞서 살펴본 '천·지·현·황'명 백자처럼 초벌구이한 발이나 접시 등에 전면 시유를 한 다음 굽 안바닥의 유약층 만을 긁어내듯 음

표 96 소비유적 출토 '천·지·현·황'명 백자 편

연번	출토지	명문			
		天	地	玄	黃
1	경복궁 흥복전지, 함화당, 집경당 행각지[37]				
2	경복궁 흥복전지[38]				
3	경복궁 함화당 집경당 행각지[39]				
4	경복궁 소주방지[40]				
5	경희궁[41]				
6	창덕궁[42]				
7	동대문 축구장부지[43]				
8	동대문 야구장부지[44]				

각기법으로 글자를 새겨 넣었다. 일반적으로 간지가 오른쪽에 있고, 좌·우가 왼쪽에 표기되어 있으며(표 97), 광주 송정리부터는 '간지+좌左·우右'명에 숫자가 더해진 명문(표 98)이 나타난다.

 이러한 '간지+좌左·우右'명 백자는 경기도 광주 탄벌리·상림리·선동리·송정리·유사리·신대리 등에서 확인되며, 조선 중기에 해당하는 17세기 경기도 광주의 관요를 중심으로 출토되었다(표 99). 탄벌리·상림리·선동리에서는 '간지+좌左·우右'명 백자만 출토되고, 송정리와 유사리·신대리 등에서는 '간지+좌左·우右'명의 명문에 숫자가 더해진 백자가 확인되었다. 이러한 '간지+좌左·우右'명 백자는 경기도 광주 궁평리 17호에서 지표수습된 '右'명 백자 편이 있지만, 숙종 연간 장인제도가 전속장인제도로 변화되면서 굽 안바닥의 명문이 사라지게 되었다.

 백자의 명문에 대한 서술은 명문의 위치와 사용된 기법 등에 대

표 97 광주 선동리 2호 출토 '간지+좌·우(左·右)'명 백자 및 명문 세부

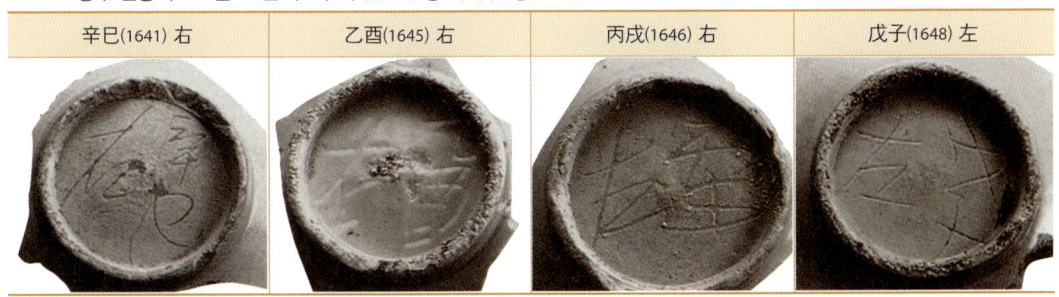

| 辛巳(1641) 右 | 乙酉(1645) 右 | 丙戌(1646) 右 | 戊子(1648) 左 |

표 98 광주 송정동 5호 출토 '간지+좌·우(左·右)+숫자'명 백자 및 명문 세부

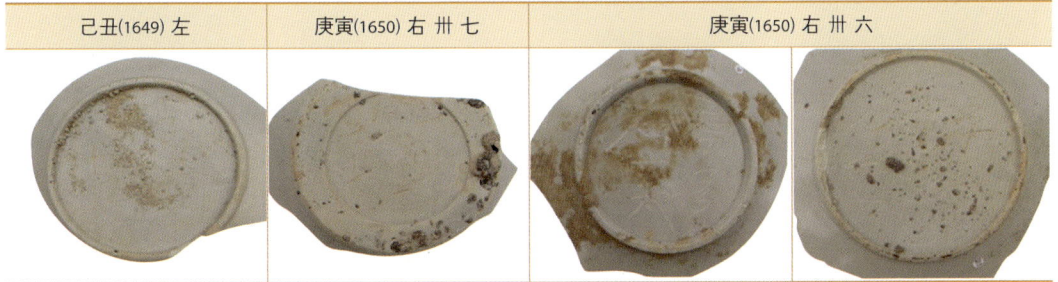

| 己丑(1649) 左 | 庚寅(1650) 右 卅七 | 庚寅(1650) 右 卅六 |

표 99 경기도 광주 관요 출토 '간지+좌·우(左·右)+숫자'명 백자 현황

연번	가마	출토된 간지명 및 기록자료	운영시기
1	탄벌리	丙午(1606), 丁未(1607), 戊申(1608), 乙酉(1609), 庚戌(1610), 亥(1611)	1606~1611년
2	상림리	辛未(1631), 癸酉(1633), 丙口(1636)	1631~1636년
3	선동리	庚辰(1640), 辛巳(1641), 壬午(1642), 癸未(1643), 甲申(1644), 乙酉(1645), 丙戌(1646), 丁亥(1647), 戊子(1648), 己丑(1649)	1640~1649년
4	송정리	己丑(1649), 庚寅(1650), 辛卯(1651), 甲午(1654)	1649~1654년
5	유사리	辛丑(1661), 癸卯(1663), 甲辰(1664)	1661~1664년
6	신대리	갑인(1674), 병口(1676)	1674~1676년
7	지월리	『승정원일기』숙종 2년(1676), 탑립동으로 이동	1677년~17세기말
8	궁평리	17호 右 지표수습	17세기말~18세기초
9	관음리	백자의 제작 상태로 추정	
10	오향리	『승정원일기』경종 즉위년(1720), 1717년 실촌면 오양동(五陽洞)으로 이동, 오양동=오향리	1717~1720년
11	금사리	1721년 우천(牛川)으로 이동, 우천=금사리	1721~1752년

표 100 백자 명문에 따른 도자기 유물 기술 사례

연번	사진	명문 관련 유물 기술 내용
1		그릇의 내저면에 있는 경우 그릇의 내저면의 중앙에는 내용(內用)이라는 명문이 도장을 찍듯이 인각되어 있다. 내용은 국용에 상응하는 말로 '내용'명 백자는 궁궐 내 전각 및 궁 등에 소용되었던 공납용 백자 중에 하나이다.
2		그릇의 내저면에 있는 경우 그릇의 내저면의 중앙에는 광(廣)이라는 명문이 도장을 찍듯이 인각되어 있다. 현재까지 확인된 백자의 명문 중에서 '광'이라는 명문의 의미를 정확하게 규명할 수는 없지만 왕실과 관련된 것으로 판단된다.
3		굽 안바닥에 있는 경우 굽 안바닥의 중앙에는 '천(天)'이라는 명문이 유약층 만을 긁어내듯 가늘게 음각기법으로 새겨져 있다. '천·지·현·황'명 백자 중 '천'명 백자에 해당하는 것으로 조선 전기에 순서를 표기하는 또 다른 방식으로 사용했던 명문으로 판단된다.
4		굽 안바닥에 있는 경우 굽 안바닥의 중앙에는 '경인(庚寅) 우(右) 卅 육(六)'이라는 명문이 유약을 긁어내듯 가늘게 음각기법으로 새겨져 있다. '간지+좌·우(左·右)'명 백자는 17세기 관요에서 나타나는 특징이 있다.

해 기술하면 된다. 그러면 백자 명문의 기본적인 정보를 바탕으로 여러 사례의 유물에 대해 기술해 보도록 하자(표 100).

요도구

요도구窯道具란 작업장과 가마에서 도자기를 생산할 때 각각의 과정에서 사용되는 모든 도구를 말한다. 좁은 의미에서는 도자기의 생산과정에서 특정한 작용과 역할을 하는 보조도구를 말하며, 갑발과 도침이 대표적인 요도구이다. 요도구는 가마에서 떨어져 나오는 불순물로부터 도자기를 보호하고 가마 속 연기나 불길이 직접 도자기의 표면에 닿아 발생하는 그릇 간의 충돌을 방지해주기 때문에 도자기의 품질을 향상시켜주고 실패율을 감소시키며 고급 제품의 생산을 높여주는 역할을 한다. 이러한 요도구는 용도에 따라 성형도구·재임도구·번조용 도구 등으로 나눌 수 있다.

성형도구

성형도구는 도자기의 형태를 만들 때 사용하는 도구로 물레에 들어가는 부속 용구인 봇극과 갓모, 굽을 깎을 때 사용하는 굽통이 해당한다. 봇극은 물레의 회전판 바로 밑에 들어가는 부속구로 물레 축과 회전판이 마모되는 것을 막기 위해 사용되는 물레 부속구의 하나이다(표 101-①). 갓모는 물레 축의 하단부를 고정하는데 사용되는 물레 부속구로 베어링의 역할을 한다(표 101-②). 굽통은 일정하게 건조된 그릇의 굽을 깎을 때 받침대로 사용하는 요도구이다(표 101-③). 박자拍子는 대형 그릇의 내·외면을 정리할 때 쓰이는 요도구로 마치 버섯모양을 하고 있다(표 101-④).

재임도구

재임도구는 가마 안에 도자기를 쌓을 때 사용하는 요도구로 갑구匣

표 101 성형도구의 종류

① 봇극	② 갓모	③ 굽통	④ 박자(拍子)

具·지소구支燒具·점소구墊燒具 등으로 나눌 수 있다.

갑구는 기물이 가마에서 떨어지는 불순물에서 보호하고 고급품을 생산하기 위해 사용하는 보호곽으로 갑발과 갑발뚜껑·갑발받침으로 이루어진다. 갑발(표 102-①)은 시대의 흐름에 따라 발형·투구형·원통형 등으로 제작되었으며, 갑발뚜껑(표 102-②) 및 갑발 받침(표 102-③)도 시대에 따라 변화된다.

지소구는 가마의 바닥에서 그릇이 오염되는 것을 방지하고 기물이 불길을 잘 맞을 수 있는 위치에 두도록 도와주는 요도구로, 원주형 도침(표 104-①)·원반형 도침(표 104-②)·경사형 도침(표 104-③)이 있다.

점소구는 가마 속의 재임 과정 중에서 그릇과 그릇 사이에 받치는 요도구로 유약을 시유한 다음에 그릇끼리 달라붙는 것을 방지하고, 가마 안의 수직 공간 이용률을 향상시키기 위해 사용되었다. 이러한 점소구는 내화토빚음 받침·내화토모래빚음 받침·규석 받침·가는 모래 받침·굵은 모래 받침·태토빚음 받침·모래빚음 받침·흙물+굵은 모래 받침 등으로 앞서 살펴본 번조받침에 해당한다. 그 밖에도 점권·점병·쐐기형 도침·막대형 도침 등이 있다. 점권은 동그란 도너츠 모양의 요도구로(표 105-①), 점권 위에 내화토빚음 받침을 받친 다음 그 위에 그릇을 올리고 갑발을 씌워 그릇을 번조할 때 사용되며, 고려 초기청자 가마터에서 확인된다. 점병은 동그랑땡과 같이 둥글고 납작한 형태의 요도구로(표 105-②), 점병 위에 규석이나 내화토빚음 받침을 놓고 그 위에 그릇을 올려 갑발을 씌워서 사용

표 102 청자제작에 사용된 갑구의 종류

갑구	사진		
① 갑발	발형갑발	통형갑발	투구형 갑발
② 갑발뚜껑			
③ 갑발받침	균형(菌形) 받침	상형(床形) 받침	

표 103 조선시대 갑구의 종류

① 원통형 갑발 + 갑발 뚜껑	② 발형 갑발 + 갑발 뚜껑

표 104 지소구의 종류

① 원주형 도침	② 원반형 도침	③ 경사형 도침

표 105   점소구의 종류

① 점권	② 점병	③ 쐐기형 도침	④ 막대형 도침

하며, 고려 중기에서 후기에 제작된 고급 청자의 번조방법에 주로 이용되었다. 쐐기형 도침은 원주형 도침의 가장 윗부분에 세 갈래나 네 갈래로 갈라진 형태로 그 가장자리에 규석을 받쳐 그릇을 올려 구우며, 깊이감이 있는 그릇을 번조할 때 사용하는 요도구이다(표 105-③). 막대형 도침은 조선시대의 자기제 지석과 같이 넓고 편평한 도자기를 구울 때 사용하는 요도구로, 도자기와 막대형 도침 사이에 가는 모래를 뿌려서 이용하였다(표 105-④).

번조용 도구

번조용 도구는 그릇을 구울 때 사용하는 요도구로 가마의 부속구인 불창마개 등을 들 수 있다. 불창마개(사진 148)는 말 그대로 가마에 있는 불창을 막는 역할을 하는 것으로, 고온에 잘 견디는 내화토를 이용하여 원형이나 방형으로 모양을 잡은 뒤 중앙에 원통형의 홈을 만들어 사용하였다. 불창은 가마 벽에 있는 구멍으로 가마 내부에 환원을 걸기 위해 불꽃의 색을 확인하거나 가마 안의 불꽃의 상황을 관찰할 때 사용한다. 특히, 가마 안을 환원으로 전환할 때 불창마개로 막아 가마 안의 산소를 완전히 차단하게 된다.

사진 148   불창마개

1 김영원, 『조선시대 도자기』, 서울대학교출판부, 2003, p. 198.
2 김영원, 위의 책(2003), p. 202.
3 海剛陶磁美術館, 『廣州 建業里 朝鮮白磁 窯址-建業里 2號 가마遺蹟 發掘調査報告書』, 2000.
4 梨花女子大學校博物館, 『朝鮮白磁窯址 發掘調査報告書展-附 廣州牛山里9號窯址 發掘調査報告書』, 1993, p. 8.
5 國立中央博物館, 『廣州郡 道馬里 白磁窯址 發掘調査 報告書-道馬里 1號 窯址-』, 1995, p. 15.
6 梨花女子大學校博物館, 위의 책(1993), p. 43.
7 서울역사박물관, 『서울의 도요지와 陶磁器』, 2006, p. 154.
8 중원문화재연구원, 『동대문 운동장유적』 도판편, 2011, p. 18.
9 海剛陶磁美術館, 天眞庵聖域化委員會, 『廣州 牛山里 白磁 窯址』, 1995, pp. 45·50·90·116·123.
10 김봉준, 「銘文資料를 통해 본 廣州 牛山里 窯址群의 性格」, 『美術史學硏究』 제266호, 한국미술사학회, 2010.6, p. 131, 도면 1-⑤.
11 김봉준, 위의 논문(2010), p. 131, 도면 1-⑥.
12 서울역사박물관, 『서울의 도요지와 陶磁器』, 2006, p. 133.
13 서울역사박물관, 위의 책(2006), p. 155.
14 韓國文化財保護財團, 『淸州 龍岩遺蹟(1)-寫眞-』, 2000, p. 234.
15 海剛陶磁美術館, 『廣州 牛山里 白磁 窯址(Ⅱ)』, 1999, pp. 89·130.
16 國立中央博物館·京畿道博物館, 『京畿道廣州中央官窯 窯址地表調査報告書』解說篇, 2000, p. 144.
17 중원문화재연구원, 앞의 책(2011), p. 64.
18 國立中央博物館·京畿道博物館, 『京畿道廣州中央官窯 窯址地表調査報告書』圖版篇, 1998, p. 21.
19 海剛陶磁美術館, 앞의 책(1999), pp. 89·129.
20 國立中央博物館, 『景福宮 訓局軍營直所址』, 1996, pp. 91·178.
21 서울역사박물관, 앞의 책(2006), p. 133.
22 중원문화재연구원, 위의 책(2011), p. 255.
23 서울역사박물관, 위의 책(2006), p. 125; 국립문화재연구소, 『景福宮 興福殿址 發掘調査報告書』, 2008, p. 159.
24 서울역사박물관, 위의 책(2006), p. 156.
25 (재)세계도자기엑스포, 『조선관요와 지방백자』, 2005, p. 27.
26 서울역사박물관, 위의 책(2006), p. 154.
27 서울역사박물관, 위의 책(2006), p. 154.
28 중원문화재연구원, 위의 책(2011), p. 35.
29 (재)세계도자기엑스포, 위의 책(2005), p. 18.
30 國立中央博物館·京畿道博物館, 위의 책(1998), p. 19.
31 國立中央博物館·京畿道博物館, 위의 책(1998), p. 22.
32 國立中央博物館, 『廣州郡 道馬里 白磁窯址 發掘調査 報告書-道馬里 1號 窯址-』, 1995, pp. 105~106.
33 國立中央博物館·京畿道博物館, 앞의 책(1998), p. 125; 이화여자대학교박물관·경기도

광주시,『廣州 樊川里 9號 朝鮮白磁窯址』, 2007, p. 225.
34　國立中央博物館·京畿道博物館, 위의 책(1998), p. 184.
35　國立中央博物館·京畿道博物館, 위의 책(1998), p. 214.
36　國立中央博物館·京畿道博物館, 위의 책(1998), p. 359.
37　서울역사박물관, 앞의 책(2006), p. 125.
38　국립문화재연구소, 앞의 책(2008), p. 159.
39　국립문화재연구소,『景福宮 咸和堂·緝敬堂·行閣址 發掘調査報告書』, 2008, p. 127.
40　국립문화재연구소,『景福宮 燒廚房址 發掘調査報告書』, 2008, p. 248.
41　서울역사박물관, 위의 책(2006), p. 172.
42　서울역사박물관, 위의 책(2006), p. 156.
43　중원문화재연구원, 위의 책(2011), pp. 24·27·36·59.
44　중원문화재연구원, 위의 책(2011), pp. 255·280·284.

:::참고문헌

I. 史料

『經國大典』

『高麗史』

『備邊司謄錄』

『新增東國輿地勝覽』

『承政院日記』

『日省錄』

『朝鮮王朝實錄』

박제가, 『北學議』 內編, 瓷 條

서유구, 『林園經濟志』 「贍用志」

이규경, 『오주연문장전산고』 「고금자요변증설」

정약용, 『與猶堂全書』 시문집, 기예론 1

II. 單行本

姜敬淑, 『韓國陶磁史』, 一志社, 1989.

_____, 『빛깔있는 책들 분청사기』, 대원사, 1990.

_____, 『한국 도자기 가마터 연구』, 시공아트, 2005.

_____, 『韓國陶磁史』, 예경, 2012.

高裕燮, 「고려도자와 조선도자」, 『朝鮮美術史 下 各論篇』, 又玄 高
　　　　裕燮 全集 2, 悅話堂, 2007.

김영원, 『조선시대 도자기』, 서울대학교출판부, 2003.

김재열, 『백자 · 분청사기 I 』, 예경, 2000.

上海辭書出版社, 『中國美術辭典』, 1987.

서울특별시시사편찬위원회, 『국역 荷齋日記』 7권, 2009.
안휘준, 『한국회화사』, 일지사, 1980.
이희경, 『설수외사(雪岫外史)』, 아세아문화사, 1986.
최건 외, 『토기·청자Ⅰ』, 예경, 2000.
淺川巧 著, 鄭明鎬 譯, 『朝鮮陶磁名考』, 景仁文化社, 2004.
馮先銘 主編, 中國古陶瓷圖典 編輯委員會 編, 『中國古陶瓷圖典』, 文物出版社, 2002.

Ⅲ. 論文

강경숙, 「조선 초기 백자의 문양과 조선 초·중기 회화와의 관계-〈백자청화송죽문홍치2년명호〉와 이화여자대학교 소장〈백자청화송죽인물문호〉를 중심으로」, 『이화사학 연구』 13·14, 이화사학연구소, 1983.

_____, 「연당초문 변천과 인화문 발생 시고」, 『이대사원』 20, 이대사학회, 1983.

_____, 「국보 107호 백자철화포도무늬 항아리-무늬를 통한 제작시기 시론」, 『이화사학연구』 17·18, 이화사학연구소, 1988.

_____, 「초기 분청사기가마터 분포에 대한 일고찰(Ⅰ)」, 『태동고전연구』 10, 태동고전연구회, 1993.

_____, 「15세기 경기도 광주 백자의 성립과 발전」, 『미술사학연구』 237, 한국미술사학회, 2003.

_____, 「조선전기 분청사기와 백자가마의 구조 연구-불기둥[停焰柱]의 등장과 변천」, 『미술사, 자료와 해석』 秦弘燮先生 賀壽論文集, 일지사, 2008.

김봉준, 「銘文資料를 통해 본 廣州 牛山里 窯址群의 性格」, 『美術史學硏究』 제266호, 한국미술사학회, 2010.6.

김세진,「朝鮮時代 磁器製 誌石의 變化와 特徵」,『美術史學硏究』제 271·272호, 한국미술사학회, 2011.12.

金世眞,「高麗 13世紀 靑瓷 硏究」, 忠北大學校 大學院 考古美術史學科 美術史專攻 博士學位論文, 2020.

김영미,「경기도박물관 소장 '靑磁象嵌花鳥柳文墩'에 대하여-청자 문양의 길상적 의미」,『도자문화』2, 경기도자박물관, 2009.

_____,「朝鮮時代 官窯 靑磁 硏究」,『美術史學硏究』제266호, 한국미술사학회, 2010.6.

김영진,「황해남도 봉천군 원산리 청자기가마터 발굴 간략보고」,『조선고고연구』2, 루계 제79호, 사회과학원 사회학연구소, 1991.

김윤정,「고려말·조선초 관사명 매병의 제작시기와 성격」,『흙으로 빚은 우리 역사』, 용인대학교박물관, 2004.

金允貞,「高麗末·朝鮮初 銘文靑瓷 硏究」, 高麗大學校 大學院 文化財學協同課程 美術史專攻 博士學位論文, 2011.8.

김재열,「고려도자의 상감기법 발생에 관한 일고찰-'원(proto)상감문'의 존재를 중심으로-」,『호암미술관연구논문집』2, 삼성문화재단, 1997.

남진주,「朝鮮時代 烏瓷의 개념과 특징」,『역사와 담론』제56집, 호서사학회, 2010.

박경자,「14세기 강진 자기소의 해체와 요업 체제의 이원화」,『미술사학연구』제238·239호, 한국미술사학회, 2003.

_____,「粉靑沙器 銘文 硏究」,『강좌미술사』25호, 한국불교미술사학회, 2005.

_____,「15C 貢物의 운송방법과 분청사기 명문의 지역별 특징」,『湖西史學』제47집, 호서사학회, 2007.

_____, 「朝鮮 15世紀 磁器貢納에 관한 硏究」, 충북대학교 대학원 사학과 박사학위논문, 2009.

박정민, 「麗末鮮初 陽口 方山가마와 관사명 공납백자」, 『양구 방산백자 600년의 빛』, 방산자기박물관, 2007.

박지영, 「고려 양각청자의 성격」, 『강좌미술사』 제29권, 한국미술사연구소, 2007.

_____, 「고려시대 도자기장고 연구」, 『해양문화재』 제1호, 국립해양유물전시관, 2008.

서지영, 「朝鮮時代 黑磁의 製作樣相과 性格」, 『美術史學硏究』 제270호, 한국미술사학회, 2011.6.

유진현, 「高麗時代 陽印刻靑磁 硏究」, 홍익대학교 대학원 미술사학과 석사학위논문, 2006.

尹龍二, 「朝鮮時代 分院의 成立과 變遷硏究」, 『考古美術』 149, 한국미술사학회, 1981.

이 봄, 「注口形態의 조형연구」, 숙명여자대학교 대학원 공예학과 석사학위논문, 2007.

이윤진, 「高麗時代 瓷器盞托 硏究」, 『美術史學硏究』 제273호, 한국미술사학회, 2012.

이종민, 「시흥 방신동 초기청자 요지 출토품을 통해 본 중부지역 전축요의 운영시기」, 『미술사학연구』 제228·229호, 한국미술사학회, 2001.3.

이희관, 「고려청자사상의 강진요와 부안요-호암미술관 소장 청자상감국모란문'신축'명 벼루 명문의 검토-」, 『고려청자, 강진으로의 귀향-명문·부호 특별전』, 강진청자자료박물관, 2000.

_____, 「한국 초기청자에 있어서 해무리굽완 문제의 재검토-한국청자 제작의 개시문제의 해결을 위하여」, 『미술사학연구』

제237호, 한국미술사학회, 2003.3.

_____, 「高麗 翡色靑磁의 出現과 초벌구이(素燒)」, 『對外交涉으로 본 高麗靑磁』, 강진청자자료박물관, 2003.

장남원, 「고려중기 압출양각 청자의 성격」, 『美術史學硏究』 제 242·243호, 한국미술사학회, 2004.

전승창, 「15-16世紀 朝鮮時代 京畿道 廣州 官窯硏究」, 홍익대학교 대학원 미술사학과 박사학위논문, 2008.

정소라, 「朝鮮時代 陶磁祭器 연구-충효동출토 분청제기를 중심으로-」, 홍익대학교 대학원 미술사학과 도자사전공 석사학위논문, 1996.

_____, 「조선전기 길례용 분청사기 연구」, 『미술사학연구』 제223호, 한국미술사학회, 1999.

정양모, 「고려청자와 청자상감 발생의 측면적 고찰」, 『간송문화』 6, 한국민족미술연구소, 1974.

최남미, 「朝鮮時代 磁器 장군 硏究」, 고려대학교 대학원 문화재협동과정 미술사학전공 석사학위논문, 2014.

최순우, 「高麗靑磁瓦」, 『미술자료』 13, 국립박물관, 1969.

한성욱, 「석릉 출토 청자의 성격」, 『강화석릉』, 국립문화재연구소, 2003.

Ⅳ. 報告書

공주대학교박물관·(주)에스원, 『天安 陽谷里 粉靑沙器 窯址』, 1997.

국립광주박물관·광주직할시, 『무등산 충효동 가마터』, 1993.

국립문화재연구소, 『景福宮 興福殿址 發掘調査報告書』, 2008.

_____, 『景福宮 咸和堂·緝敬堂·行閣址 發掘調査報告書』, 2008.

_____,『景福宮 燒廚房址 發掘調査報告書』, 2008.

국립중앙박물관·호암미술관,『鷄龍山 鶴峯里窯址 發掘調査略報』, 1992.

_____,『鷄龍山 鶴峯里 二次 發掘調査略報』, 1993.

國立中央博物館,『廣州郡 道馬里 白磁窯址 發掘調査 報告書 –道馬里 1號 窯址-』, 1995.

國立中央博物館·京畿道博物館,『京畿道廣州中央官窯 窯址地表調査報告書』圖版篇, 1998.

_____,『京畿道廣州中央官窯 窯址地表調査報告書』解說篇, 2000.

국립중앙박물관,『부안 유천리 도요지 발굴조사보고서』, 2011.

_____,『光州忠孝洞窯址』, 1992.

_____,『景福宮 訓局軍營直所址』, 1996.

_____,『강진 사당리 도요지 발굴조사 보고서』, 2015.

국립춘천박물관,『양구 칠전리 백자가마터』, 2013.

국립해양유물전시관,『무안 도리포 해저유적』, 2003.

_____,『군산 비안도 해저유적』, 2004.

_____,『군산 십이동파도 해저유적』, 2005.

국립해양문화재연구소,『高麗靑磁寶物船』, 2009.

_____,『태안마도 1호선』, 2010.

_____,『태안마도 2호선』, 2011.

_____,『태안마도 3호선』, 2012.

동서문물연구원·합천군,『陜川 將臺里陶窯址』, 2012.

용인시·서경문화재연구원,『용인 서리 고려백자요지 시굴조사』, 2022.

嶺南文化財研究院,『漆谷 鶴下里 粉靑沙器窯址』, 2009.

이화여자대학교박물관,『廣州朝鮮白磁窯址發掘調査報告-樊川里 5호·仙東里 2,3호』, 1986.

＿＿＿＿＿＿＿＿＿＿,『朝鮮白磁窯址 發掘調査報告展 － 附 廣州 牛山里9號窯址 發掘調査報告書』, 1993.

이화여자대학교·양구군,『양구 방산의 도요지 지표조사보고서』, 2001.

이화여자대학교박물관·경기도 광주시,『조선시대 마지막 관요 광주 분원리 백자요지』, 2006.

＿＿＿＿＿＿＿＿＿＿＿＿＿＿＿＿＿,『廣州 樊川里 9號 朝鮮白磁 窯址』, 2007.

(재)세계도자기엑스포,『조선관요와 지방백자』, 2005.

전남문화재연구원,『곡성 구성리 도요지』, 2005.

전북문화재연구원·㈜오케이,『全北 花心里 遺蹟』, 2008.

조선관요박물관, 경기도 광주시,『광주 송정동 5·6호 백자가마터』, 2008.

中央文化財研究院·韓國道路公社,『永同 沙夫里·老斤里 陶窯址』, 2003.

중원문화재연구원,『동대문 운동장유적』도판편, 2011.

＿＿＿＿＿＿＿＿＿＿,『강화 옥림리 유적』, 2012.

＿＿＿＿＿＿＿＿＿＿,『청원 주성리·창리 유적』, 2013.

충북대학교박물관,『충북지방 도요지 지표조사 보고서』, 1993.

＿＿＿＿＿＿＿＿＿,『충주 미륵리 백자가마터』, 1996.

韓國文化財保護財團,『淸州 龍岩遺蹟(1) -寫眞-』, 2000.

＿＿＿＿＿＿＿＿＿,『울산 고지평유적(Ⅲ)』, 2004.

한국수자원공사·이화백,『도요지 발굴조사 보고서 － 보령댐 수몰지구 발굴조사 보고』, 1996.

海剛陶磁美術館,『廣州 建業里 朝鮮白磁 窯址 －建業里 2號 가마遺

蹟 發掘調査報告書』, 2000.

_____, 『廣州 牛山里 白磁 窯址(Ⅱ)』, 1999.

호남문화재연구원, 『高敞 龍山里窯址 Ⅰ』, 2004.

호남문화재연구원·(주)선운메이크밸리, 『高敞 龍溪里窯址』, 2008.

V. 圖錄

강진청자자료박물관, 『청자빛 하늘에 담긴 구름과 학 青磁雲鶴文特別展』, 2001.

강진청자박물관, 『강진청자박물관 名品圖錄』, 2007.

경기도자박물관, 『분원백자전 Ⅰ』, 2009.

국립공주박물관, 『우리문화에 피어난 연꽃』, 2004.

_____, 『鷄龍山 粉靑沙器-백토에 핀 철화의 향연』, 2008.

국립광주박물관, 『무등산 분청사기』, 2014.

국립문화재연구소, 『미국 보스턴미술관 소장 한국문화재』, 2004.

_____, 『일본 도쿄국립박물관 소장 오쿠라 컬렉션 한국문화재』, 2005.

_____, 『미국 브루클린박물관 소장 한국문화재』, 2006.

_____, 『프랑스 세브르 국립도자박물관 소장 한국문화재』, 2006.

_____, 『독일 쾰른 동아시아박물관 소장 한국문화재』, 2007.

_____, 『일본 네이쿠라미술관 소장 한국문화재』, 2006.

_____, 『미국 코넬대학교 허버트 F. 존슨 미술관 한국문화재』, 2009.

_____, 『미국 로스앤젤레스 카운티 박물관 소장 한국문화재』, 2012.

_____,『일본 사가현립규슈도자문화관 소장 한국문화재』, 2012.

국립중앙박물관,『국립중앙박물관』, 2000.

_____,『계룡산 도자기』, 2007.

_____,『고려 왕실의 도자기』, 2008.

_____,『백자 항아리 조선의 인과 예를 담다』, 2010.

_____,『천하제일 비색청자』, 2012.

문화재청,『문화재대관 국보 도자기 및 기타』, 2011.

_____,『문화재대관 보물 토기, 도자기』, 2015.

부안청자박물관,『흙으로 빚은 보물 부안의 고려청자』, 2011.

삼성미술관 Leeum,『고미술소장품』, 2004.

서울역사박물관,『서울의 도요지와 陶磁器』, 2006.

오사카시립동양도자미술관,『우아한 색·순박한 형태-이병창콜렉션 한국 도자기의 아름다움』, 1999.

이화여자대학교박물관,『분청사기』, 1984.

전라북도 부안군,『부안 유천리 고려도자』, 2006.

조선관요박물관,『청자의 색과 형』, 2005.

(재)세계도자기엑스포,『조선관요와 지방백자』, 2005.

한국고고미술연구소,『동원이홍근수집명품선』, 1997.

해강도자미술관,『해강도자미술관』, 1990.

_____,『간지명 상감청자』, 1991.

_____,『생활 속의 도자기』, 1998.

_____,『고려도자로의 초대』, 2004.

_____,『도자기에 살아 숨쉬는 동물, 물, 땅, 하늘, 상상』, 2007.

_____,『도자기에 핀 꽃, 봄, 여름, 가을, 겨울』, 2007.

湖林博物館,『湖林博物館名品選集』Ⅰ, 1999.

호암갤러리,『粉靑沙器 名品展』, 1993.

호암미술관,『조선전기 명품전』, 1996.

_____,『朝鮮白磁展 Ⅲ』, 1997.